Die Familie Teuthorn-Nagel

1800 - 1950

Abbildung Umschlag: Ausschnitt aus der Geburtsurkunde des jüngsten Sohnes des Ehepaares W.F. Otto Teuthorn und Fanny Nagel, dem Ahnenpaar aller heute noch in Deutschland und den USA lebenden Teuthorns.

# Die Familie Teuthorn-Nagel

Familiengeschichte
zwischen den Mitten
der Jahrhunderte siebzehn und zwanzig

Peter Teuthorn
2016

Bibliografische Information der Deutschen Nationalbibliothek

Die Deutsche Nationalbibliothek verzeichnet diese Publikation in der Deutschen Nationalbibliografie. Detaillierte bibliografische Informationen sind im Internet über http://dnb.d-dn.de abrufbar.

© Peter Teuthorn, Gilching
Kontakt: af82205@gmail.com

Herstellung und Verlag:
BoD – Books on Demand, Norderstedt
ISBN 978-3-7412-7380-3

Der Autor informiert zum Thema des Buches auch unter www.teu-net.de & www.teuthorn.net/feuilleton

# Inhalt

Vorwort ................................................................................. 9
Teil EINS   Die Familie .......................................................... 11
   Auswanderung in das dänische Holstein ........................... 13
   Frankenhausen am Anfang des 19. Jahrhunderts................ 15
      Politische Situation......................................................... 17
   Familie in der Heimatstadt am Kyffhäuser........................ 19
   Schleswig und Holstein .................................................... 24
   Die Familie Nagel aus Dammfleth ................................... 27
      In den Kirchenbüchern stöbern ...................................... 31
   Nicolaus wird Chirurg - Barbieramt und erste Ehe ........... 37
   Die Familie Sibbern.......................................................... 39
   Der Stammhalter Nagel & früher Tod der Mutter ............. 43
   Odense und die dänischen Fløckes ................................... 46
   Zweite Ehe mit Charlotta Maria ....................................... 55
   Zwischenrede.................................................................... 58
   Die Familien-Bibel .......................................................... 59
   Jens Otto Christian Friedrich Nagel ................................. 67
   Familie zwischen Kiel und Leck ...................................... 71
      Leck .............................................................................. 72
   Die Familie Nagel in Leck................................................ 77
   Die Heirat der Chirurgentochter Louise Nagel mit dem
   Amtschirurgen Wilhelm Günther Teuthorn ...................... 83
      Vermutungen werden bestätigt....................................... 84
   Die Ehe von Fanny Nagel und Otto Teuthorn oder Was ist
   Ahnenschwund?................................................................ 87
   Die Kinder ........................................................................ 89

- Kiel ...... 90
- Kurzes Innehalten ...... 95
- Auswanderung nach Amerika ...... 97
  - Überblick ...... 97
  - Auswanderung von Frankenhäuser Teuthorns ...... 98
  - Auswanderung der Nagels aus Leck ...... 99
  - Die Auswanderung der Kieler Teuthorns ...... 106
- Zwischenrede II - A Statement ...... 107
  - William (1871-1946) ...... 109
    - Statistics ...... 114
  - Louisa (1866-1942) & her Family Prellberg ...... 115
    - The children ...... 116
    - Hoboken cemetery in North Bergen ...... 121
    - Hoboken ...... 125
  - Otto (1868-1937) ...... 131
    - Chicago ...... 132
  - Otto's Family ...... 135
    - Chicago II ...... 138
    - Kurt's Children ...... 140
    - Bob Teuthorn ...... 141
    - Margaret Swarm, born Teuthorn ...... 141
    - James Lee Teuthorn ...... 141
  - Petra (1875-1943) ...... 144
  - Emil (1880-1959) - ein Überblick ...... 149
- Teil ZWEI  Emil Johannes August Teuthorn - Eine biographische Skizze ...... 151

Kindheit in Kiel ............................................................................. 153
Auswanderung nach Amerika ....................................................... 153
Auswanderung nach Südwestafrika .............................................. 155
Bau der Staatsbahn Swakopmund - Windhuk ............................. 159
Die erste Dekade in Deutsch Südwest - 1899 bis 1909 ............... 161
Die zweite Dekade in Deutsch Südwest - 1909 bis 1919 ............. 171
Ausweisung .................................................................................. 178
Rückkehr nach Deutschland ......................................................... 179
Familie und Partnerschaft ............................................................ 183
Weltkrieg und Nachkriegsjahre .................................................... 183
   Emils Familien ........................................................................ 185
   Schwierige Zeiten .................................................................... 185
Emils Enkelkinder ........................................................................ 188
Teil DREI Verwandtschaft & Orte ..................................................... 189
Verwandtschaft ............................................................................. 191
   The Prellberg Family in Bremen ............................................. 191
     A Marriage in the Bremen Cathedral in 1820 / Eine Heirat im Bremer Dom 1820 ............................................................ 194
     Wie sah der Dom bei der Heirat 1820 in etwa aus? ............. 201
     Children & grandchild of PRELLBERG Hinrich Wilhelm ... 202
   The Prellbergs in Hoboken ...................................................... 205
Die Stadt Kiel ............................................................................... 207
   Geschichte ................................................................................ 207
   Städtisches Leben .................................................................... 209
   Stadt- und Bevölkerungsentwicklung ..................................... 211
   Stadtbild und Gebäude ............................................................ 212

    Bremen und die Reedereien .................................................. 213
    A short Bremen history ........................................................ 215
    Bremen and North German Lloyd ....................................... 216
    The town of Leck ................................................................. 219
Teil VIER  Nachwort & Nachschlagen ...................................... 223
    Nachwort ............................................................................... 225
    Quellen & Literatur .............................................................. 227
        Quellen Kiel .................................................................. 227
        Quellen Biographie Emil .............................................. 227
        Literatur......................................................................... 228
    Abbildungsverzeichnis ........................................................ 231
Teil FÜNF  ANHANG .................................................................. 235
    Nachfahrenliste SIBBERN Nicolaus ................................... 237
    Nachfahrenliste TEUTHORN Wilhelm Günther ................ 243
    Ahnenliste TEUTHORN Emil & Geschwister .................... 249
    Zum Spitzenahn der Familie Nagel .................................... 269
    Das Poesiealbum der Fanny Nagel ..................................... 274
    Veröffentlichungen zur Familiengeschichte Teuthorn ....... 279
    Index ...................................................................................... 283

# Vorwort

Die Fülle des inzwischen zu Frankenhausen am Kyffhäuser angesammelten Materials und mein eigener Anspruch an eine qualitativ vertretbare Darstellung der dort beginnenden Geschichte unserer Familie, hat dazu geführt, dass ich jetzt vor einem Berg stehe, von dem ich nicht weiß, ob ich ihn noch ersteigen werde.

Jedenfalls ist die Hauptroute noch nicht begangen, wohl aber einige kleinere Nebenpfade. Zu diesen rechne ich meine bisherigen Veröffentlichungen in Aufsatzform (siehe Anhang), aber auch einige Kapitel des 2012 in der Familie verteilten Buches zur Familie Bachmann-Corvinus-Teuthorn.[1] Diese waren aber vor allem auch eine Aufarbeitung meiner eigenen Erinnerung an die Erlebnisse um 1945 und die Nachkriegsjahre.

Für die heute noch in Deutschland, der Schweiz und vor allem in den U.S. lebenden Teuthorn-Familien ist die Geschichte der letzten 200 Jahre außerhalb ihrer ursprünglichen Herkunftsstadt entscheidend. Und die beginnt mit der Ankunft des Barbierchirurgen Wilhelm Günther Teuthorn in Kiel/Holstein und mit der Verbindung, die er über seine Ehe mit der Familie Nagel einging. So ist unsere Familiengeschichte seit der ersten Hälfte des 19. Jahrhunderts genau genommen die Geschichte der Familie Teuthorn-Nagel.

Stand 15. September 2016

---

[1] Teuthorn, Peter: *Erinnerungen an Großmutter Erica, 1885-1970. Ihre Zeit und ihre Familie*, Gilching 2012.

# Teil EINS

# Die Familie

## *Auswanderung in das dänische Holstein*

Schon immer waren junge Männer aus dem alten Ratsgeschlecht der Teuthorns aus ihrer thüringischen Heimatstadt Frankenhausen in andere deutsche Länder ausgewandert. Die Gründe waren einfach. Ihre Ausbildung, meist durch Lateinschule und Universitätsbesuch begründet, befähigte sie zu Tätigkeiten und Berufen, deren Ausübung in der Heimat aufgrund der Größe des Gemeinwesens begrenzt war. Wegen des Zunftzwanges, der nur eine bestimmte Zahl von Meistern zuließ, galt Beschränkung auch für das Handwerk.

Zu den Gründen, die Abwanderung auslösen konnten, kamen in der ersten Hälfte des 19. Jahrhunderts politische und allgemein wirtschaftliche hinzu. Nach dem Wiener Kongress erstickte die Restauration die Wünsche der Menschen nach demokratischer Mitwirkung in ihrem Gemeinwesen, und die Auswirkungen der beginnenden Industrialisierung erschütterten bisher festgefügte Wirtschaftsstrukturen.

Als der junge Wilhelm Günther Teuthorn (*25.12.1807) um 1830[2] aus seiner Vaterstadt aufbrach, um sein Handwerk des Barbierchirurgen im damals dänischen Holstein auszuüben, verließ mit ihm der letzte[3] der Frankenhäuser Teuthorns seine Heimatstadt.

---

[2] Ein genaues Datum ist nicht bekannt, wohl aber die Bürgeraufnahme 22.7.1836 und das Heiratsdatum 1.5.1836 in Kiel.

[3] Aus meiner Sicht war es die letzte wichtige Abwanderung, weil sie außerhalb der Stadt eine neue Teuthorn-Linie begründete, die sich bis heute umfangreich fortentwickelt hat. Wenn ich ganz genau zu sein versuche, müssen aber ein Auswanderungsversuch und zwei weitere Auswanderungen genannt werden. 1848 kündigte Wilhelm Günthers Bruder, der Arzt Johannes Christian David Teuthorn, die gemeinsame Auswanderung nach Amerika mit seinem Sohn Ottomar an. Allerdings verstarb er einige Jahre später in Frankenhausen, hat also entweder die Ankündigung nicht umgesetzt oder gehört zu den wenigen, die zurückkehrten. Ottomar gilt seitdem als verschollen. Als letzte wanderte Pauline (11.1.1833 - 9.1.1884), die Tochter des Arztes, aus. Sie folgte ihrem Verlobten oder Jugendfreund Guenther Friedrich Carl Schroter (8.6.1828 - 19.3.1905), der

## Erster Teil

Damit endete nach einer über wenigstens 350 Jahre nachweisbaren Tradition in der Salzstadt südlich des Kyffhäusers die Familiengeschichte der Teuthorns in Thüringen. Sie setzte sich fortan rund 400 km weiter nördlich in den damaligen Herzogtümern Holstein und Schleswig fort. Als der Onkel unseres Auswanderers, der Bürgermeister Günther Heinrich Philipp Teuthorn, Anfang 1849 in Frankenhausen verstarb, verlosch der Name Teuthorn in dieser Stadt.

Im Norden fügte die Verbindung mit einer Tochter der Familie Nagel diesem bis heute bestehenden Familienzweig holsteinisches und dänisches Erbe hinzu. Ein halbes Jahrhundert später wanderten fünf von sechs Geschwistern der Teuthorn-Nagel-Familie in die USA aus. Und bereits Mitte des 20. Jahrhunderts gab es in den USA mehr Nachfahren der Familie als in Deutschland. So blieb Schleswig-Holstein in der langen Familiengeschichte nur eine Episode, allerdings eine wichtige. Denn bei der weiteren Wanderung waren nun immer auch die Gene der Familie Nagel dabei.

Ein Bruder der auswandernden Geschwister kehrte über Deutsch-Südwest-Afrika nach Deutschland zurück. Emil, mein Großvater, ist der Stammvater der heutigen Teuthorns in Deutschland.

---

sie nach seinem Erfolg als Sattler in der Goldgräberstadt Shasta in Kalifornien 1859 dorhin nachkommen ließ. Das Ehepaar hatte 7 Söhne und zwei Töchter. Damit hinterließen diese hiermit der Ordnung halber genannten Auswanderungen in Deutschland keine Spuren.

## Frankenhausen am Anfang des 19. Jahrhunderts

Als Wilhelm Günther Teuthorn sich in den dreißiger Jahren entschloss, nach Kiel zu gehen, hatte sich seine Heimatstadt stärker verändert als es während der drei vorangegangenen Jahrhunderte der Fall war.

Unterbrochen durch die traumatische Zeit des Dreißigjährigen Krieges und regelmäßige Stadtbrände, war das Leben in der Stadt nach dem Beseitigen der Katastrophenfolgen trotzdem doch wohl jedes Mal recht beschaulich weitergegangen. Auch scheint der Besitz innerhalb der Bürgerschaft recht gleichmäßig verteilt gewesen zu sein. Dies wurde durch geeignete Heiraten untereinander abgesichert. Ebenso wechselten mit wirtschaftlichen Trends in größeren Abständen die Berufe, womit die wirtschaftliche Basis für ein vernünftiges Auskommen gesichert blieb.

So spielte in der Familie Teuthorn zunächst der Beruf des Tuchmachers und Kaufmanns eine große Rolle, wurde eine Generation lang durch Schuhmacher und Weißbäcker unterbrochen, bis dann die letzten Generationen die Tätigkeit des Seifensieders ausübten. Dies war auch der Beruf von Wilhelm Günthers Vater Christoph Teuthorn.

*1 Frankenhausen um 1650 - Merian*

## Erster Teil

Währenddessen war die Salzproduktion, die einstige Quelle des Reichtums der Bürgerschaft, kontinuierlich zurückgegangen.[4] Nun hatten vor allem durch den Wollhandel große Vermögensverschiebungen stattgefunden. Auf dieser Basis wuchs z.B. in der Familie Schall mit Heinrich Wilhelm Ferdinand Schall (*1828) ein Bankier und Mäzen heran. Wie immer bei solchen wirtschaftlichen Veränderungen gehörten nicht alle der historischen Familien zu den Gewinnern.

Das Streiten um Zunftprivilegien wurde zunehmend zu einem Abwehrkampf, der dabei war, zugunsten der Gewerbefreiheit verloren zu gehen. Damit wurden die bisherigen Privilegien einheimischer Handwerksdynastien zunehmend wertlos. - Mit einer quasi industriell aufgezogenen Knopfproduktion (Perlmuttknopf-Fabrik 1831) hatte August Zierfuß für einfache Arbeitsplätze gesorgt. In der Salzgewinnung, die durch jahrelange Scheu vor Veränderungen veraltet war, hatte das benachbarte Artern inzwischen die Führungsrolle übernommen. - Der Arzt Wilhelm Gottlieb Manniske hatte 1799 das erste Krankenhaus gebaut und eröffnete 1818 das erste Kurhaus. Er nutzte die salzhaltige Sprühluft des neu errichteten Gradierwerkes für seine Anwendungen. Damit begründete er das Kurwesen in Bad Frankenhausen[5]. Die Domäne experimentierte unter Anwendung der künstlichen Düngung mit neuen Anbaumethoden, und entsprechend ausgebildete Bauern wurden nun zu Landwirten und Ökonomen.

In dieser Atmosphäre der Modernisierung entschied sich der Seifensieder Christoph Teuthorn, seine beiden Söhne medizinische Berufe ergreifen zu lassen. David studierte in Leipzig Medizin und Wilhelm Günther erlernte das Chirurgenhandwerk.

---

[4] 1592 wurden täglich 400 Zentner Salz gewonnen, 1702 nur noch 80 bis 90. (Zahlen nach Pflaumbaum, siehe Literaturliste im Anhang.)

[5] Ein Jahrhundert später, 1927, erhielt die Stadt dann mit dem Zusatz Bad auch offiziell den Status eines Kurorts und ist seitdem Bad Frankenhausen.

## Die Familie Teuthorn-Nagel

### Politische Situation

Das Leben der Bürger in Frankenhausen war natürlich auch von der Politik des Fürstentums Schwarzburg-Rudolstadt geprägt.

Nachdem im Zuge der napoleonischen Eroberungen das alte Reich seit 1806 aufgelöst war, schloss sich das Fürstentum 1807 dem Rheinbund an. 1813 schaffte es in letzter Minute den Schwenk in die antinapoleonische Koalition. Verhandlungsführer für Schwarzburg-Rudolstadt war jeweils Friedrich Wilhelm Freiherr von Ketelhodt[6], 'Landeshauptmann der Amtshauptmannschaft Frankenhausen' und Vizekanzler in Rudolstadt. Nach dem Wiener Kongress beschloss das Fürstentum als eines der ersten Länder des Deutschen Bundes am 8. Januar 1816 eine Verfassung, die aber erst fünf Jahre später umgesetzt wurde. Allerdings wurde die restaurative Politik bis zur Jahrhundertmitte zunehmend reaktionär. Bereits 1836 waren nach Ketelhodts Tod die Staatsgeschäfte an Friedrich von Witzleben, einen Anhänger der Metternich'schen Reaktion, gefallen.[7] Damit war eine liberale Entwicklung in den Gebieten des Fürstentums für längere Zeit blockiert.

Ob auch diese Entwicklungen Wilhelm Günthers Entschluss beförderten, kann lediglich vermutet werden. Aber auch der Auswanderungsversuch seines älteren Bruders nach Amerika im Jahre 1848 muss m.E. vor diesem Hintergrund gedeutet werden.

---

[6] Friedrich Wilhelm Freiherr von Ketelhodt (1766-1836) war seit 1801 Vizekanzler in Rudolstadt und seit 1805 Kanzler und Konsistorialpräsident in Frankenhausen. 1806 zog er sich für außenpolitische Aufgaben aus der Tagespolitik des Fürstentums zurück. 1806/07 verhandelte er den Eintritt Schwarzburg-Rudolstadts in den Rheinbund, und 1813 war er ebenfalls Verhandlungsführer Schwarzburg-Rudolstadts in Frankfurt am Main über den Beitritt des Fürstentums zur Allianz gegen Napoleon. Er nahm am Wiener Kongress teil. Seit 1829 leitete er dann als Kanzler die Regierungsgeschäfte des Fürstentums.

[7] Mit den in diesem Absatz gemachten Aussagen folge ich Lengemann, Jochen: Landtags- und Gebietsvertretung von Schwarzburg-Rudolstadt 1821-1923, Jena, Stuttgart 1994, und Heß, Ulrich: Geschichte der Staatsbehörden in Schwarzburg-Rudolstadt, Jena 1994, S. 35. Beide Bücher sind in meiner Bibliothek vorhanden.

*Erster Teil*

## Die Familie Teuthorn-Nagel

## Familie in der Heimatstadt am Kyffhäuser

Als Wilhelm Günther seine Heimatstadt verließ, arbeitete der Archidiakon Ernst August Anton Wippermann gerade an den Stammtafeln, die er 1843 der Zeitmode gemäß unter einem opulent sperrigen Namen veröffentlichte, nämlich,

> Stammtafeln der in der Stadt Frankenhausen größtentheils schon seit längerer Zeit heimisch gewesenen Familien Börner, Frantz, Hankel, Hauthal, Hornung, Hünicke, Klipsch, Kühne, Landgraf, Landgraf II, Leuckart, Manniske, Schall, Scheidt, Schmelzer, Seidenbusch, Seuberlich, Spangenberg, Teuthorn, Tuch, Weinberg, Werner.
> Herausgegeben von Ernst August Anton Wippermannn, Archidiaconus zu Frankenhausen.
> Sondershausen, in Commission bei Fr. G. Manniske, 1843.

Eines der beim Buchhändler Friedrich Gustav Manniske in Sondershausen verlegten Exemplare erhielt Wilhelm Günther, der in diesen bereits als Amtschirug in Kiel benannt wurde. Das in unserer Familie überlieferte Exemplar enthält säuberliche Eintragungen von seiner Hand, die auch den weiterbestehenden Kontakt zur Familie bezeugen. So trägt er nacheinander die Todesdaten von Mutter, Tante, Onkel und Bruder ein. Ebenso die Heirat seines Neffen Ottomar, nicht aber die Auswanderung, über die er sicherlich informiert war. Der Sohn des Amtschirurgen, ebenso sein Enkel Emil, mein Großvater, bewahrten die Wippermannschen Tafeln als kostbaren Besitz. In dieser Tradition kamen sie mit einem Begleitbrief des Großvaters auch an mich. Er schrieb mir während meiner Gymnasialzeit gelegentlich ein paar Sätze auf Englisch. So hieß es am 14. Juli 1957: *„My dear Peter: I wish you might take care of it in the next 50 years as good as I did. I discovered it - when searching in the old writing desk of my father in - about 1894 - never forget it - and on my first return to Kiel and absence of 7 years - I asked my father for it and since then, habe ich*

## Erster Teil

*es wie ein Heiligtum behütet. Also mein Junge tue dasselbe in den nächsten 50 Jahren."*

Diese Zeitspanne ist nun schon deutlich überschritten. Und ich habe Großvaters Wunsch ernst genommen. Denn mit den Stammtafeln begann dann meine Familiengeschichtsforschung, und sie blieben dafür stets der wichtige Dreh- und Angelpunkt.

Die handschriftlichen Einträge des Wilhelm Günther belegen auch den weiter bestehenden Kontakt mit der Familie in

*2 Rekonstruktion einer historischen Salzsiedepfanne*

## Die Familie Teuthorn-Nagel

*3 Ausschnitt aus der Stammtafel Teuthorn mit handschriftlichen Eintragungen des Kieler Amtschirurgen.*

Frankenhausen. Er war der jüngere der beiden Söhne, die seinem Vater von 10 Kindern geblieben waren, wie Wippermann notiert. Dieser, der Seifensieder, Brau- und Pfannherr Christoph Wilhelm Teuthorn, stand neben seinem Halbbruder, dem Bürgermeister Günther Heinrich Philipp Teuthorn, in der siebenten Generation nach dem Stammvater Joachim, dem ältesten in dieser Familienlinie nachgewiesenen Teuthorn. Pfannherren und damit Mitglieder der Pfännerschaft waren sie alle gewesen, sofern der seit dem Bauernkrieg für die Familie nachgewiesene Söldenbesitz ganz oder in Teilen an sie durch Erbe weitergegeben worden war. Seine Mutter, Eva Maria Hauthal, entstammte einer alten Seifensieder-Dynastie. Über sie ist er mit einer zweiten alten Teuthorn-Linie Frankenhausens verbunden, die bis auf den Bürgermeister des 30-jährigen Krieges Christian Teuthorn und dessen Schwiegervater den Bürgermeister Martin Ritter zurückgeführt werden kann.

Als Wilhelm Günther nach Norden ging, ließ er neben seinen Eltern auch die Halbgeschwister seines Vaters zurück, ebenso wie seinen Bruder, den praktizierenden Arzt Dr. Johann Christian David Teuthorn, und einen Neffen Heinrich Ottomar sowie mehrere seiner Nichten. Von diesen wanderte die erst 1833 geborene Pauline später in die kalifornische Goldgräber-Stadt Shasta aus. Davor war bereits ihr Bruder Ottomar nach Amerika gegangen.

Dieser kurze Abriss soll hier genügen. Die Familie und ihre Einbindung in das soziale und politische Gebilde der Salzstadt zwischen 1525 und 1850 ist umfangreich erforscht. Eine Beschreibung muss einem eigenen Buch vorbehalten bleiben.

## Erster Teil

# Stammtafeln

der

in der Stadt **Frankenhausen**

größtentheils schon seit längerer Zeit heimisch gewesenen Familien

Börner, Franß, Hankel, Hauthal, Hornung, Hinicke, Klipsch, Kühne, Landgraf Landgraf II., Leuckart, Manniske, Schall, Scheidt, Schmelzer, Seidenbusch, Seuberlich, Spangenberg, Teuthorn, Tuch, Weinberg, Werner.

Herausgegeben

von

Ernst August Anton Wippermann,

Archidiaconus zu Frankenhausen.

Sondershausen,
in Commission bei Fr. A. Eupel,
1843.

*4 Vorblatt der Wippermannschen Stammtafeln, Sondershausen 1843*

# Die Familie Teuthorn-Nagel

## Vaterstamm: TEUTHORN Wilhelm Günther

07 **64**     **TEUTHORN** Wilhelm Günther, Amtschirug in Kiel,
* 25.12.1807 in Frankenhausen. † 30.12.1881 in Kiel.
oo K 01.05.1836 in Kiel mit **NAGEL** Louise Charlotte Dorothea,
* 25.09.1809 in Kiel.

08 **128**     **TEUTHORN** Christoph Wilhelm, Brau- und Pfannherr in Frankenhausen, Seifensieder, * 03.05.1772 in Frankenhausen. † 07.09.1839 in Frankenhausen.
oo 07.05.1794 in Frankenhausen mit **HAUTHAL** Eva Marie Catharine,
* 1777 in Kelbra, † 16.03.1859 in Frankenhausen.

09 **256**     **TEUTHORN** Philipp Andreas, Brau- und Pfannherr in Frankenhausen, Seifensieder, * 04.11.1734 in Frankenhausen. † 06.08.1792 in Frankenhausen.
oo 1/1 02.1771 in Frankenhausen mit **KRAUSE** Marie Magdal., * 1747,
† 1774 in Frankenhausen.
oo 2/1 01.05.1776 in Frankenhausen mit **GÖDICKE** Anna Marie <GÖDICKE, Schultheiß in Esperstedt b. Artern>, † 1829 in Frankenhausen.

10 **512**     **TEUTHORN** Johann Jacob, Schuhmacher, * 29.10.1690 in Ringleben.
† 1738 in Frankenhausen.
oo 13.01.1715 in Frankenhausen mit **SCHEFFLER** Elisabeth Dorothee,
* (s) 1695, † 01.1770 in Frankenhausen.

11 **1024**     **TEUTHORN** Peter Andreas, Lohgerber u. Freisaß zu Ringleben,
* 1656 in Frankenhausen. † ... in Frankenhausen,
b 06.05.1734 in Frankenhausen.
oo 02.05.1687 in Frankenhausen mit **BAMBERG** Catharina Gerthruda,
* 19.02.1668 in Frankenhausen, † 02.07.1732 in Frankenhausen.

12 **2048**     **TEUTHORN** Jacob, Bürgermeister in Frankenhausen, Kaufmann u. Tuchmacher,
* 13.08.1632 in Frankenhausen. † 23.02.1713 in Frankenhausen.
oo 15.05.1653 in Frankenhausen mit **ERFURT** Anna,
* 22.02.1634 in Frankenhausen, † 1718 in Frankenhausen.

13 **4096**     **TEUTHORN** Jacob, Rathskämmerer in Frankenhausen, Pfannherr,
* 28.05.1587 in Frankenhausen. † 16.08.1637 in Frankenhausen.
oo 31.07.1631 in Frankenhausen mit **SIEBOLD** Anna,
~ 17.12.1602 in Frankenhausen, b 02.10.1650 in Frankenhausen.

14 **8192**     **TEUTHORN** Peter, Rathskämmerer, * ... in Frankenhausen,
~ 09.09.1562 in Frankenhausen. † ... in Frankenhausen,
b 19.04.1634 in Frankenhausen.
oo 1/1 24.04.1586 mit **SALZMANN** Anna, † vor 1600.
oo 2/1 15.06.1600 in Frankenhausen mit **FISCHER** Susanne <FISCHER Melchior>, * (s) 1580, b 23.07.1626 in Frankenhausen.

15 **16384**     **TEUTHORN** Joachim, Ratskumpan, * um 1530. † vor 1592 in Frankenhausen.
oo ... in Frankenhausen mit **NN** Christina, † vor 08.1594 in Frankenhausen.

Eine Gesamtahnenliste folgt im Anhang.

*Erster Teil*

## Schleswig und Holstein

Der Landesherr Kiels war seit 1808 der dänische König Friedrich VI.[8] in seiner Eigenschaft als Herzog von Schleswig und Holstein. Ging Wilhelm Günther nun nach Dänemark? Musste er im Ausland die Fremdsprache Dänisch lernen?

Nein! Er ging in das deutsche Holstein, genauer in das Herzogtum Holstein, das damals zum sogenannten dänischen Gesamtstaat gehörte. Und wenn er sich sprachlich vervollkommnen wollte, um seine neuen Landsleute optimal zu verstehen, so tat er gut daran, sich mit dem Niederdeutschen zu beschäftigen. Das war zwar nicht mehr Amtssprache, wurde aber natürlich in der Bevölkerung wie eh und je gesprochen. Wie wir noch sehen werden, konnte aber auch ein bisschen Dänisch durchaus sinnvoll und nützlich sein.

Der ein knappes Jahrhundert (1773-1864) bestehende Gesamtstaat war ein Mehrvölkerstaat, zu dem neben dem dänischen Kernland um 1830 zwar nicht mehr Norwegen, aber im Wesentlichen die Faröer, Grönland und Island, das Herzogtum Schleswig als dänisches Reichslehen und die Herzogtümer Sachsen-Lauenburg und Holstein als Mitgliedsstaaten des Deutschen Bundes gehörten. Die Teile dieses Gebildes wurden in Kopenhagen durch eine Dänische und durch eine Deutsche Kanzlei für die Herzogtümer verwaltet. In letzterer wurden die Schriftstücke jeweils in Deutsch und Dänisch verfasst.

Der Streit um die Herzogtümer Schleswig und Holstein, für die seit 1460 das im Vertrag von Ripen festgelegte Recht „dat se bliwen ewich tosamende ungedeelt" galt, wurde 1864 zu Gunsten Preußens entschieden. Erst nach dem 1. Weltkrieg wurde Nordschleswig Dänemark zuerkannt.

Zwar hatte Dänemark nach den napoleonischen Kriegen 1814 Norwegen an Schweden abgeben müssen, jedoch hatte das zunächst

---

[8] Ihm folgte Christian VIII. (1839-48) und Friedrich VII. (1848-63).

sprachlich keine Auswirkungen, da die Oberschicht weiterhin Dänisch sprach. Auch blieb der Name der Hauptstadt bis 1924 weiterhin Christiania.

Diese Erklärungen sind deshalb notwendig, weil unser Thüringer Chirurg nicht einfach nach Holstein kam, sondern sozusagen zugleich einen politisch-geographischen Raum betrat, in dem wirtschaftlicher und kultureller Austausch selbstverständlich war. Wie wir sehen werden, sind Wilster, Glückstadt, Segeberg, Kiel, Südtondern, Christiania und Fünen Handlungsplätze unserer Familiengeschichte. Lassen wir diese mit der Herkunft der Familie Nagel beginnen.

*Erster Teil*

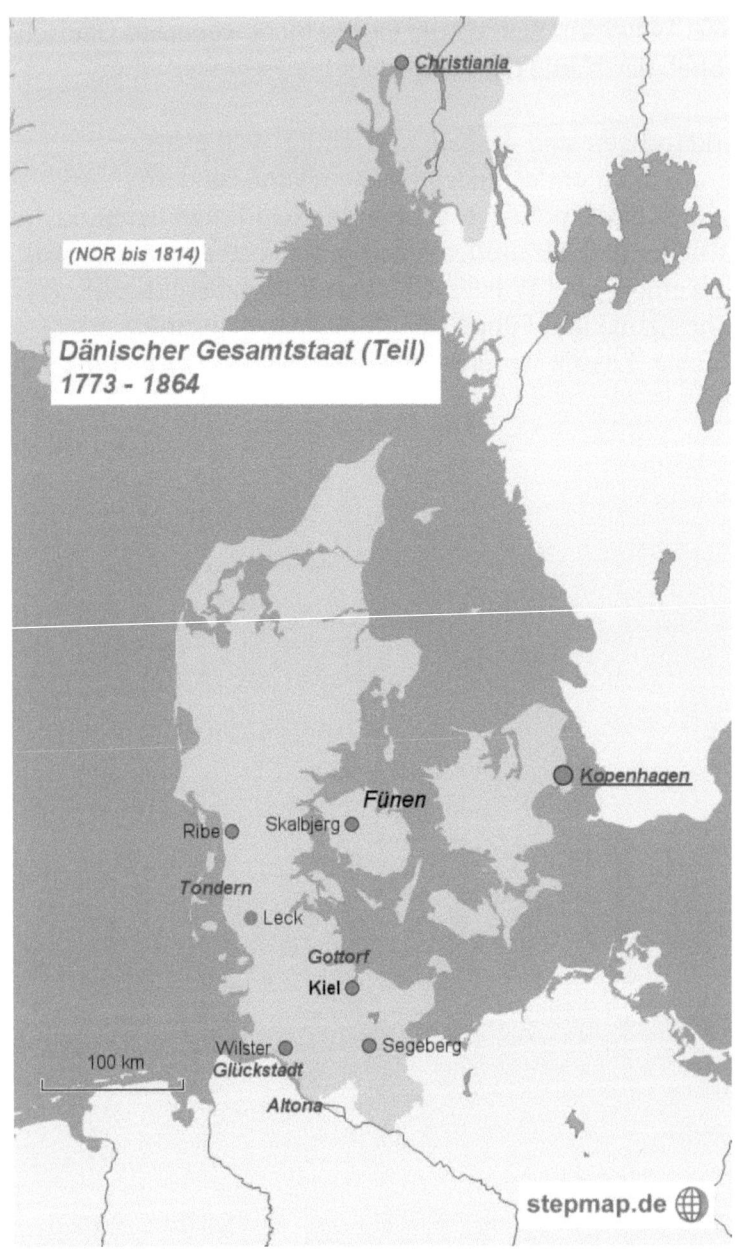

5 Dänischer Gesamtstaat

## Die Familie Nagel aus Dammfleth

Das Land liegt tief, sehr tief, unter einem riesigen hohen Himmel. Wenn man heute von Itzehoe kommend nach Westen fährt, taucht zwischen der weiten flachen Ebene einer fast baumlosen Marschlandschaft und dem hier so besonders tiefhängenden Himmel bald die filigrane Kirchturmspitze von Wilster auf. Schon bevor man es selbst erreicht, ist auch das Wasser allgegenwärtig, z.B. in den Ortsnamen. Dammfleth (Fleth am Damm)! Wilstermarsch! Die Wilstermarsch liegt überwiegend 1,5 Meter unter dem Meeresspiegel. An einer Stelle hat sie mit 3,5 Metern unter Normalnull sogar das tiefste Niveau Deutschlands.[9]

> *"A: 1765 den 13tn Märtz bin ich Nicolaus Nagel geboren in der Wilsther im Orte Dammfleth von meinen Eltern Frantz Nagel und Magdalena geborene Poppen. A: 1790 den 19ten Märtz bin ich nach Segeberg gekommen ..."*

So beginnen die Eintragungen von Nicolaus Nagel in der Bibel seiner Tochter Louise Charlotte Dorothea. Er ist mein UrUrUrGroßvater. Geboren "in der Wilsther", also in der Wilstermarsch[10], hatte Nicolaus Nagel eingetragen und weiter, "im Orte Dammfleth". Dieser Ort schließt sich direkt südlich an die Stadt Wilster als eine kleine Ansammlung von Häusern und Gehöften ohne Ortskern an. Zum Gottesdienst geht man in die Wilster Bartholomäus-Kirche.

---

[9] Sachsenbande bei Wilster (siehe auch Wikipedia). Die meisten alten Höfe außerhalb der Städte und Deiche wurden immer wieder auf den ca. 2-3 Meter hohen Warft-Hügeln gebaut. (Hinweis Korrespondenz HP Wessel, Hamburg)

[10] Amt bzw. Kirchspiel Wilster Land und Stadt.

## Erster Teil

*"Die amtsangehörige Gemeinde Dammfleth liegt im Kreis Steinburg und gehört zum Amt Wilstermarsch"*, hieß es formell auf der informativen Website 'Schleswig-Holstein - Topographie - Städte und Dörfer des Landes'[11] und dann schlossen sich folgenden Informationen des Statistischen Landesamtes von 1999 zur Wohnsituation an:

*6 Blick auf Dammfleth von Süden Richtung Wilster.*
*Nach topographie.shz.de 2003.*

> *"In Dammfleth gibt es insgesamt 82 Wohngebäude. Davon sind 71 Einfamilienhäuser und 10 Zweifamilienhäuser [...] Zudem gibt es 1 Mehrfamilienhaus. Insgesamt gibt es 94 Wohnungen in Wohngebäuden und 44 Wohnungen in Nichtwohngebäuden. Das ergibt 138 Wohnungen in Dammfleth."*[12]

Genauer und anschaulicher geht es nicht. Näher an der Zeit des Nicolaus Nagel liegt aber die Beschreibung Dammfleths in der Mitte des 19. Jahrhunderts verfassten Topographie des Johannes von Schröder. Sie macht deutlich, wie wenig sich in den vergangenen 150 Jahren veränderte. Danach hatte die Ansiedlung um 1850 139 Einwohner, davon 50 Kinder, die die örtliche Schule besuchten.

> *„Dammfleth (vormals Dammeflete, Damflete),*
> *District nahe südlich von Wilster, in der Wilstermarsch Kirchspiel Wilster.*
> *Von diesem Districte gehören 9 Höfe und 1 Kathe zum Amt Steinburg,*
> *Kirchspielvogtei auf der neuen Seite, Dammfletherducht, und 1 Hof und 1*
> *Kathe gehören zur Vogtei Sachsenbande (Amt Bordesholm) und heißen mit*

---

[11] http://topographie.shz.de (besucht 1.5.2003)
[12] In Wilster gab es nach derselben Quelle 1999 insgesamt 1265 Wohngebäude mit 2242 Wohnungen.

*einer zum Amt Steinburg, Kirchspiel Beidenfleth, gehörigen Stelle auf dem Breuer (s. das.). Die Ländereien dieser beiden Stellen erhielt das Neumünstersche Kloster im Jahre 1164. Im Jahre 1678 war das Areal derselben 15 Morgen Landes, von denen 11 unter Fürstlicher und 4 Morgen unter Königlicher Jurisdiction waren. - Schule (50 Kinder). - Volkszahl: 139, worunter einige Handwerker. - Durch die Feldmark geht die Borswettern und die Camprether-Wettern (Camper-Ritt-Wettern). Eine Brücke über die Camprether Wettern heißt Vitsbrücke und eine über die Wilsterau bei der Bischofsmühle Mühlenbrücke. Die Ländereien heißen Außenland, Stadtfeld, Nordhävel und Mühlenkamp. Ein ehemaliges Haus an einem Steg über die Wettern auf dem Kirchsteige von Hochfeld nach Wilster hieß beim Führenbohm. - Schon 1164 erhielt das Kloster Neumünster den Zehnten zwischen Stocflete [sic] und Dammfleth, 1174 und 1196 die Zehnten an der Westseite des ehemaligen Dammflether-Sees, und ums Jahr 1200 besaß das Kloster von Dammfleth gegen Osten 52 1/2 und gegen Westen 39 Morgen und in der Nähe 2 Aecker von 18 Morgen, Geren genannt."*[13]

Lange Zeit war die alte Windmühle von Hochfeld ein Wahrzeichen in der Umgebung. Sie wurde 1971 durch ein Großfeuer vernichtet. Plattdeutsch soll nach wie vor die offizielle Amtssprache in der Gemeindevertretung sein.[14]

Dammfleth hatte nie eine eigene Kirche. Also versahen die Einwohner ihren Gottesdienst in Wilster. Die dortige spätbarocke St.-Bartholomäus-Kirche wurde zwischen 1775 und 1781 errichtet. So ist es sicher, dass Nicolaus Nagel bevor er seinen Heimatort 1790 verließ, hier nahezu ein Jahrzehnt zum Gottesdienst ging.

---

[13] Topographie der Herzogthümer Holstein und Lauenburg, des Fürstenthums Lübeck und des Gebiets der freien und Hanse-Städte Hamburg und Lübeck, von Johannes von Schröder und Hermann Biernatzki, zweite neu bearbeitete, durch die Topographie von Lauenburg vermehrte Auflage, 1. Band, Oldenburg (in Holstein), Leipzig 1855, S. 319.

[14] Jochen Schwarck, 2003 in der Topographie.shz.de

*Erster Teil*

*7 Lebensorte der Familie Nagel*

## Die Familie Teuthorn-Nagel

### In den Kirchenbüchern stöbern

So knapp wie nur der Mensch im Norden sich ausdrücken kann, besonders auf Platt, so karg sind die Kirchenbucheinträge[15] aus Wilster zwischen 1690 und 1750. Meistens, nicht immer. Datum, Name, Ort. Die Namen, anders als aus Thüringen gewohnt, sind knapp und kurz. Und es sind nicht drei, sondern jeweils nur einer. Möglichst einsilbig. Frentz, Wilm, Clas. Die zwei Silben von Johann, Hinrich und Peter wirken da schon richtig verschwenderisch. Erst später, und dann wohl vor allem bei wichtigen Schriftstücken, wird in der Stadt aus Clas über Niclas ein Nicolaus Nagel. Allerdings sind die Einträge der nächsten 50 Jahre dann Gott sei Dank doch aussagefähiger.

Die in den Kirchenbüchern erwähnten Herkunfts- und Lebensorte liegen in einem engen Umkreis um Dammfleth herum. Sie heißen Rumfleth, Hochfeld, Rotenmeer, Wewelsfleth, Hohenfelde, und sie sind damals wie heute eigentlich nur verstreute kleine Siedlungen beziehungsweise Hofstellen.

Die Geschichte der Familie Nagel kann ich mit Frenz Nagel beginnen lassen, der vom 24.03.1731 bis 21.12.1801 in Dammfleth lebte.

> An dieser Stelle scheint mir die richtige Gelegenheit zu sein, eine Anmerkung zu der Art zu machen, wie ich Familiengeschichte schreibe. Von Anfang an fand ich eine Darstellungsform, die dem Kekule- oder einem der anderen genealogischen Systeme folgend systematisch Daten aneinanderreiht, schrecklich, und ich löse mich daher grundsätzlich von solcher Form. Ich möchte, dass meine Familiengeschichte wirklich gelesen und nicht lediglich als Steinbruch genutzt wird. Den damit für Genealogen, die eine „klassische" Form gewohnt sind, fraglos gegebenen Nachteil versuche ich durch Vor- und Nachfahrenlisten auszugleichen, die ich in einem Anhang anfüge.

---

[15] Vom Ev.-Luth. Kirchenkreis Münsterdorf, Heinrichstr. 1, 25524 Itzehoe, erhielt ich mit Brief vom 21.3.2003 11 angefragte KB-Kopien. Sie sind in meinem Archiv unter KB1050.

*Erster Teil*

8 St. Bartholomäus Kirche von Wilster 1780 geweiht.
 Bildautor Uwe Barghaan.

Nunmehr kann ich nach Dammfleth zu Frenz Nagel zurückkehren. Im Kirchenbuch wird er anfangs als Hausmann, kurz vor seinem Tode aber als Arbeitsmann in Dammfleth bezeichnet. Sein Großvater Frentz Nagel, in etwa Jahrgang 1660 (geschätzt), kam aus dem südöstlich jenseits der Stör gelegenen Hohenfelde. Am 27. Dezember 1691 wurde sein Sohn geboren, den er der Einfachheit halber oder weil es ebenso Sitte war, in der Wilster Kirche wieder Frentz taufen ließ.

Dieser Frentz, der Vater also, heiratete am 29. April 1725 in Wilster die aus Wewelsfleth stammende Trien Stelling. Wahrscheinlich gingen dem 1731 geborenen Sohn Schwestern voraus. Denn dieser erhielt ja nun wieder den Namen des Vaters und

Großvaters Frentz. Für ihn fehlt ein regelmäßiger Kirchenbucheintrag. Stattdessen gibt er als alter Mann dem Archidiacon Thode in Wilster seine Abstammung zu Protokoll. Dieser notiert im Oktober 1799:

> „Weil es sich bei einer Gelegenheit fand, daß Frenz Nagels Name im Taufregister ausgelassen war, so hat er mir persönlich folgende Nachricht von seiner Geburt mitgeteilt: Frenz Nagel ist geboren 1731, den 24. Martii. Sein Vater ist gewesen Frenz Nagel und seine Mutter Trien, geborene Stelling. Seine Gevattern sind gewesen: 1. Johann Stelling, 2. Wilm Sievers, 3. Hartig Tekelnburg. - In fidem N. Thode, Archidiaconus. Wilsther, den 28. Oktobr. 1799."

Der *dritte* Frenz heiratete am 25. September 1760 Malena Popp (23.04.1737 - 20.03.1770). Die vier Söhne sind
1. Frenz (*gesch. 1761), später Schullehrer in Kiel
2. Johann (*gesch. 1763), Perückenmacher in Hamburg
3. Clas/Nicolaus (13.3.1765 - 13.2.1827 Kiel), Chirurg in Kiel
4. Peter (*um 1768), Arbeitsmann in Dammfleth

Ihre Mutter starb, erst 33-jährig, bei der Geburt des 5. Kindes, das auch nicht überlebte. Damit stand die Familie vor einer Situation, die zu jener Zeit im Grunde alltäglich war. Die neun bis zwei Jahre alten Kinder brauchten wieder eine Mutter, und so heiratete Frenz Anna Nussels. Der in dieser Ehe geborene, nunmehr fünfte Sohn, erhielt den Namen Hinrich.

Die Großeltern mütterlicherseits der vier Söhne waren Clas Popp (*25.8.1725) aus Rumfleth und Lisebet HOLST (* gesch. 1718). Heirat in Wilster am 20.5.1733.

*Erster Teil*

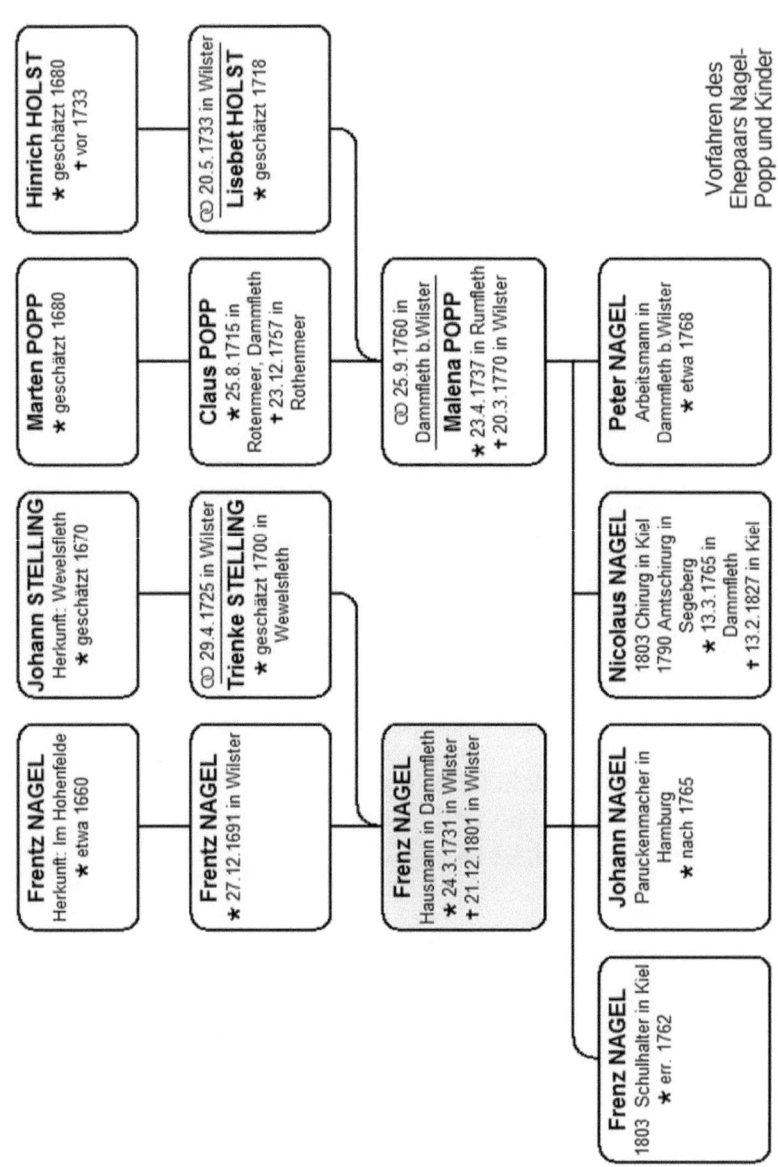

9 Ehepaar Frenz Nagel / Malena Popp

## Die Familie Teuthorn-Nagel

Aus der Urgroßelterngeneration sind neben Frenz Nagel die Großväter, Johann Stelling, Marten Popp und Hinrich Holst namentlich bekannt. Sie dürften in den Jahren zwischen 1670 und 1680 geboren sein und stammen alle aus der Wilster Marsch oder der weiteren Umgebung.

Wenn man die Namensentscheidung für die ersten drei Söhne des Hausmanns Frenz Nagel nachzuvollziehen versucht, hat Johann seinen Namen wohl vom Urgroßvater Stelling und Nicolaus vom Großvater Popp.

Nicolaus wird die Wilstermarsch etwa um 1780 verlassen, in Kiel eine Lehrstelle als Barbier-Chirurg annehmen und anschließend seine Gesellenwanderung beginnen, die ihn nach Segeberg bringt.

*Erster Teil*

## Nicolaus wird Chirurg - Barbieramt und erste Ehe

Nikolaus Nagel verließ also Wilster, um eine Lehrstelle als Barbier-Chirurg[16] anzutreten, und ging dazu nach Kiel. Mangels entsprechender Quellen fehlen dazu Einzelheiten. Das ist schade, weil wir im Falle eines Dokuments wahrscheinlich Konkretes aus der frühen Kieler Barbierzunft hätten erfahren können.

Dass Nicolaus diesen Weg ging, erfahren wir erst in Segeberg, wo er 1790 nach einer vorangegangenen sechsjährigen Wanderzeit als Meister in die Zunft aufgenommen wird. Man wird sich vorstellen dürfen, dass die jungen Männer während des Gesellenwanderns nicht nur viel Fachwissen anhäuften, sondern auch über alle Personalia ihres Wandergebietes bestens unterrichtet waren. Von diesen waren für das eigene Fortkommen Können, Vitalität und Alter der Meister von Bedeutung, vor allem aber Nachrichten darüber, wo durch Tod Vakanzen entstanden und wo eine Meisterwitwe oder unverheiratete Tochter auf Heirat warteten. Wenn die Meisterwitwe nicht gar zu alt und die Meistertochter nicht gerade potthässlich war, würde die „Sozialversicherung" des Innungsrechtes durch einen ledigen jungen Kandidaten eingelöst werden können.

Wir können davon ausgehen, dass Nicolaus dieses Terrain ausgiebig sondiert hatte, bevor er sich entschied, in Segeberg die fast zehn Jahre ältere hinterbliebene Tochter des verstorbenen Amtsmeisters Friedrich Sibbers zu heiraten.

> *„Am 29.4. 1790 kam Nicolaus Nagel aus seinem Geburtsort Wilster nach hier. Lehrzeit in Kiel am 25.6.1784 beendet. Er wurde als Amtschirurg zugelassen; heiratet Johanna Hedwig Dorothea Sibbern, Tochter des verstorbenen Amtsmeisters Friedrich Sibbern. Die Zulassung erfolgte nach*

---

[16] Teuthorn, Peter: *Chirurgen und Barbiere - eine Darstellung am Beispiel der Städte Frankenhausen, Kiel und Segeberg zwischen 1750 und 1900 und der Familien Sibbern, Nagel und Teuthorn,* veröffentlicht 2003 auf TeuNet. In 2016 noch zugänglich unter
http://www.teu-net.de/geschichte/texte/chirurgen/chirurgen&barbiere.pdf

*Erster Teil*

*einer Prüfung, vorgenommen durch die Amtsmeister Luther und Garthausen."*[17]

Damit sind wir bei der Familie Sibbern angelangt.

---

[17] Köster, Hans Heinrich: *Sippenkundliches aus dem Chirurgie-Ambt der Stadt Segeberg vom Jahre 1745*, in Zeitschrift für niedersächsische Familienkunde, Jahrgang 23, Hamburg 1941, S. 35.

*Die Familie Teuthorn-Nagel*

## *Die Familie Sibbern*

Für die reine Geschichte der Familie Teuthorn-Nagel könnte man dieses Kapitel vielleicht überspringen. Denn diese Ehe endet nach der Geburt eines Sohnes mit dem frühen Tod Dorotheas im Jahre 1798, und erst die anschließende Ehe unseres Nikolaus bereitet den Boden, auf dem unser Familienbaum kräftige Äste bildet, von denen viele Zweige noch heute grünen. Aber wenn ich das Kapitel einfach ausließe, fehlten uns wichtige Einsichten zur Barbierzunft und zu einer Verwandtschaft, die sich in Norwegen reich entfaltet und bis heute fortentwickelt hat.

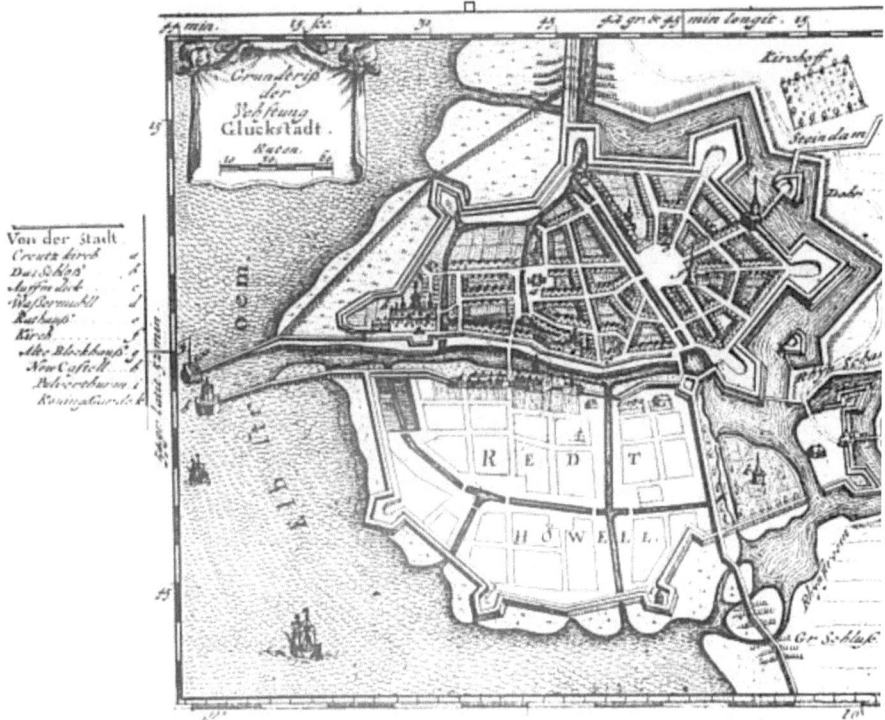

*10 Erweiterungsplan Glückstadts aus dem Jahr 1643*

## Erster Teil

Die Familie Sibbern stammte ursprünglich aus dem nahe Wilster gelegenen Glückstadt. Den städtebaulich interessanten Grundriss der Stadt hatte der Dänenkönig Christian IV. in Auftrag gegeben.

Der in Rendsburg geborene Nikolaus Sibbern (*21.4.1650) kam Anfang Februar 1680 nach Studien in Kiel und Jena als Diakon nach Glückstadt und wurde hier im April 1693 Pastor. Einzelheiten zu ihm und seinen Nachfahren finden sich in der Nachfahrenliste Nikolaus Sibbern im Anhang.

Über seinen zweiten herangewachsenen Sohn Friedrich Christian, der am 23.04.1686 in Glückstadt geboren wurde, ist zunächst wenig Weiteres bekannt. Immerhin so viel, dass er Schüler am Hamburger Johanneum und im Mai 1707 in Jena immatrikuliert war. Sein älterer Bruder Nicolaus Peter wurde wie sein Vater Pastor in Glückstadt. Zwei seiner Schwestern heirateten offensichtlich Ärzte.

Friedrich Christians um 1715 in Glückstadt geborener Sohn Friedrich beendete im Januar 1735 in Glückstadt seine Barbierlehre. Danach wird er die übliche Wanderzeit absolviert haben. Am 25. Januar 1746 wurde er in das Chirurgenamt[18] in Segeberg aufgenommen. Dort ist er 1765 als Amtsmeister und stellvertretender Ältermann belegt. Mit seiner Frau Augusta Dorothea Sulz hatte er sechs nachgewiesene Kinder. Alle drei seiner herangewachsenen Söhne gingen bei ihm in die Barbierlehre. Bei Köster heißt es:

> *„Der Amtsmeister Sibbers war 1765 stellvertretender Ältermann. Für ihn wurden folgende Lehrbuben eingetragen: 1755 Hyronimus Johann Leyding und sein Sohn Friedrich Gabriel Gottlieb Sibbers, 1762 sein Sohn Simon Karl Sibbers und am 28.2.1767 sein Sohn Hans Nikolaus Sibbers."*

Als Nicolaus Nagel nach Segeberg kam und in die Barbierzunft eintrat, lebte Friedrich Sibbers bereits nicht mehr. Von seinen Söhnen wurde Gabriel Chirurg in Kopenhagen und Simon Barbier in Segeberg.

---

[18] Amt = Zunft. Zünfte und Innungen werden in Kiel und dem übrigen Nordelbien als Ämter bezeichnet. So ist also z.B. der Amtschirurg ein Mitglied der Barbierzunft und nicht etwa ein behördlich bestellter Mediziner wie etwa der heutige Amtsarzt.

## Die Familie Teuthorn-Nagel

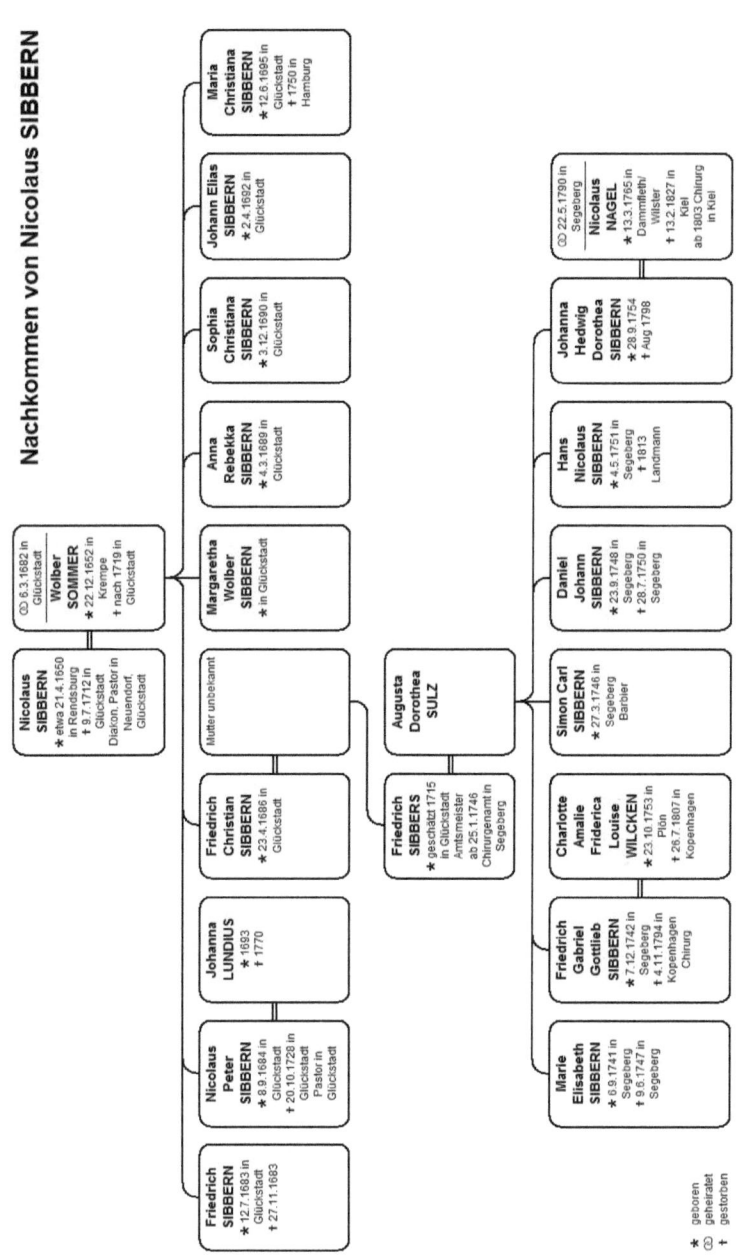

11 Nachfahrentafel Sibbern

*Erster Teil*

## Der Stammhalter Nagel & früher Tod der Mutter

1792 wurde dem Ehepaar Nagel-Sibbern in Segeberg der Sohn Nicolaus Christian Friedrich geboren. Für Nikolaus war das erste Kind damit zugleich der Stammhalter, für Dorothea blieb es das einzige Kind.

*12 Nicolaus Christian Friedrich Nagel (1792-1860), Quelle Ragna Nagel durch Vermittlung von Christl Nagel-Eger*

Sie starb im August 1798, wie es heißt, an einer Bloodgangsepidemie,

## Erster Teil

also der blutigen oder roten Ruhr (Dysenterie). Dieser Schicksalsschlag traf die Familie Nagel bereits in Kiel. Denn nach knapp vier Jahren im Barbieramt Segeberg hatte Nicolaus Nagel die Gelegenheit ergriffen, seinen Beruf in Kiel auszuüben und hier am 3. April 1794 den Bürgereid abgelegt.

Wir müssen aber noch ein wenig bei dem Todesereignis bleiben. Was bedeutete der frühe Tod einer Frau und Mutter um 1800? Der Schriftsteller Daniel Kehlmann bringt es mit folgenden Sätzen auf den Punkt:

> *„Johanna war tot. - Er schob den Stuhl zurück und versuchte sich an den Gedanken zu gewöhnen, dass er wieder heiraten musste. Er hatte Kinder. Er wusste nicht, wie man die aufzog. Einen Haushalt führen konnte er nicht."*[19]

Mit ihrem frühen Tod ließ Dorothea Sibbern nicht nur ihren 6-jährigen Sohn als Halbwaisen zurück, sondern einen Meisterhaushalt, dem sie, wie es die Regel war, als "Meisterin" vorgestanden hatte. Dieser Haushalt bestand ja nicht nur aus der engsten Familie, sondern mit großer Wahrscheinlichkeit gehörten ein bis zwei Lehrbuben, vielleicht auch ein Geselle dazu. Während der Meister seinem Beruf nachging trug seine Frau in seiner Vertretung für die Einheit von Haushalt und Wirtschaftsbereich Verantwortung, also für Haus, Küche und allgemeine Verwaltung, unter Umständen sogar für Einkauf von Materialien etc. Dies war das sogenannte "Ganze Haus"[20], das neben der Kernfamilie eben auch aus weiteren Hausgenossen und Hausangestellten / Gesinde bestehen konnte.

In einer solchen Situation, wie sie 1798 über Nicolaus Nagel hereinbrach, war es nur ein Gebot der Vernunft, möglichst schnell eine neue Ehe einzugehen, um die entstandene Lücke zu schließen. Unser Kieler Barbier löste das Problem besonders schnell, denn er heiratete bereits am 15. November 1798 wieder. Die zweite Frau Nagel war Charlotta Maria Flug. So steht es im Kirchenbuch der Kieler Nikolaikirche. Sie war eine Dänin, und lange war mir ihre Herkunft

---

[19] Kehlmann, Daniel: Die Vermessung der Welt, Reinbeck bei Hamburg 2005, 39. Auflage 2007, S. 161.
[20] Otto Brunner (1898-1982) in die Geschichtswissenschaft eingeführter Begriff.

*Die Familie Teuthorn-Nagel*

ein Rätsel geblieben, bis ich kürzlich mit Hilfe eines dänischen Forscherkollegen[21] ihre Identität klären konnte.

Aus Nicolaus Nagels erstem Sohn wurde übrigens ein geachteter, wenn nicht sogar berühmter, norwegischer Chirurg und Mediziner. Er ging mit 17 Jahren nach Kopenhagen, war 1813 Feldscher in der norwegischen Armee, leitete 1814 im norwegisch-schwedischen Krieg ein Feldlazarett und war zuletzt leitender Arzt und Chirurg der Festung Akerhus in Christiania/Oslo.

(Im Anhang folgt eine Nachfahren-Liste Sibbern, in der auch die umfangreiche norwegische Nachkommenschaft des Nicolaus Ch. F. Nagel sichtbar wird.)

---

[21] Meinem dänischen Kollegen Erik Ousager sei an dieser Stelle noch einmal herzlich gedankt.

*Erster Teil*

## Odense und die dänischen Fløckes

Wenn er sich aus Odense, dem Hauptort der Insel Fünen kommend, auf die Hauptstraße nach Westen begibt, kann es sein, dass der hier Fremde sein Ziel Skalbjerg nur mühsam erreicht. Mit der Regionalbahn hätte er die kleine Station in gut einer halben Stunde erreicht, mit dem Fahrrad in einer Stunde. Da er aber mit dem Auto unterwegs ist, verlässt er die Straße kurz nach dem hier üblichen hübschen Ortsschild nach Süden, immer in der Vorstellung, während der verbleibenden zwei Kilometer endlich einen Kirchturm zu erblicken, an dem er sich orientieren könnte und um den sich wie üblich die sicherlich wenigen Häuser des Fleckens gruppieren. Aber hier ist alles anders. Bis in die Ferne flaches Land. Die Ansiedlung liegt dann überraschend in einer Mulde, in die sich die wenigen auseinandergezogenen Häuser einschmiegen. Eine Kirche gibt es nicht, auch keinen erkennbaren Ortskern. Das ist also Skalbjerg!

*13 Ortsschild in Richtung Odense*

Hier wurde - so schreibt es Jahrzehnte später ihr Mann in die uns überlieferte Familienbibel - am 3. Oktober 1775 Charlotta Maria

Flug[22] geboren, die genau genommen eine Fløcke war. Erst mit ihrer späteren Übersiedlung nach Kiel wurde daraus der Name Flug. Ihr Vater war hier in Skalbjerg seit 1788 Schulmeister, das heißt er war wohl der einzige Lehrer des Fleckens.

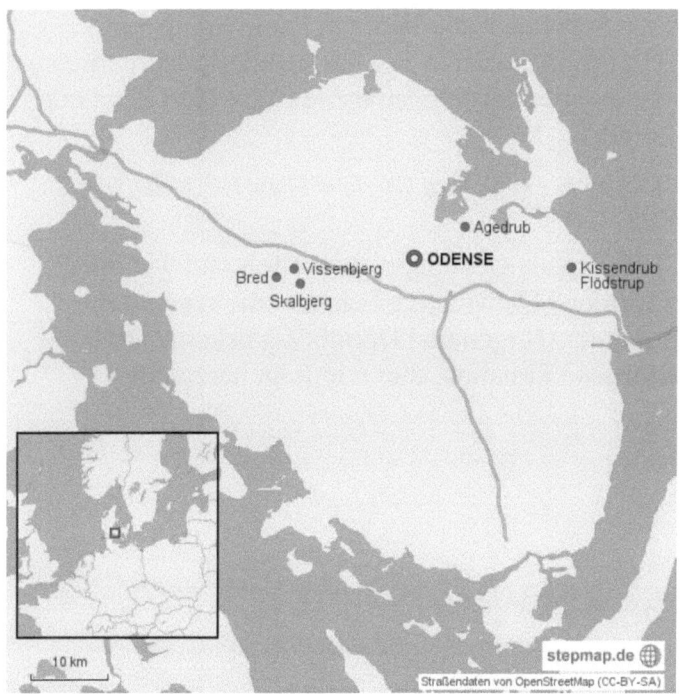

*14 Odense- Herkunft der Fløcke*

Jørgen Povelsen Fløcke war 1778 aus seinem Geburtsort, dem nordwestlich von Odense gelegenen Agedrup nach Bred gekommen, das ebenso wie Skalbjerg zur Gemeinde Vissenbjerg gehört. Die Familie kam ursprünglich aus Kissendrup, Gemeinde Flødstrup, und besaß dort den Hof Kissendrupgaard. In Bred war er Pächter (husmand / fæstehusmand), später dann in Skalbjerg Schulhalter.

Am 31. August 1775 standen Jørgen Povelsen und Dorothea Jensdatter in der Agedrup Kirche vor dem Traualtar. Dorothea war

---

[22] Der Geburtsname war hier natürlich noch der Familienname ihres Vaters FLØCKE.

## Erster Teil

hochschwanger, und bereits einen Monat später kam das erste Kind des Paares, die Tochter Charlotta Maria zur Welt. An ihrem Geburtsdatum, dem 3. Oktober 1775, muss nicht gezweifelt werden. Zwar konnte noch kein Kirchenbucheintrag gefunden werden, aber dieses Datum hat ihr späterer Mann, der Kieler Amtschirurg Nicolaus Nagel, auf den letzten Seiten der überlieferten Familienbibel mit eigener Hand eingetragen. An diesem Tag hat sie all die Jahre ihren Geburtstag gefeiert. Aber der dort eingetragene Geburtsort kann nur auf einem Irrtum beruhen.

> *A: 1775 den 3. Octobr er min Fruen Charlotte Marie född i Skalbierg: Wisslaberg Sogn i Fyen.*"[23]

Warum sollte an Skalbjerg als Geburtsort gezweifelt und wie dieser Zweifel begründet werden? Da wichtige Lebensstationen und die Geburtsdaten ihrer Kinder (Jürgen und Dorotheas) bekannt sind, haben wir die komfortable Situation, dies wie folgt herzuleiten.

---

[23] Nicolaus Nagel schreibt es auf Dänisch und verschreibt sich bei der Gemeinde Vissenbjerg (s.o. Wisslaberg), die er wohl nie gesehen hatte. „Anno 1775, den 3. Oktober, ist meine Frau Charlotte Marie geboren in Skalbjerg, Gemeinde Vissenbjerg auf Fünen." Ihren Geburtsnamen lässt er aus. Dieser kann erst aus anderen Dokumenten abgeleitet werden.

## Die Familie Teuthorn-Nagel

*15 Agedrup Kirke fra sydvest, Odense Amt, Denmark - photographed by Søren Møller.*

Es ist eine Tatsache, dass er noch 1778 in Agedrup[24] lebte, wo das zweite Kind, der Sohn Godske Hans am 11. Oktober 1778 getauft wurde. Noch im selben Jahr erscheint er als Kleinbauer in Bred. Dort wird am 21. Januar 1781 seine Tochter Birthe Cathrine geboren. Die Geburten seiner weiteren drei Kinder ereignen sich dann aber alle in Skalbjerg. Die kirchlichen Zeremonien fanden in der Gemeindekirche von Vissenbjerg statt. Diese Kinder sind die Töchter Ane Marie (*29.10.1785), Ane Sophie (*11.2.1788) und der Sohn Povel Christian (*26.1.1791). In Skalbjerg war er nach einer Vakanz 1788 Schulhalter geworden. Es bleibt also eigentlich nur der Schluss, dass Charlotta Maria in Agedrup geboren wurde, sie selbst aber Skalbjerg, wo sie

---

[24] Foto: This file is licensed under the Creative Commons Attribution-Share Alike 3.0 Unported

heranwuchs, auch als ihren Geburtsort ansah. Wieso sollte ein solches Detail für die Familie auch so wichtig gewesen sein. All die genannten Gemeinden waren doch eng um den Hauptort Odense gruppiert. Noch in dem Traueintrag des Kirchenbuchs in Leck war zur Geburt Odense auf Fünen genannt worden.

Dies ist also die Familie der Charlotta Maria. Sie soll uns hier nicht mit zu vielen Einzelheiten interessieren. Denn die dänische Familiengeschichte wird sicherlich von dem Familienforscherkollegen Erik Ousager geschrieben werden, dem ich die meisten dieser Informationen verdanke. Nur so viel gehört noch hierher. Godske Hans hatte aus zwei Ehen 11 Kinder, von denen zwei wiederum Nachkommen hatten. Aus einer dieser Familien stammt Eriks Frau, und sein deswegen gewecktes Forschungsinteresse ist überhaupt erst die Grundlage, dass ich hier über den Familienhintergrund meiner 3xUrgroßmutter, also über meinen dänischen Migrationshintergrund berichten kann. Wer an dieser Stelle nicht über diese Phrase lachen, bestenfalls leicht schmunzeln kann, hat recht. Das liegt nun schon sehr viele Generationen zurück. Wanderung wie die hier gegebene sollte aber überhaupt Normalität sein, und nur die heutige, seit dem Ende unseres wirtschaftlichen Wachstums aufgeladene Einwanderungsdiskussion hat zu solchen monströsen Begriffsbildungen geführt. In der hier beschriebenen Zeit waren solche Wanderungen offensichtlich normal, und wir können wohl davon ausgehen, dass die einwandernde Dänin, ebenso wie der später nach Christiania auswandernde deutsche Nagelsohn jeweils die Bereitschaft und Fähigkeit hatten, sich sprachlich und kulturell schnell in die gewählte neue Heimat einzupassen.

Und wie kam Charlotta nun nach Kiel. Leider sind hierzu keine Erinnerungen überliefert, auch steht das Jahr nicht fest. 1796 war sie 21 Jahre alt und damit volljährig. Möglicherweise war sie bereits im großen Haushalt des Chirurgen Nagel oder einem befreundeten Haushalt in Diensten. Wir werden es wohl nicht mehr erfahren.

Vor einigen Jahren wählte ich auf dem Wege in einen meiner Sommerurlaube in Schweden den Weg über die Insel Fünen. Ich konnte mich überzeugen, dass Odense einen guten Hafen hat. Günstiger und schneller als die Landverbindung waren sicherlich die

Schiffsverbindungen von hier durch den kleinen Belt und die dänische Südsee oder durch den großen Belt an Laland vorbei in die Kieler Förde.

Und in Kiel an Land? Ja, da wurde dann wohl aus der Dänin Fløcke die Deutsche Flug.

Wer sich übrigens ein genaueres Bild von den historischen, politischen und geographischen Gegebenheiten Fünens machen will, sei auf ein wunderbares im Internet verfügbares Werkzeug hingewiesen. Es ist der Historische Atlas Dänemarks, und unter der sogenannten URL http://historiskatlas.dk/Skalbjerg_%28586%29 erreicht man z.B. vielfältige Informationen zu Skalbjerg.

*Erster Teil*

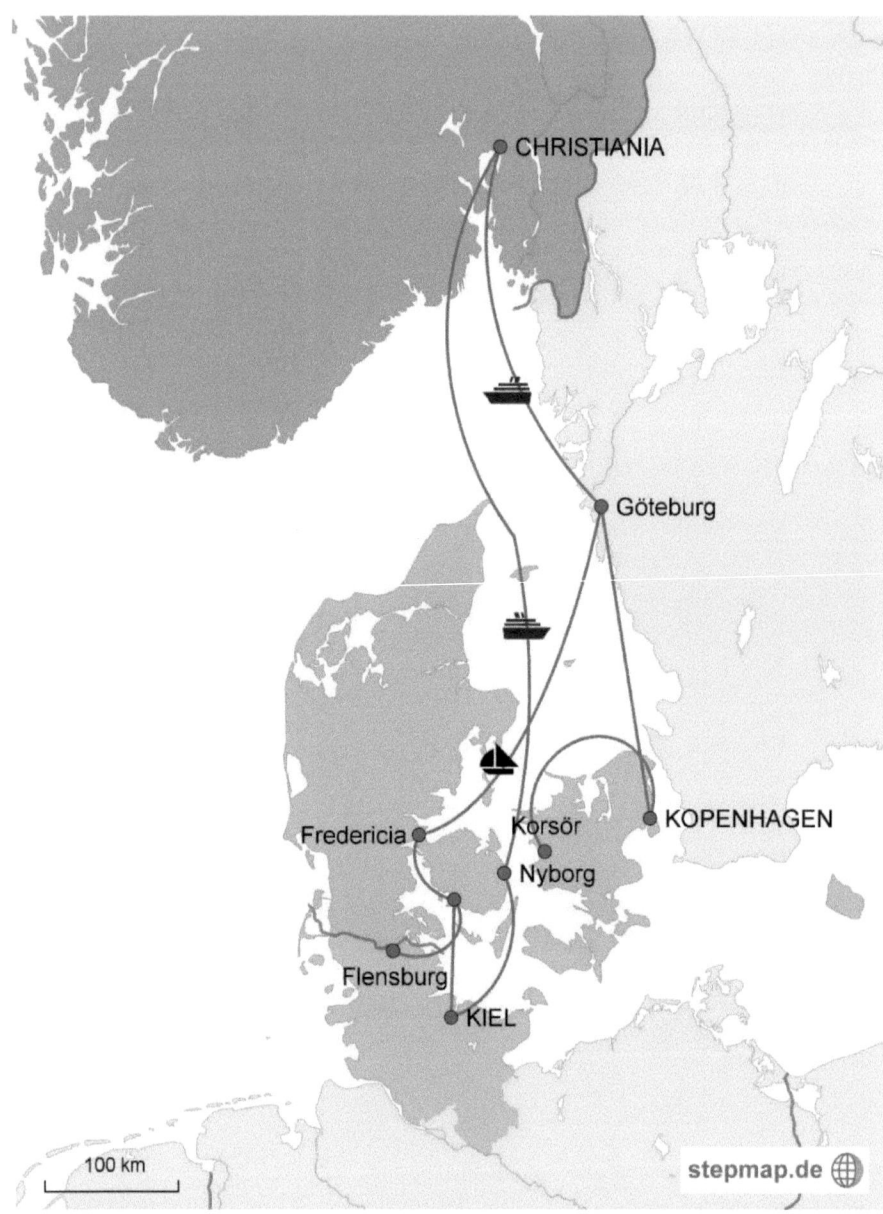

16 Reisewege

## Die Familie Teuthorn-Nagel

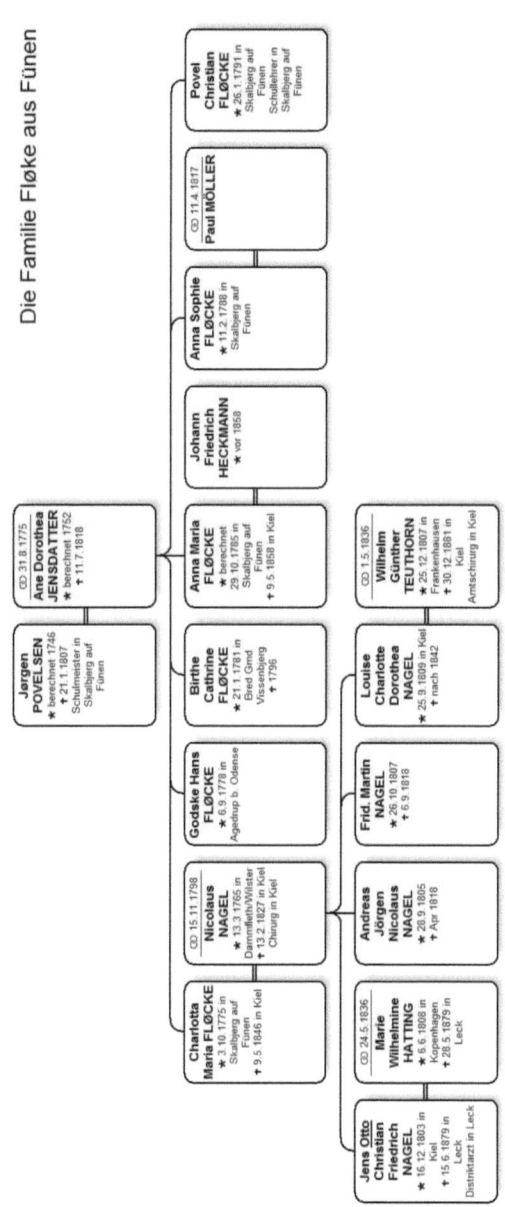

*17 Die Flökes*

*Erster Teil*

## Zweite Ehe mit Charlotta Maria

Während die Verbindung mit Dorothea Sibbern für unsere Familie zwar Verwandtschaft, aber keine Blutsverwandtschaft bedeutet, ist Charlotta Maria eine Urmutter der heutigen Familien Nagel und Teuthorn. Die Ehe ist wie folgt im Kirchenbuch Kiel eingetragen:

> *„15. Nov. 1798 / Der hiesige Bürger und Chirurgus Nicolaus Nagel, ein Wittwer, mit der Jungfer Charlotta Maria Flug, eheliche Tochter des Johann Peter Flug, zu Odense in Fühnen."*

Fünf Jahre später gibt uns die Volkszählung des Jahres 1803 ein anschauliches Bild des Haushalts, den die zweite Frau Nagel führte.

> Nicolaus Nagel, 38, Verheir., Hausvater, Chirurgus
> Charlotte Maria Pflug, 28, Verheir., Dessen Frau
> Nicolaus Christian Friedrich Nagel, 11, Unverheir., Sohn des Mannes 1ster Ehe
> Anna Maria Pflug, 18, Unverheir., Schwester der Frau
> Anna Sophie Pflug, 15, Unverheir., Schwester der Frau
> Christian Carl Friedrich Lüders, 20, Unverheir., Bursche, Barbierlehrbursche
> Christian Heinrich Asmus, 18, Unverheir., Bursche, Barbierlehrbursche
> Cathrina Nissen, 58, Unverheir., Einwohnerin, Pension aus der Witwen- und Waisenkasse und von ihrer Händearbeit

Neben den beiden 18- und 20-jährigen Barbierlehrburschen Asmus und Lüders sowie der Catharina Nissen lebten Charlottas jüngere, noch unverheiratete Schwestern Anna Sophie und Anna Maria im Nagelschen Haushalt. Die Familie wohnt im 4. Quartier der Stadt in der Schuhmacherstr. 57.

Der jetzt elfjährige Nagelsohn war natürlich im Jahr 1803 noch zu jung für eine Lehre. Wir dürfen aber wohl davon ausgehen, dass er bereits drei Jahre später begann, das Chirurgenhandwerk bei seinem Vater zu erlernen. Da bin ich mir recht sicher. Anna Sophia heiratet (11.4.1817) in der Schleswiger St. Michaeliskirche einen gewissen Paul Möller. Später (1840) lebt das Ehepaar in Leck. Als Witwe kehrt

*Erster Teil*

sie nach Dänemark zurück und macht ihrem Bruder Paul Christian, Kaufmann und Posthalter in Ribe, den Haushalt. Anna Maria heiratet Johann Friedrich Heckmann, der 1836 in Kiel Pate meines Urgroßvaters ist. Sie stirbt am 9.5.1858 in Kiel.

Es ist auffällig, dass nach der Eheschließung zunächst keine Kinder geboren wurden, dann aber nach 5 Jahren der Sohn Otto Jens und diesem mit der zu erwartenden Regelmäßigkeit drei weitere Geburten folgten. Wenn nicht Nicolaus Nagel seine Kinder säuberlich nacheinander in der Familienbibel eingetragen hätte, wäre diese sonderbare Lücke Anlass, über die Kirchenbücher Gewissheit zu erhalten. So aber, verlasse ich mich auf die überlieferten Daten. Die Kinder sind:

> Jens Otto Christian Friedrich,
> *16.12.1803 in Kiel, †15.06.1879 in Leck.

> Andreas Jörgen Nicolaus,
> *28.09.1805, †04.1818

> Frid. Martin,
> *26.10.1807, †06.09.1818

> Louise Charlotte Dorothea,
> *25.09.1809 in Kiel, †27.12.1863

Da die mittleren Söhne noch im Kindesalter starben, bestimmen Jens Otto und Louise den Fortgang der Familiengeschichte.

Jens Otto Christian Friedrich, hob sich für mich als Jens bisher so wunderbar von der übrigen unübersichtlichen Namensschar ab, bis ich jetzt feststellen musste, dass er offensichtlich auf den Rufnamen Otto hörte. Denn dieser erscheint häufig in Volkszählungen und Dokumenten. Mit ihm tritt das kleine Städtchen Leck in den Blick, spielt seine Tochter Fanny eine wichtige Rolle für die Familiengeschichte und eröffnen drei nach Amerika auswandernde Söhne einen neuen Blick auf die Auswanderung in nächsten Generation.

Luise Charlotte Dorothea ist die Frau, die der Einwanderer aus Frankenhausen und Neubürger in Kiel, Wilhelm Günther TEUTHORN hier heiratet. Damit sind wir bei dem Ehepaar angelangt,

## Die Familie Teuthorn-Nagel

von dem aus sich die Familiengeschichte bis in die heutige Zeit fortentwickelt hat. Während Wilhelm Günther die Frankenhäuser Tradition einer alten Ratsfamilie in diese Verbindung einbrachte, erweiterte Louise sie mit dem norddeutschen und dänischen Element. Die Familie NAGEL-FLØCKE gewinnt dann in der Folgegeneration noch bedeutenderen Einfluss, weil die Tochter Jens Otto Nagels und Louises Sohn einander heiraten und damit eine sogenannte Vetternehe eingehen. Damit können wir nicht umhin, uns etwas eingehender mit Jens Otto und seiner Familie zu beschäftigen.

Aber legen wir vielleicht an dieser Stelle einmal eine kleine Pause ein.

*Erster Teil*

## Zwischenrede

Vieles möchte der Familiengeschichtsforscher über die früheren Generationen in seiner Familie wissen, im Wesentlichen aber sind es drei Themenkomplexe, nämlich:

- Wer gehört zu meiner Großfamilie?
- Was machte meine Vorfahren als Menschen aus?
- Unter welchen Bedingungen lebten sie, und welche Möglichkeiten hatten sie, ihr Leben zu gestalten?

Ein Teil dieser Fragen ist leichter zu beantworten, wenn Biographieschnipsel oder sogenannte Ego-Dokumente vorhanden sind. Leider kommt das nur selten vor. Deshalb kann man nur versuchen, sich den Bedingungen der jeweiligen Zeit über allgemeine Darstellungen möglichst weit anzunähern. Untersuchungen von Historikern zu Sozial-, Gesellschafts- und Kulturgeschichte können uns dabei helfen. Eine solche Darstellung liegt mit Hans-Ulrich Wehlers fünfbändiger "Deutsche Gesellschaftsgeschichte, 1700 - 1990" vor.

Die Auswanderung des Wilhelm Günther Teuthorn aus Frankenhausen, das quälend langsame Sterben der Zunftprivilegien und die frühe Industrialisierung fallen in die Zeit, die Wehler in Band 2 seiner Deutschen Gesellschaftsgeschichte behandelt, *"Von der Reformära bis zur industriellen und politischen 'Deutschen Doppelrevolution' 1815-1845/49"*.

Aus der Rückschau auf die anderthalb Jahrhunderte zurückliegende Zeit, die uns hier beschäftigt, bestätigt sich für die Volkswirtschaft und Gesellschaft der deutschen Staaten die einfache Wahrheit, dass die Verluste der einen häufig die Gewinne der anderen sein können und sich das Gemeinwesen auf diese Weise, wenn auch schmerzhaft, weiterentwickelt.

## Die Familien-Bibel

Die knapp 200 Jahre alte Bibel erhielt der Autor Weihnachten 1964

*18 Die "Nagel-Bibel" schenkte Nicolaus Nagel seiner Tochter Louise Charlotte Dorothea vermutlich zur Konfirmation*

von seiner Großmutter Erica, geb. Bachmann zusammen mit den folgenden Zeilen (Auszug): *„Die alte Bibel von 1816 stammt aus dem großelterlichen Haus von Opa [Emil Teuthorn]. Seine Mutter war ja eine geborene Nagel und Peter korrespondiert ja wohl noch mit den Nachkommen in Amerika. Die Bibel hat schon viel erlebt, ist bei uns in Afrika von den Termiten angefressen worden. Ich möchte annehmen, dass Dir, lieber Peter, die Bibel als Familienstück vielleicht eine wertvolle Erinnerung sein wird."* - Auf den letzten Leerblättern hat Nicolaus Nagel für seine Tochter Familiendaten

*Erster Teil*

eingetragen. Ich nahm immer an, bin aber inzwischen sicher, dass dort nach der Seite 3 ein ganzes Blatt, also zwei Seiten fehlen.[25]

---

[25] Auf den fehlenden Seiten befanden sich u.a. wohl Eintragungen zu den Kindern seines ersten Sohnes. Diesen Schluss lässt auch die kürzlich von Christl Nagel-Eger, einer Nachfahrin des Nicolaus Chrisian Friedrich (*8.9.1792) erhaltene Familienliste zu.

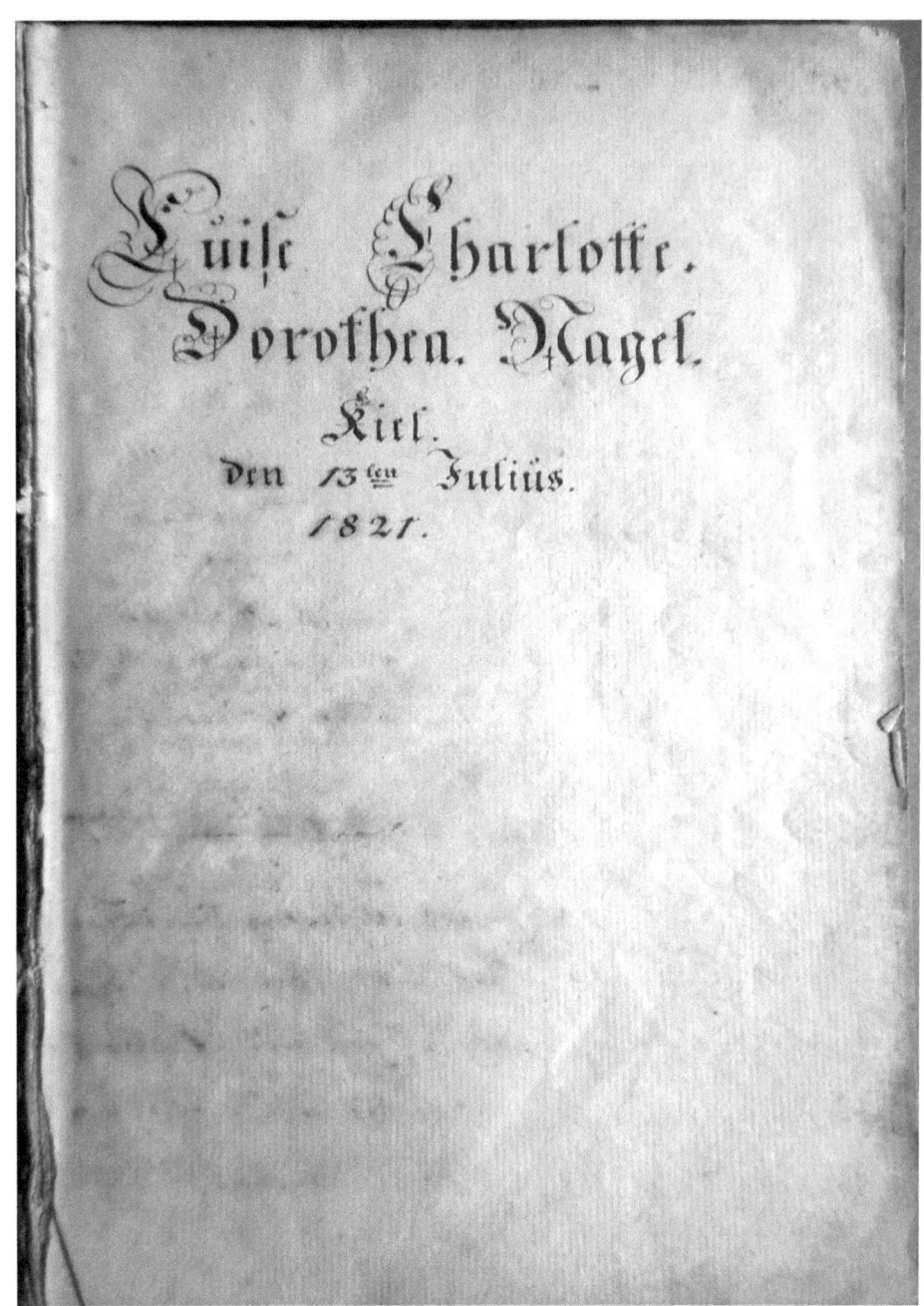

# Die Bibel,

oder

## die ganze

# Heilige Schrift

des

## alten und neuen

# Testaments,

nach

der deutschen Uebersetzung

## D. Martin Luthers.

---

Die CXXII Auflage.

---

HALLE,
in der Cansteinischen Bibel-Anstalt
1816.

„Anno 1790, den 19. Märtz bin ich nach Segeberg gekommen, den 22. May habe ich mit der Jungfer Johanna Hedewig Dorothea Sibbern Hochzeit gehalten. […] Gestorben 1798 im August Monat."

## Erster Teil

> Ao 1792 d 8ten September ist mein Sohn Nicol: Christ: Friedrich geboren, des Abends um 10½ Uhr und den 13ten Septbr getauft; die Gevattern sind gewesen: Fried: Gabriel, Gottlieb Sibbern, Johann Christian Klamm und Elisabeth Dorothea Hedewig Gruben.
>
> Ao 1803 d. 16ten Decbr. ist Sohn Otto Christian Friedrich geboren und 1804 d 25 Januar getauft, seine Gevattern sind gewesen der H. Kammerherr v: Nörregaard, H. Wulff von Maruthendorff, Frohern H. Zetlis v: Rumohr
>
> Ao 1805 d. 28 Sept: ist Andreas Jörgen Nicolaus geboren und den 30 October getauft. Die Gevattern sind gewesen Andreas Fischer Gevering, Jörgen Hansen Ritter, und Nicolaus Nagel als Vater des Kindes. — Gestorben d April 1818 auf Grün Donnerstag.
>
> Ao 1807 d 26ten October ist Fried: Martin Nagel geboren d 27ten Novbr getauft, die Gevattern sind gewesen Berndt Fried: Witt, Christ. Capitain Martin Peter Schmidt und der Vater Nicol: Nagel. Gestorben d 6ten Septbr 1818. —

Geburt der ersten Söhne, 1792 und 1803, sowie der nächsten beiden, die jeweils 13-jährig verstarben.

Geburt der Tochter Louise Charlotte Dorothea (*25. Sept. 1809), der die Bibel gehörte.

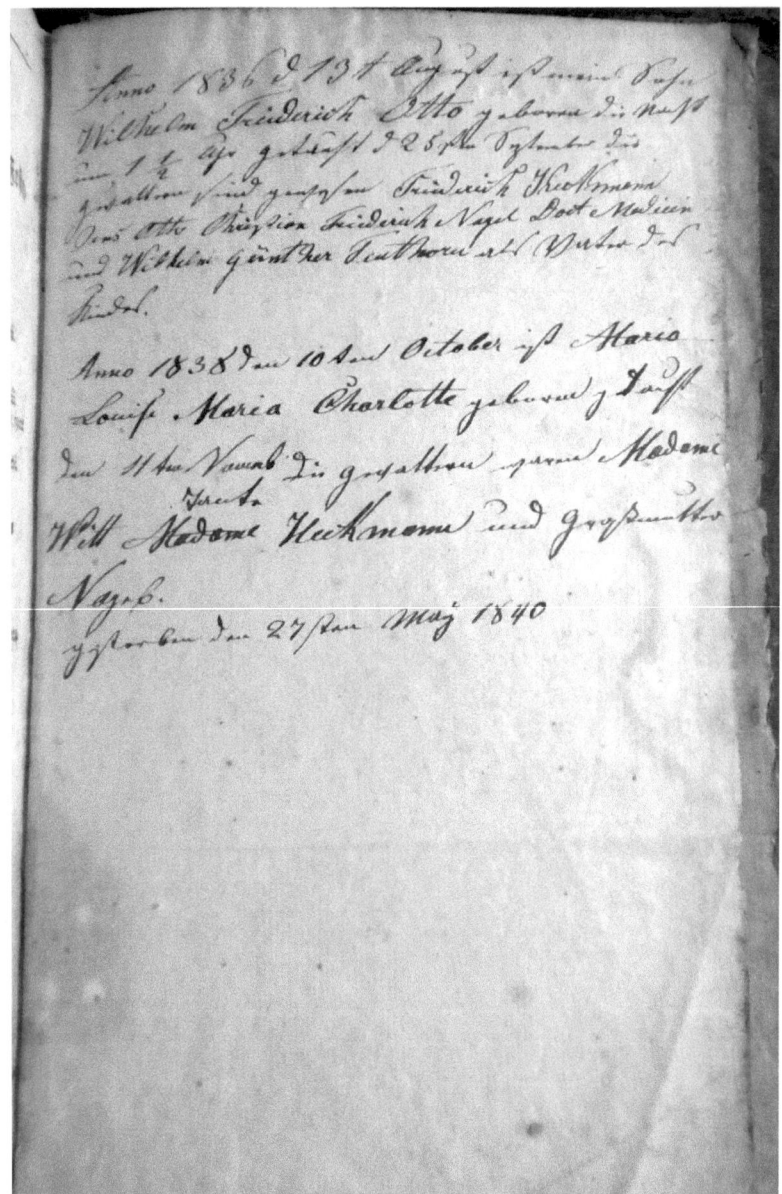

Louises Mann Wilhelm Günther Teuthorn trägt die Geburt des Sohnes Wilhelm Friedrich Otto (13. Aug. 1836) ein.

## Jens Otto Christian Friedrich Nagel

Nicolaus Nagels zweiter Sohn, also das erste Kind aus seiner neuen Ehe, wurde am 16. Dezember 1803 geboren und im folgenden Jahr am 27. Januar getauft.

*19 Taufe Jens Otto Nagel*

Seine „hochmögenden Paten" charakterisieren natürlich mehr den Vater als den Sohn, denn Nicolaus schmückt sich sozusagen mit standesgemäßer Freundschaft und zeigt das am Tauftage aller Welt.

Diese Taufpaten sind

- der Kammerherr Jens Peter Bruun Neergard (* 7. Dezember 1764, † 7. Januar 1848), Besitzer von Gut Alt-Bülk, Gut Neu-Bülk und Gut Eckhof[26]

---

[26] Eckhof, adeliches Gut in der Eckernförderharde; der Haupthof liegt 3/4 Meile nördlich von Friedrichsort, Kirchspiel Dänischenhagen. Die Ländereien dieses Guts gehörten ehemals zum Gute Alt-Bülk […] 1790 an J. P. v. Neergaard; 1828 kaufte es die Kammerherrin v. Neergaard für 210.500 Mark lübisch.

*Erster Teil*

- Otto Johann Daniel Wulf, Erbherr auf Marutendorf[27] und
- Detlev Christian von Ruhmor[28].

---

(Schröder/Biernatzki)

[27] Marutendorf, ein schön gelegenes adliches Gut am Westen-See, 1 1/2 Meilen südwestlich von Kiel, im Kieler Güterdistrict, Kirchspiel Flemhude. [...] 1801 ward es an O. J. D. Wulff verkauft, unter dem es 1816 zum Concurse kam und an Georg v. den Steenhof für 71.300 Reichsthaler vormaliges Courant verkauft ward. [...] Der Boden ist sehr gut, zum Theil Weizenboden; der übrige Theil ist ebenfalls fruchtbar und liefert sehr gute Weiden. Die Wiesen, welche an der nach dem Westen-See fließenden Eider liegen, sind vorzüglich gut und liefern einen großen Ertrag. Einzelne Koppeln heißen: Roßrod, Wahrtrott, Dahlhof, Kronkoppel, Diekhorn, Seekoppel, Großenhöft, Dörp. Die Hölzungen heißen Binnenholz (vormals Binnenfelderholz), Ottenholz und Hahberg. Zum Gute gehört ein unvermessener aber 200 bis 300 Tonnen großer Antheil am fischreichen Westen-See; ferner der nördlich gelegene Ahren-See, etwa 100 Tonnen groß, welcher Sandarten, Aale und andere Fische in ziemlicher Menge enthält und durch den Ahrensgraben mit dem Westen-See verbunden ist. [...] (Quelle: v. Schröder/Biernatzki, siehe Literatur)

[28] Es handelt sich wohl um Vizeadmiral Detlev-Christian von Rumohr († 1808), der - wie es unter war.http://www.vonrumohr.de/geschichte/geschichte.html heißt, für seine Tüchtigkeit und Rechtschaffenheit geschätzt war.

## Die Familie Teuthorn-Nagel

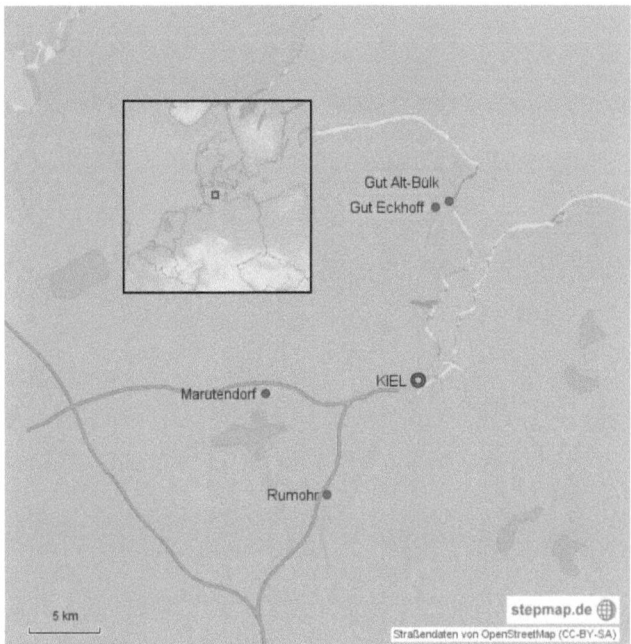

*20 Wohnorte der Taufpaten*

Alle drei werden wohl zu Nicolaus Nagels Patienten gehört haben. Anders als andere Paten spielen sie aber in der weiteren Familiengeschichte keine Rolle, sei es, dass sie noch ein weiteres Mal als Paten erscheinen oder verwandtschaftlich mit der Familie verbunden sind. Es ist zu vermuten, dass alle auch Stadtwohnungen in Kiel hatten, wo sie auch ihren Plichten und Geschäften nachgingen. So wohnte z.B. O.J.D. Wulf 1803 in der Holstenstr. 124.

    Zur Ausbildung von Jens Otto Nagel fehlen mir leider fast alle Informationen. Dass ist insbesondere deshalb schade, weil ein solcher Hintergrund die Heranbildung und Vorbereitung auf den späteren Arztberuf hätte illustrieren können. Aus dem Jahr 1822, Jens Otto war achtzehn Jahre alt, gibt es einen Matrikeleintrag der Universität Kiel. Hier ist er 1822, genauso wie drei Jahre zuvor sein Vetter eingetragen, allerdings als Jurastudent.

## Erster Teil

> Das Album der Christian-Albrechts-Universität zu Kiel 1665-1865, Sig VI/1145
> **Conrad Nicolaus Nagel**, geb. aus Kiel, stud. med. nov. 27. Sept. 1819
> **Jens Otto Christian Friedrich Nagel**, aus Kiel, stud. iur. nov. 25. März 1822

Das erscheint seltsam, denn es gibt einen Stammbucheintrag, der ihm mit großer Wahrscheinlichkeit zugeordnet werden muss, und in dem er als stud. Med. unterzeichnet.

*21 Stammbucheintrag Otto Nagel*

Entweder hat er kurz darauf die Fakultät gewechselt, oder - was wohl nicht ausgeschlossen werden kann - es handelt sich in der Matrikel um einen Abschriftfehler.

All diese Überlegungen kreisten um Jens Otto Nagel. Wir begegnen ihm erst wieder als fertigem Arzt in Leck.

*Die Familie Teuthorn-Nagel*

## *Familie zwischen Kiel und Leck*

Wenn man eine Familiengeschichte von den fertig erschlossenen und in einer Datenbank gespeicherten Ergebnissen her aufschriebe, wäre sie sicherlich langweilig. Denn sie bestünde dann wohl lediglich aus einer Aneinanderreihung von Dokumenten, die die Daten von Geburt, Verheiratung und Sterben nennen.

    Ich versuche deshalb einmal zu beschreiben, wie ich mich der Familie Nagel annäherte, die für unsere Familie so wichtig ist. Und das war lange bevor ich zu den vorne beschriebenen Wurzeln vorgedrungen war. Alles begann mit Tante Fannie Nugent oder Aunt Fannie. Aber zu ihr später. Es gibt in unserer Familie nicht mehr, aber auch nicht weniger als drei Fannys. Es sind dies meine Urgroßmutter Fanny Teuthorn-Nagel aus Kiel, meine gerade erwähnte amerikanische Tante Fannie, geborene Hessel, die zuerst einen Mister Henne, als Witwe dann einen Mister Nugent heiratete und zuletzt meine Halbnichte Fanny Teuthorn, Tochter meines Halbcousins Knut. Sie tauchen mit jeweils zwei Generationen Verschiebung auf und ich lernte sie auf folgende Weise kennen.

    Die Lieblingsschwester meines Großvaters Emil und zugleich die jüngste Tochter der Kieler Familie war Petra. Sie war als jüngstes der vor Emil nach Amerika ausgewanderten Geschwister im September 1894 19jährig in New York angekommen, verheiratete sich in Hoboken, New Jersey, und nannte ihre zweite Tochter Fannie. Damit gab sie ihr den Rufnamen ihrer Mutter, die als Henriette Wilhelmine Fanny 1840 in Leck/Südtondern geboren wurde. Es waren wohl ganz praktische Gründe, Gründe der Aussprache, die sie statt des "y" am Namensende ein "ie" wählen ließ. Jedenfalls gab es mit ihr nun nach 60 Jahren wieder eine Fanny/ie in unserer Familie.

    Diese 1901 geborene amerikanische Nichte Emils schickte ihrem Onkel in schweren Nachkriegszeiten sogenannte Care-Pakete nach Greifswald. Als ich sie und ihre Schwester Anna auf meinen

## Erster Teil

Wegen nach und von Mexiko Anfang der siebziger Jahre in New York besuchte, erhielt ich von ihr neben wichtigen Familienfotos auch das Poesiealbum ihrer Großmutter Fanny.

Die dritte Fanny ist eine knapp 80 Jahre später geborene junge Frau. Sie ist Emils Urenkelin aus seiner zweiten Ehe, Tochter seines Enkels Knut. Wem das nun doch zu kryptisch ist, wer es also ganz genau wissen will, der kann sich in der Nachfahrenliste Teuthorn am Ende des Buches orientieren.

Kehren wir zu meiner Urgroßmutter Fanny Nagel zurück. Von ihr wusste ich zunächst nur, was Großvater Emil mir als Gymnasiast einmal geschrieben hatte, nämlich, dass nach seiner Erinnerung die Hochzeit seiner Eltern *„wegen der großzügigeren Verhältnisse im Haus der Brauteltern"* wohl in Leck stattgefunden habe. Wo liegt Leck? Das sagte mir nun gar nichts, und es war auch gar nicht so leicht Wesentliches zu erfahren. Man muss sich vorstellen, dass in der Vor-Google- und Vor-Wikipedia-Zeit zu einer solchen Frage zunächst der Diercke-Weltatlas befragt werden musste. Ich habe mein Schulexemplar aus dem Jahre 1957 gerade noch einmal aufgeschlagen. Man braucht lange, um im angegebenen Quadranten unter Schleswig-Holstein den klitzekleinen mit schwacher Schrift bezeichneten Punkt Leck zu finden.

Damit war ich aber nun einem für unsere Familiengeschichte wichtigen Ort doch schon sehr nahegekommen. Jahre später war es dann endlich so weit, und ich stand im schönen Innenraum von St. Willehad mit Blick auf den Altar, vor dem sich meine Urgroßeltern 1865 das Ja-Wort gegeben hatten.

Wesentliche Teile der weiteren Familiengeschichte spielen sich zwischen Kiel und Leck ab.

### *Leck*

Leck wird bereits im 13. Jahrhundert als Siedlung urkundlich erwähnt. Es war seit jeher ein Marktort und besaß früher, als die Nordsee bis hier an den Geest-Rand heranreichte, sogar einen Hafen am Flüsschen Lecker Au. Allerdings versandete dieser bereits im 15. Jahrhundert. Jetzt erinnert nur noch der Anker im Ortswappen an diese Zeit. Heute ist Leck eine überschaubare Gemeinde von etwa 7.000 Einwohnern. Der aktive Tourismusverein hat die Region um Leck attraktiv erschlossen.

Der Ortskern dürfte sich seit dem 19. Jahrhundert nicht wesentlich verändert haben. Vor allem die St.-Willehad-Kirche bietet sich so dar, wie sie die Nagels bei ihren Kirchenbesuchen wohl erlebt haben.

*22 Leck - St. Willehad Ostgiebel 1807*

Die Hinweistafel bei der Kirche sagt:

> *„Die alte Lecker Kirche ist nach dem Heiligen St.-Willehad benannt, der im 8. Jahrhundert als Missionar bei den Sachsen und Friesen wirkte. Sie wird erstmals im 13. Jahrhundert erwähnt. Die romanischen Stilelemente und Granitsteine der Nordwand deuten auf einen Bau des 12. Jahrhunderts hin. [...]."*

Hier gaben sich Jahrhunderte später, nämlich 1865, Fanny Henriette Wilhelmine Nagel, die Tochter des Lecker Armenarztes Jens Otto

## Erster Teil

Nagel, und ihr Vetter Wilhelm Friedrich Otto Teuthorn aus Kiel das Ja-Wort.

Einige Jahre später wurde der reetgedeckte Turm Opfer eines Brandes, aber bereits 1875 in neugotischer Backsteinarchitektur wiedererrichtet. Das Schiff des romanischen Baues zeigt sich in der typischen Mischform der kleineren schleswig-holsteinischen Kirchen aus Granit, importiertem Tuffstein und Backstein, die durch die Armut dieser Region an Naturstein bedingt ist. Der Erweiterung von 1807 mussten Chor und Apsis der alten Kirche weichen.

*24 Granitquaderarchitktur der Nordwand von St. Willehad*

Ich habe die Kirche im Sommer 2002 besucht und fand die etwa zehn Jahre vorher durchgeführte Restaurierung des Innenraumes sehr gelungen. Die schöne alte Innenausstattung mit Balkendecke, die Empore und das Altarschnitzwerk von 1520 des Odenser Meisters Claus Berg kommen sehr gut zur Geltung. Besonders hat mich die Renaissance-Kanzel angesprochen. Die barocken Bildtafeln der Nordempore wurden durch moderne Bildtafeln zur Bergpredigt von Werner Juza ergänzt, der

*23 Steinsärge auf dem Kirchgrund*

damit Themen der Bergpredigt von der Balkendecke wiederaufnimmt. Auf dem Kirchengrund kann man einen faszinierenden Fund machen, nämlich vom Meer angeschwemmte Steinsärge aus dem 12. Jahrhundert. Auf der Hinweistafel steht dazu:

> *„Vermutlich brachten christianisierte Einwanderer aus West- und Ostfriesland vor 1150 die Sitte nach Nordfriesland, wohlhabende Personen (z.B. Salzhändler) in Steinsärgen zu bestatten. Die im Rheinland hergestellten Särge aus Mainzer Sandstein kamen als Handelsware per Schiff ins Land. Durch Sturmfluten gingen in den folgenden Jahrhunderten Siedlungen unter. So wurden später immer wieder Steinsärge aus dem Watt freigespült. Die Finder benutzten diese als Viehtränken. [...] "*[29]

Der vorstehende Text wurde bereits 2002 auf meiner Website veröffentlicht. Dort findet sich auch bildliches Anschauungsmaterial zur Architektur der Kirche sowie dem Innenraum.[30] Eine englische Version des zu Leck Gesagten findet sich am Ende des Buches; darin auch eine Abbildung der historischen Kanzel.

---

[29] Den vorstehenden Text habe ich nahezu wortgleich aus dem entsprechenden Artikel meiner Website übernommen.
[30] http://www.teu-net.de/genealogie/orte/leck/leck.html.
http://www.teu-net.de/genealogie/orte/leck/leck-bilder.html und
http://www.teu-net.de/genealogie/orte/leck/leck-kirche-innen.html.

*Die Familie Teuthorn-Nagel*

## *Die Familie Nagel in Leck*

Der erste derzeit bekannte Nachweis für Jens Otto Nagel in Leck ist seine Eheschließung mit Marie Wilhelmine Hatting am 24. Mai 1836 in St. Willehad. Er wird bis zu seinem Tod in dieser Stadt leben.

Er ist zu dieser Zeit bereits Arzt in Leck. In den vorhandenen Dokumenten wird er auch als Doktor der Medicin, Armenarzt, Landarzt, in der Volkzählung von 1845 als Distriktarzt und in seinem Sterbeeintrag als pensionierter Arzt bezeichnet. Deshalb ist wohl der Schluss zulässig, dass er ein behördlich eingesetzter Arzt war.

Seine Frau ist die in Kopenhagen geborene und dort am 6. Juni 1808 getaufte Tochter des Schiffskapitäns Hinrich Friedrich Hatting und dessen Ehefrau Johanna Conradine geborene Pogler. Kapitän Hatting wurde um 1770 im norwegischen Bergen geboren[31], seine Frau stammt aus Kopenhagen. Auch in dieser Verbindung wird die Normalität des engen Miteinanders von Dänen, Norwegern, Schleswigern und Holsteinern im dänischen Gesamtstaat deutlich.

Das Ehepaar bekommt zwischen 1837 und 1849 acht Kinder. Auch in einer Arztfamilie kommen in dieser Zeit nicht alle Kinder durch. Das erste Kind, die Tochter Charlotte Ottilie wird nur 10 Jahre alt, der darauffolgende Sohn Luis nur 6 Tage, aber das dritte Kind, unsere Urgroßmutter, überlebt. Die darauffolgende Tochter Friederike Louise erreicht nur das 4. Lebensjahr, aber die dann geborenen Kinder wachsen normal heran. Somit erreichen fünf Kinder das Erwachsenenalter. Es sind:

Henriette Wilhelmine Fanny
\* 19.06.1840 in Leck, † 01.09.1909 in Kiel.

Otto Julius Nicolaus, Buchbinder in Leck
\* 03.06.1844 in Leck.

---

[31] www.skippere.dk

## Erster Teil

Sophie Friederike
\* 06.09.1845 in Leck.

Emil Nicolaus, Salesman (traveling)
\* 03.12.1847 in Leck, † 10.02.1932 in La Grange Village, Illinois.

Friedrich Nicolaus (Fritz, Fred N.), Salesman
\* 11.12.1849 in Leck, † vor 1910 in U.S.

Alle Kinder leben noch, als beide Eltern Mitte 1879 kurz nacheinander sterben.

Das Leben in Leck muss relativ karg gewesen sein. Immerhin geht aber aus einer Äußerung meines Großvaters hervor, dass die Wohnverhältnisse in Leck großzügiger als die der Familie Teuthorn in Kiel waren. Die Mehrzahl der Einträge im Poesiealbum[32] von Fanny Nagel spiegeln eher bedrückende Lebensumstände wider als Lebensbejahung und Freude. So entlässt der Lecker Landarzt seine Tochter mit dem Ratschlag (1863) in das Leben:

> *„Diese Muesahl des Lebens muß man mit ruhigem Gleichmuth betrachten, dann erst wird das Leben mehr wie erträglich, ja angenehm. Strebe danach, geliebte Tochter, dir diesen Gleichmuth zu erringen und zu erhalten, denn es wird dir oft im Leben über manches Unangenehme hinweghelfen, und dir dadurch das Leben [...] sehr erleichtern."*

Auch von Schwester Sophie und Bruder Emil gibt es Einträge in das Poesiealbum. Es ist damit eine schöne Quelle zu verwandtschaftlichen und freundschaftlichen Beziehungen. (weiteres im Anhang)

---

[32] Das Poesiealbum der Henriette Wilhelmine Fanny NAGEL, Tochter des Land- und Armenarztes Jens Otto Christian Friedrich Nagel. Besonders viele Einträge vor ihrer Hochzeit mit dem Kieler Barbier Wilhelm Friedrich Otto TEUTHORN am 20.6.1865 in Leck.

25 Eintrag des Vaters Jens Otto Nagel in das Poesiealbum seiner Tochter Fanny

## Erster Teil

Auch die bekannten Paten lassen wichtige Rückschlüsse auf Verwandtschaft und Bekanntschaft zu. Außer den Eltern werden in der Abfolge der Geburten zwischen 1837 und 1849 folgende Paten genannt:

- Pastor Gottlieb HANSEN, in Sieseby, Thumby, *30.03.1774 in Struxdorf, † 27.08.1850 in Sieseby, Thumby,
- Nicoline Wilhelmine Amalie von HEIN (verh_BEHRENS), *(err) 1804.
- Louis (Ludwig) BEHRENS, Gutsinspector in Maasleben, Holzdorf.
- Pastor NISSEN in Lügum, Pastor NISSEN, in Risum,
- Henriette verh_MÖLLER, vermutete Mutter des Paul Möller.
- Friedrich Conrad MÜLLER, Advokat in Leck, bewohnt Hufengebäude, *(err) 1793 in Glücksburg
- Justizrath K[...]ster in Leck,
- Detlev NAGEL in Christiana (nicht in NOR-Liste).
- Juliane Ottilie Lucie SUDE (verh. LINDE), Pastorenfrau, *(s) 1810
- Frau Pastorin NISSEN aus Lügum.
- Frau Gerichtsschreiber Sophia Auguste KRÜGER, in Leck, *(err) 1803.
- Nicolaus Friedrich NISSEN, Pastor in Risum, Risum-Lindholm, *25.03.1802 in Apenrade, † 07.03.1886 in Wanderup
- Emil HOLST in Leck,
- Louise BEHRENS, Hauswirtschaft in Leck, *(err) 1829
- Henriette MÜLLER
- Pastor in Ladelund Friedrich Carl Ferdinand HINRICHSEN, *15.06.1797 in Glücksburg, † 19.05.1852 in Ladelund.

Der Volkszählung von 1845 verdanken wir eine schöne Momentaufnahme unserer Arztfamilie. Auch die Paten erhalten durch diese Datenerhebung weitere Kontur. Neben dem Ehepaar Nagel mit vier unmündigen Kindern lebt auch die 30-jährige unverheiratete

## Die Familie Teuthorn-Nagel

Anna Catharina Petersen im Haushalt sowie die 16-jährige Louise Behrens. Da letztere zwei Jahre später auch als Patin für den Sohn Emil erscheint, könnte sie die Tochter der befreundeten Familie Behrens sein, deren Vater die Stelle eines Gutsverwalters auf dem Hof Maasleben bekleidet. Wahrscheinlich hält sie sich hier während eines Haushaltsjahrs auf. Die Wohnung der Familie ist ein *Kathengebäude*. Der Advocat Müller (ebenfalls Pate) bewohnt ein *Hufengebäude*.

Für den Rekonstruktionsversuch des Lebens des Jens Otto Nagel gilt, was ich weiter vorne zu Ego-Dokumenten gesagt habe. Die einzige Aufzeichnung von eigener Hand ist der Eintrag in das Poesiealbum seiner Tochter. Durch die Abfolge der Kirchenbucheinträge und der Hinweise auf die Taufdaten seiner Kinder entsteht eine vage Ahnung von seinem und dem Leben seiner Familie.

Die Bedeutung von Familie scheint noch einmal in einer weiteren Momentaufnahme bei den Sterbeeinträgen der Eheleute durch, die im Abstand von nur 14 Tagen am 28. Mai 1879 (sie) und 15. Juni 1879 (er) diese Welt verlassen.

Der Pfarrer hat die Hinterbliebenen säuberlich aufgeführt. Sophie ist mit 34 Jahren noch ledig und hat damit wohl keine Ehechance mehr. Zwei Söhne sind bereits um 1869 nach Amerika ausgewandert und dort im Handel tätig. Aber der 35-jährige Otto Julius Nicolaus arbeitet noch als Buchbinder in Leck. Er wird vier Jahre später seinen Brüdern nachreisen. Und Fanny ist in Kiel verheiratet.

Damit müssen wir nun zwei Spuren folgen, die von Leck wegführen, die eine nach Amerika, die andere zurück nach Kiel zu Jens Ottos Schwester Louise. Um die bereits erwähnte enge Verbindung zwischen Leck und Kiel zu verstehen, müssen wir uns ihr zuwenden.

*Erster Teil*

## Die Familie Teuthorn-Nagel

### Die Heirat der Chirurgentochter Louise Nagel mit dem Amtschirurgen Wilhelm Günther Teuthorn

Am 1. Mai 1836 schlossen die Kielerin Louise Nagel und der Frankenhäuser Wilhelm Günther Teuthorn, wie man es den Wörtern nach heute als altertümelnd empfindet, in Kiel den Bund der Ehe. Aber natürlich gaben damals diese Worte tatsächlich noch die Bedeutung des Ereignisses wider. Die Ehe, die man einging, war neben hoffentlich vorhandener gegenseitiger Zuneigung vor allem auch ein Vertrag der wirtschaftlichen und sozialen Absicherung. Und das war, wie wir sogleich sehen werden, durchaus gegenseitiger Natur und fand hier in dem zwar schon brüchigen, aber immer noch wirksamem Sozialsystem der Zunft statt.

> *„Der Amtschirurg Wilhelm Günther Teuthorn hierselbst, ledigen Standes, geb. ehelich in Frankenhausen 1807 Dec. 25, Sohn des Seifensieders Herrn Wilhelm Teuthorn und dessen Ehefrau Maria Katharina, geb. Hauthal, - mit Jungfer Louise Charlotte Dorothea Nagel hierselbst, geb. hierselbst, 26 Jahre alt, Tochter des Amtschirurgen Nicolaus Nagel und dessen noch lebender Ehefrau Charlotta Maria geb. Flug."*

Während ich vom Meisterhaushalt seines Schwiegervaters mit der Volkszählung des Jahres 1803 eine gute Vorstellung habe, fehlt mir ein solches Bild vom Haushalt des Wilhelm Günther Teuthorn. Dieses müsste sich aus den Volkszählungen der folgenden Jahre ergeben. Es kann aber eigentlich nur wie folgt gewesen sein.

Nicolaus Nagel war bereits Anfang 1827 und im erst 62. Lebensjahr verstorben. Damit hatte er seiner zehn Jahre jüngeren Witwe, die damals 51 Jahre alt war, die schwere Bürde hinterlassen, den Betrieb weiterzuführen und für die Ausbildung bzw. Versorgung ihrer Kinder zu sorgen. Der Sohn schon 23-jährig, aber im Medizinstudium, die Tochter 18 Jahre alt. Da sich Jens Otto für den Arztberuf entschieden hatte, fiel er ja für den Betrieb aus. So war es eine vernünftige Entscheidung, auf einen passenden Heiratskandidaten

*Erster Teil*

für die Tochter zu warten. Das Jahr 1836 - Charlotte war nun 60 Jahre alt - brachte mit der Heirat ihrer beiden Kinder die Doppellösung.

Sollte meine Folgerung schlüssig sein, so ist anzunehmen, dass der Schwiegersohn Teuthorn seinen Chirurgenberuf so wie sein verstorbener Schwiegervater in dem der Förde und dem Hafen zugewandten IV. Viertel der Stadt ausübte. Nicolaus Nagel hatte in der Schuhmacherstr. 57 gelebt und gearbeitet. Aber natürlich müssen meine Vermutungen noch belegt werden.

### Vermutungen werden bestätigt

Einige Monate nachdem ich die vorstehenden Überlegungen aufgeschrieben hatte, ergab sich anlässlich einer Reise nach Kiel ein Besuch im Schleswig-Holsteinischen Landesarchiv in Schleswig. Nach anderthalb Tagen konzentrierter Durchsicht der verfilmten Volkszählungslisten von 1835 bis 1864 hatte ich faktisch das erwartete Bild.[33] Nicolaus Nagels Witwe Charlotte hatte tatsächlich die Barbierstube ihres verstorbenen Mannes so, wie es die Zunftregeln erlaubten seit 1827 weitergeführt.

1835 hält sie die *Barbierstube* unter der Adresse Schuhmacherstraße 47 mit Hilfe von drei Barbiergesellen. Die Chefin, 60 Jahre alt und seit acht Jahren Witwe, lebt mit ihrer 25-jährigen Tochter im ersten Stock des Gebäudes, außerdem ihre Nichte Dorothea Flöcke und die 66-jährige Witwe Friederika Witt. Diese ist der Familie seit langem verbunden. Denn sie ist die Patentante der Tochter Louise und einige Jahre später ist sie auch Patin für deren Tochter Maria. Außerdem leben dort drei Barbiergehilfen im Alter von 24, 26 und 38 Jahren. Der Haushalt – heute würde man wohl eher Wohngemeinschaft sagen – wird von einem Dienstmädchen unterstützt.

---

[33] „Zwischen 1769 und 1864 wurden in den Herzogtümern Schleswig und Holstein insgesamt acht Volkszählungen durchgeführt. […] die Originallisten für die Zähljahre 1803, 1860 (für Holstein) und 1864 sind im Landesarchiv Schleswig-Holstein überliefert, diejenigen der übrigen Zähljahre im Reichsarchiv Kopenhagen. Sie können jedoch auch im Landesarchiv Schleswig-Holstein auf Mikrofilm eingesehen werden." Website des schleswig-holsteinischen Landesarchivs Schleswig.

*Die Familie Teuthorn-Nagel*

Fünf Jahre später, Anfang 1840, befindet sich die Barbierstube einige Hausnummern weiter in der Schuhmacherstraße 52. Dort bleibt sie während der nächsten Jahre. Zwar steht Charlotte formal noch dem Haushalt vor, aber nun gibt es den Schwiegersohn und Amtschirurgen Wilhelm (Günther) Teuthorn, 32 Jahre alt, und die 29-jährige Tochter Louise ist seine Frau. Das Paar hat einen vierjährigen Sohn und eine zweijährige Tochter. Ein Geselle, zwei Lehrlinge und zwei Dienstmädchen ergänzen den Haushalt.

1845 – Charlotte ist nun siebzig – führt der Schwiegersohn bereits den Haushalt an. 1855 wird die Volkszählung etwas genauer. Wir erfahren, das Anwesen besteht aus Vorder- und Hinterhaus und wird von fünf Familien bewohnt, davon drei mit insgesamt 16 Personen im Vorderhaus in drei Stockwerken (Familie Teuthorn bewohnt den ersten Stock), 2 Familien mit 7 Personen wohnen im Hinterhaus. Somit wird sich die Barbierstube im Paterre befunden haben.

Zum Zeitpunkt dieser Zählung ist die Nichte Fanny Nagel aus Leck zu Besuch. Der nun neunzehnjährige Sohn F. Wilhelm O. Teuthorn wird nicht erwähnt. Es ist anzunehmen, dass er auf seiner Gesellenwanderung ist. Es fehlt nun die bereits 1853 verstorbene Mutter und Schwiegermutter Nagel sowie auch die Patin Witt.

1860 lebt die Familie weiterhin in der Schuhmacherstraße 52, nun aber im Paterre. Möglicherweise zeugt das von einer Verkleinerung des Geschäfts bzw. einer Verkleinerung der Wohnverhältnisse. Allerdings gehören neben dem nun hier mitarbeitenden Sohn immer noch ein weiterer Geselle und zwei Lehrlinge zum Betrieb und Haushalt. Ebenso die Nichte der Hausfrau, Anna Dorothea aus dem dänischen Fünen.

1864 ist Wilhelm Günther T. Mit seinen 57 Jahren bereits Witwer. Den Betrieb unterhält er zusammen mit seinem noch unverheirateten Sohn, zwei Gesellen und einem Lehrling. Anna Dorothea Flöcke aus der dänischen Verwandtschaft, eine Cousine seiner verstorbenen Frau, wird als Hausmamsell bezeichnet, führt also den Haushalt. Außerdem gibt es ein Dienstmädchen.

*Erster Teil*

26 Volkszählung Kiel 1860, Quelle: Schleswig-Holsteinisches Landesarchiv Schleswig

## Die Ehe von Fanny Nagel und Otto Teuthorn oder Was ist Ahnenschwund?

Das Ehepaar Teuthorn-Nagel hatte lediglich zwei Kinder, Sohn und Tochter. Die Tochter wurde nur 1 1/2 Jahre alt.

Mit Wilhelm Friedrich Otto Teuthorn, der am 13.08.1836 in Kiel geboren wurde, betritt unser Urgroßvater, der spätere Kieler Barbier, die Bühne. Seine Paten waren Johann Friedrich Heckmann, Ehemann seiner Großtante Anna Maria Fløcke und sein Onkel, der Lecker Arzt Jens Otto Nagel. Dieser war auch später bei seiner Heirat Trauzeuge.

Wie und warum nun im Juni 1865 die Ehe zwischen W. F. Otto Teuthorn und seiner Cousine Fanny Nagel zustande kam, werden wir nicht ergründen. Jedenfalls haben beide sicherlich nicht daran gedacht, einem späteren Familiengeschichtsforscher Anschauungsmaterial für die Erklärung von Ahnenschwund zu geben. Denn genau dieses Phänomen ist das Ergebnis einer solchen Cousin-Cousinen-Ehe. Eigentlich ist es ja ganz einfach. Die Brautleute haben jeweils über ein Elternteil dieselben Großeltern. Diese sind Nicolaus Nagel und seine Frau Charlotta. Sie sind Fannys Großeltern väterlicherseits und gleichzeitig W. F. Ottos Großeltern mütterlicherseits. Neben einer genetischen Disposition, die nach Meinung der Fachleute bei dieser Kombination in der späteren Reproduktionsphase kaum zu Problemen führt, ist es für die Nachkommen eines solchen Elternpaares im Kindesalter natürlich einschneidend, Geburtstags- und Weihnachtsgeschenke nur von drei statt vier Urgroßelternpaaren erwarten zu können. Dies nur zur Illustration, denn häufig erleben diese ihre Urenkel ja gar nicht mehr.

Dieser Effekt konnte natürlich erst bei ihren Kindern auftreten. Und da die Ehe fruchtbar war, konnte sich das Geschenkeproblem versechsfachen. Für diejenigen, denen der Ahnenschwund jetzt immer noch ein böhmisches Dorf geblieben ist, gebe ich ein grafisches Beispiel mit meinem Großvater Emil und seinen Geschwistern als Probanden.

# Erster Teil

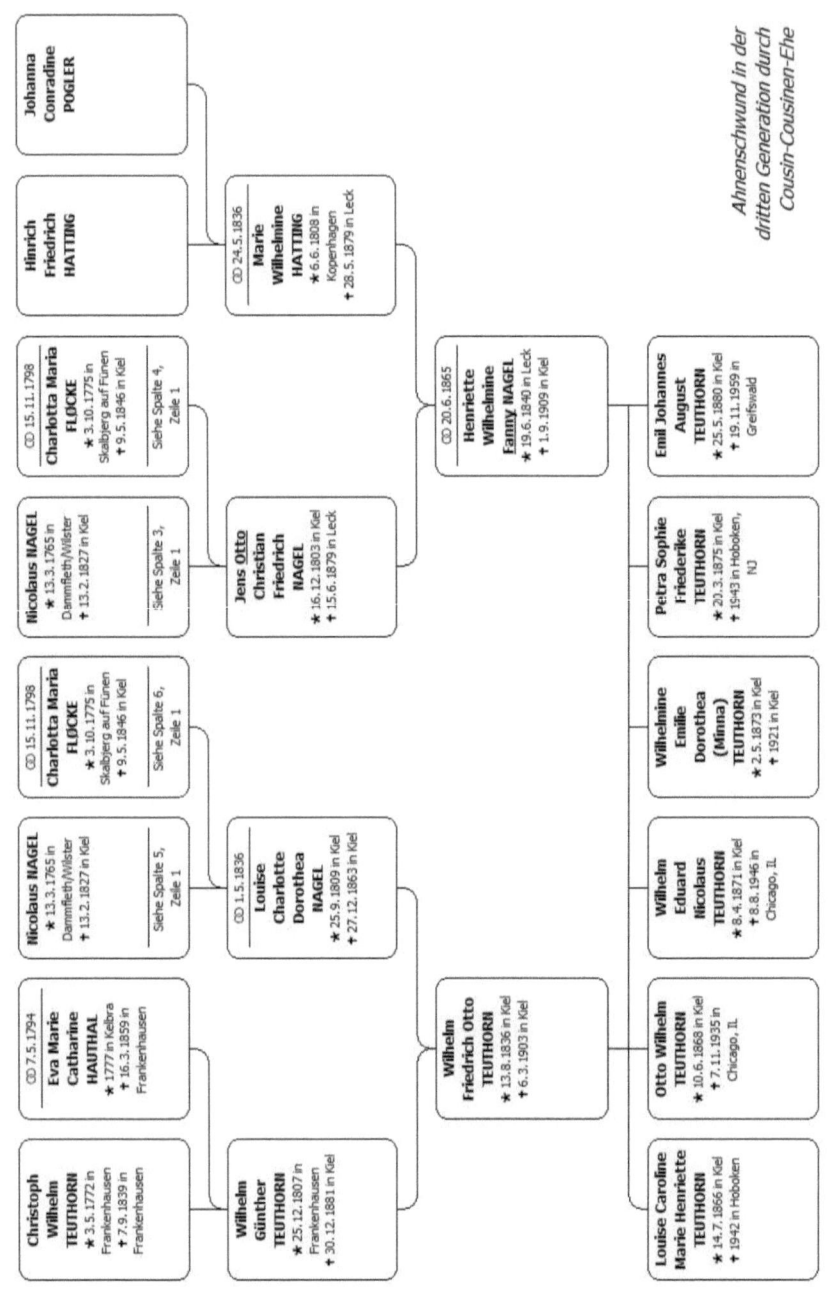

*Ahnenschwund in der dritten Generation durch Cousin-Cousinen-Ehe*

*Die Familie Teuthorn-Nagel*

## *Die Kinder*

Die sechs Kinder des Kieler Barbiers und seiner Frau Fanny waren

Louise Caroline Marie Henriette
\* 14.07.1866 in Kiel † 1942 in Hoboken

Otto Wilhelm
\* 10.06.1868 in Kiel † 07.11.1935 in Chicago, IL

Wilhelm Eduard Nicolaus
\* 08.04.1871 in Kiel † 08.08.1946 in Chicago, IL

Wilhelmine Emilie Dorothea (Minna)
\* 02.05.1873 in Kiel † 1921 in Kiel

Petra Sophie Friederike
\* 20.03.1875 in Kiel † 1943 in Hoboken, NJ

Emil Johannes August
\* 25.05.1880 in Kiel † 19.11.1959 in Greifswald

\*\*\*

## Erster Teil

### Kiel

Vor 10 Jahren hatte ich mich das erste Mal mit dem Kiel des neunzehnten Jahrhunderts bis in die ersten Jahrzehnte des 20. Jahrhunderts beschäftigt. Bei meinen Gängen durch die Altstadt und bei den ausgiebigen Besuchen im Stadtarchiv ging es mir natürlich um den Versuch, die Stadt möglichst mit den Augen meiner Vorfahren zu sehen, aus der sogenannten Augenhöhe der Zeitgenossen also.

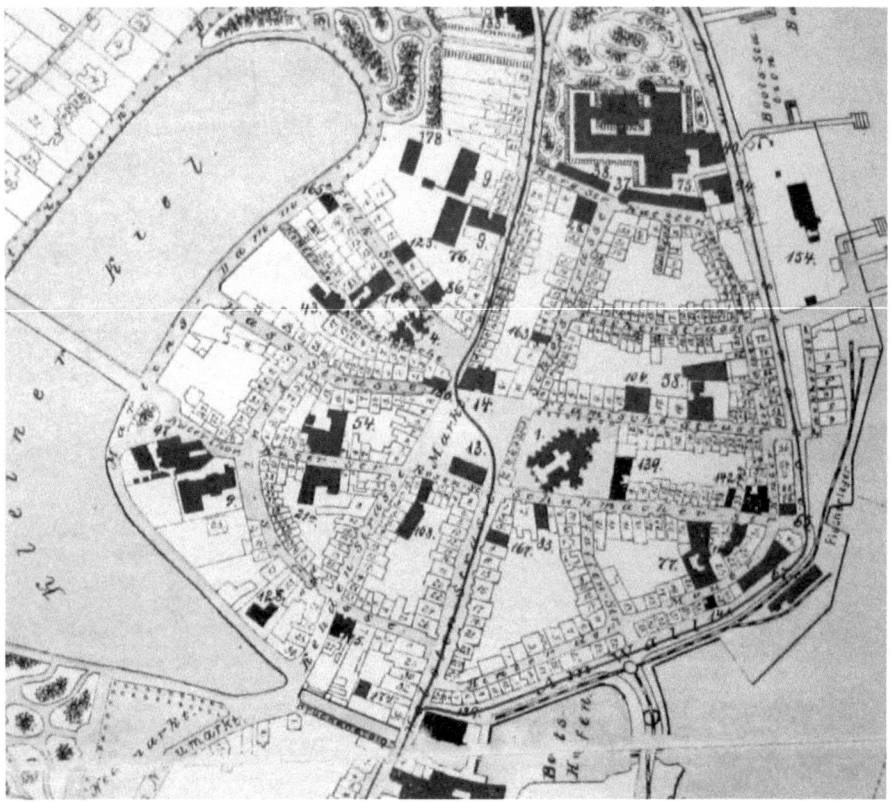

*27 Kiel um 1853 - Wer der vom nördlichen Kleinen Kiel ausgehenden Hassstraße folgt, nimmt die erste mögliche Abzweigung rechts in die Faulstraße. An der Ecke muss sich das Haus Nr. 48 befunden haben.*

Wie hatte sich die Stadt meinem Ururgroßvater Wilhelm Günther präsentiert, als er hier 1835 den Bürgereid ablegte und sein

Chirurgengewerbe begann, wie meinem Urgroßvater Wilhelm F. Otto, der hier Niedergang und Umbruch im überkommenen Gewerbe erlebte, wie auch meinem Großvater Emil als er kurz vor dem Ende des Jahrhunderts sah, dass ihm die Stadt keine Zukunft bieten könne und er sich deshalb entschloss, seine Zukunft in Amerika zu suchen. Das Ergebnis meiner damaligen historischen Recherchen hatte ich als Internet-Veröffentlichung angelegt. Da die Darstellung in meinen Augen noch heute bestehen kann, gebe ich sie mit nur unwesentlichen Änderungen im Anhang wieder.

An dieser Stelle sollten wir aber einen Blick auf die damaligen Wohnverhältnisse werfen. Das ist schon deshalb nötig, weil in der Innenstadt durch die Zerstörungen des Zweiten Weltkrieges buchstäblich kein Stein auf dem anderen geblieben ist. Anders als in vielen anderen Städten hat sich die Stadtverwaltung nach dem Krieg nicht zu einem Wiederaufbau nach den alten Plänen, sondern zu einer für damals zeitgemäß gehaltenen Bebauung entschieden. So können lediglich Johanniskirche und Teile der Dänischen Straße eine Erinnerung an die frühere Bebauung geben. Der alte Marktplatz, überall als Zentrum einer Stadt auch deren Identifikationspunkt, ist hier bis zur Unkenntlichkeit zugebaut, kaum, dass man den Zugang zum Portal der am Markt gelegenen Stadtkirche findet. Im ehemaligen IV. Quartier, mit Kehden-, Faul-, Hass-Straße und Kütertor ist durch moderne Großbauten die ursprüngliche Straßenstruktur kaum mehr zu erkennen. In der Faulstraße 48 stand jedoch das Haus oder besser Häuschen meiner Urgroßeltern und hier wurde im Jahr 1880 mein Großvater geboren.

Die Straße selbst und ihre Bezeichnung ist uralt, denn sie entstand als um die frühen, für Verteidigungszwecke angelegten Befestigungsanlagen des 13. Jahrhunderts eine Ringstraße angelegt wurde. Da die Bürger ihre Abfälle einfach über die Stadtmauer kippten, hieß der Abschnitt zwischen Hass-Straße und Holstenstraße Faulstraße im Sinne von unsauberer Straße. Durch die spätere Stadtmauer wurde die Faulstraße dann Teil der ummauerten Stadt.

Die meisten Straßen waren wohl Ende des 18. Jahrhunderts bereits mit unbehauenen Feldsteinen befestigt, und zusammen mit Fußsteigen waren seitliche Wasserrinnen angelegt. - Erst 1830 wurde

## Erster Teil

die meistfrequentierte Straße, die Holstenstraße, dauerhaft gepflastert, und systematische Maßnahmen zur Pflasterung der Straßen wurden ab1839 getroffen, aber nicht vor 1860 in die städtische Verantwortung übernommen.

Einen ungefähren Eindruck des Wohnumfeldes meiner Urgroßeltern geben die beiden um 1900 aufgenommenen Fotos auf der nächsten Seite. Zwar handelt es sich um den Teil der Faulstraße zwischen Kütertor und Faulstraße, aber der Abschnitt mit der Hausnummer 48 dürfte nicht unwesentlich anders ausgesehen haben.

## Die Familie Teuthorn-Nagel

*28 Ecke Kehdenstraße/Faulstraße mit Blick in die Faulstraße*

*29 Faulstraße – Blick vom Kütertor Richtung Kehdenstraße*
(Bildquelle: Historischer Stadtbildatlas Kiel[34])

---

[34] Jensen, Jürgen: Historischer Stadtbildatlas Kiel, Neumünster 1986,

*Erster Teil*

---
Abb. 101 und 102.

*Die Familie Teuthorn-Nagel*

## *Kurzes Innehalten*

Wir sind hier an einem Punkt der Familiengeschichte, an dem es sich lohnt, wieder einmal einen Blick in Hans-Ulrich Wehlers Sozialgeschichte zu werfen[35].

Mit den Wohnverhältnissen und dem auf das reine Barbierhandwerk reduzierten Beruf gehört Wilhelm F. Otto mit seiner Familie wohl eindeutig der sozialen Schichtung des Kleinbürgertums an. Diesem ehemals bevorrechtigten Teil des Stadtbürgertums ist im Zuge der wirtschaftlichen Umwälzungen der Zeit allmählich die vormalige *rechtliche Privilegierung* abhandengekommen, aber man sieht sich in seiner Erinnerung und 'Selbstwahrnehmung noch immer in der Mitte der Gesellschaft'. Dies zumindest, was Bildungsideal und soziale Zugehörigkeit betrifft.

Der Zugewanderte Vater, Wilhelm Günther, hatte sich zumindest formal noch als vollwertiger Bürger (siehe Bürgereid) fühlen können. Ganz zweifelsfrei war das bei den Großeltern der Fall gewesen, bei dem Frankenhäuser Seifensiedermeister Christoph Teuthorn und dem Kieler Zunftmeister Nicolaus Nagel. Der Kieler Chirurg hatte Anfang des Jahrhunderts nicht nur noch Personal, sondern fand, wie wir gesehen haben, für seinen Sohn Jens Otto ohne weiteres angesehene Bürger als Paten. Ob sein Enkel überhaupt noch einen Lehrling beschäftigte, ist nicht nachgewiesen, aber kann m.E. zumindest für seine späteren Jahre bezweifelt werden. Die bekannten Paten reduzieren sich zunehmend auf die eigene Familie und Bekannte, die der Familie schon seit langem verbunden sind.

Dies ist das Umfeld, in dem Deutsche, in der Hoffnung sozialen Abstieg zu vermeiden und bessere Chancen als zu Hause zu haben, wieder verstärkt an Auswanderung denken. Fünf Kinder der Barbierfamilie werden sich zwischen 1880 und 1895 für die

---

[35] Wehler Bd. 3, insbesondere S.750f und S. 130f.

*Erster Teil*

Auswanderung in die Vereinigten Staaten entscheiden. Damit sind sie Teil der dritten und letzten der großen Auswanderungswellen.[36]

---

[36] Wehler, Bd. 3, S.544: *„Mit der Wiederbelebung der amerikanischen Konjunktur begann 1880 die dritte Welle, die bis 1893 andauerte. Mit 1,8 Millionen Menschen erreichte sie die höchste deutsche Auswanderungsziffer im 19. Jahrhundert."*

## Auswanderung nach Amerika

Mit Auswanderung habe ich mich umfassend bereits im Historischen Seminar beschäftigt. Damals ging es u.a. um den Schutz der in New York ankommenden Einwanderer vor Gaunern, Dieben und allen möglichen Arten von Ausbeutung und Übervorteilung der ahnungslosen und der englischen Sprache noch nicht mächtigen Neuankömmlinge[37]. Die Auswanderer aus unserer Familie aber wussten sich offensichtlich vor solchen Übergriffen durch enge Kommunikation und Hilfe untereinander zu schützen.

Ich denke, es kann für das Verständnis der für unsere Familie so wichtigen Auswanderung hilfreich sein, dem eigentlichen Geschehen ein paar allgemeine Aussagen voranzustellen.

### Überblick

Unter Auswanderung wird unter Genealogen heute überwiegend reflexhaft die Überseeauswanderung nach Amerika verstanden, obwohl diese nur ein Teil, wenn auch der größte, der historischen deutschen Auswanderung ist.

Noch bis zu Beginn des zweiten Deutschen Reiches, also des Deutschen Kaiserreiches (1871), bedeutete jedes längere Verlassen eines souveränen Staatsgebildes, also zum Beispiel ein Überschreiten der Grenze des Fürstentums Schwarzburg-Rudolstadt[38], Auswanderung. Für diese war eine formelle Genehmigung des Landesherrn erforderlich. So wanderten Angehörige der Familie Teuthorn zum Beispiel nach Hessen, Friesland und Fehmarn aus und

---

[37] Teuthorn, Peter: *Schutz für Einwanderer in New York. Kann verbesserte Information oder nur ein zentraler Einwanderungsplatz den Mißständen Einhalt bieten?*
http://www.teu-net.de/geschichte/NY/einwanderhafenNY.html
[38] Die Stadt Frankenhausen lag in diesem Fürstentum.

gründeten dort neue Familienzweige. Erst in der nachnapoleonischen Zeit, also in der Zeit des Deutschen Bundes (ab 1815) möchte ich in diesen Fällen statt von Auswanderung von Binnenwanderung sprechen.

Als Wilhelm Günther Teuthorn seine Heimat am Kyffhäuser verließ, wanderte er zwar in das deutsche Fürstentum Holstein, aber auch in den dänischen Gesamtstaat ein, dessen Teil es zu dieser Zeit politisch gesehen war. Allerdings hatten alle Wanderungen eines gemeinsam, man verließ zwar die engere Heimat und die sogenannte Obhut des Landesherrn, blieb aber im deutschen Sprachraum und konnte weitgehend gleiches Rechtsverständnis und vergleichbare soziale Hierarchien und Schichtungen (z.B. Zunftwesen) voraussetzen.

Mit dem Schritt über den Atlantik aber verließ man den heimatlichen Kulturkreis und musste sich größeren Herausforderungen außerhalb der gewohnten Verhältnisse stellen. Dass die Einwanderer der ersten Generation sich zunächst in der neuen Welt trotzdem meist in einem deutschsprachigen Umfeld wiederfanden, steht auf einem anderen Blatt. Hier spielten besonders Kirche, gewohntes gesellschaftliches Leben in Freizeit und Vereinen und eben die Sprache eine wichtige Rolle. Wenn wir heute vorschnell Urteile über die Einwanderung nach Deutschland, insbesondere die türkische, fällen, täte es gut, sich zu erinnern, dass die deutschen Einwanderer in die U.S. sich meist erst in der nächsten Generation assimilierten.

## Auswanderung von Frankenhäuser Teuthorns

Die erste große Welle der Massenauswanderung wird von 1846 bis 1857 angesetzt. Zu den mehr als eine Million Menschen, die Deutschland in dieser Zeitspanne Richtung Amerika verließen, gehörten auch Mitglieder unserer Familie. Neben den überwiegend wirtschaftlichen Gründen kamen nach dem Niederschlagen der deutschen Revolution von 1848/49 Gründe der politischen Repression hinzu. Friedrich Bernhard Teuthorn, der aktiv am Revolutionsgeschehen in Südwestdeutschland teilgenommen hatte, und sein Bruder Julius waren Teil dieser Auswanderung. Beide gehören zum Artern-Leipziger Ast unserer Familie, der dann in Boston einen neuen Zweig bildete.[39]

Etwa zur selben Zeit wanderten drei weitere Familienangehörige aus. Dies waren der älteste Sohn des Frankenhäuser Seifensieders Christoph Wilhelm Teuthorn, der Arzt Johann Christian David Teuthorn, also der ältere Bruder des Chirurgen Wilhelm Günther, und dessen Sohn, der Ökonom Ottomar. Ersterer kehrte offensichtlich nach kurzer Zeit zurück und verstarb in Frankenhausen. Sein Sohn blieb verschollen.

Eine spannende Geschichte, die noch nicht geschrieben wurde, ist die Auswanderung einer Frau nach Kalifornien. Wilhelm Günthers Nichte Pauline aus Frankenhausen folgte 1859 ihrem Bräutigam, dem Sattler Günther Friedrich Carl Schroeter, während der Goldrauschzeit nach Shasta/Kalifornien. Dem Paar wurden dort zwischen 1860 und 1873 neun Kinder geboren.

Im Jahre 1872 tauchte in der chilenischen Hafenstadt Concepción ein Otto Teuthorn auf. Er gründete zusammen mit anderen Deutschen einen deutschen Verein. Seine Nachfahren leben noch heute in Chile. Allerdings ist es bis heute leider noch nicht gelungen die Verbindung zur deutschen Ursprungsfamilie zu finden. Ich habe jedoch keinen Zweifel, dass diese Verbindung besteht.

## Auswanderung der Nagels aus Leck

In der Schiffsliste einer der drei Atlantiküberquerungen, die mein Großvater Emil unternahm. steht 1923 als Zweck der Reise, Besuch des Onkels Emil Nagel in 123 N Catherine Street, La Grange, Illinois. Diese Adresse liegt heute in Groß-Chicago. Es ist durchaus wahrscheinlich, dass das kleine Häuschen, das sich bei Google Street Map im Schatten von zwei Bäumen etwas versteckt, exakt dasselbe ist, in dem Emil seinen damals schon 78-jährigen Onkel besuchte.

---

[39] *Der Forty-Eighter Friedrich Bernhard Teuthorn, Auswandern nach Amerika aus politischen Gründen*, in Zeitschrift für Mitteldeutsche Familiengeschichte (ZMFG) 52. Jahrgang Heft 2 (2011), S. 85-108.

## Erster Teil

Ich hatte mit diesem Eintrag in die Passagierliste bisher nicht viel anfangen können. Einmal war mir das genaue Verwandtschaftsverhältnis nicht bekannt, zum anderen ist es ziemlich aussichtslos, unter den unendlich zahlreichen 'Nägeln' ohne besondere Merkmale den gesuchten Nagel zu identifizieren.

Als ich kürzlich die umfangreichen Kirchenbuchauszüge aus Leck erhielt (siehe Kapitel Familie in Leck), konnte ich in Verbindung mit dem inzwischen zu einer wahren Fundgrube und Schatztruhe angewachsenen FamilySearch der Mormonen das Rätsel endlich lösen. Eine Erkenntnis aber war besonders wichtig, weil sie meine bisherige Vorstellung von der Auswanderung meines Großvaters und seiner Geschwister berichtigte und erweiterte. Die Geschwister Teuthorn folgten mit ihrer Auswanderung dem Beispiel, das die Brüder ihrer Mutter Fanny gegeben hatten. Sie konnten sich so natürlich auf die wertvollen Berichte und Tipps ihrer Onkel abstützen und fuhren nicht ins Blaue hinein. So profitierten auch sie, wie wir es aus einer ganzen Reihe von Briefsammlungen von Ausgewanderten kennen, von den Erfahrungen ihrer Verwandten. Man kann sich lebhaft vorstellen, wie die Berichte aus Amerika in der Familie herumgereicht, Neuigkeiten begierig erwartet, Vor- und Nachteile eines eigenen Nacheiferns diskutiert und endlich dann die eigene Entscheidung getroffen und im Familienkreis abgesegnet wurde. Schade nur, dass solche Briefe in unserer Familie nicht erhalten sind.

Emil Nikolaus Nagel (*03.12.1847) war 1870[40] ausgewandert. Am 30.6.1870 landet er aus Hamburg kommend mit der Alemannia, einem Schiff der sogenannten Hammonia-Klasse[41] in New York. Wir

---

[40] Dieses Datum stammt aus den Ankunftslisten von Castle Garden und ist damit verlässlicher als die Census-Angabe. Diese entsteht ja jeweils durch Zuruf und ist damit ungenau.

[41] Die Hammonia-Klasse ist eine ab 1866 im Nordatlantik-Dienst der Reederei HAPAG eingesetzte Schiffsklasse. In den Jahren 1866 bis 1874 wurden insgesamt elf Schiffe dieser Klasse in Dienst gestellt. Diese Schiffe bildeten zusammen mit den etwas kleineren Schiffen [u.a. der] Alemannia (1865, 2665 BRT) die zweite Generation Dampfschiffe der HAPAG. Sie ermöglichten der Reederei ab 1865 zwischen Mai und Oktober einen wöchentlichen Dienst zwischen Hamburg und New York.

begegnen ihm in den Aufzeichnungen des Census vom selben Jahr. Interessanterweise lebt er in Iowa im Haushalt des 1825 in Holstein geborenen Frederick Hansen und der acht Jahre jüngeren Anna

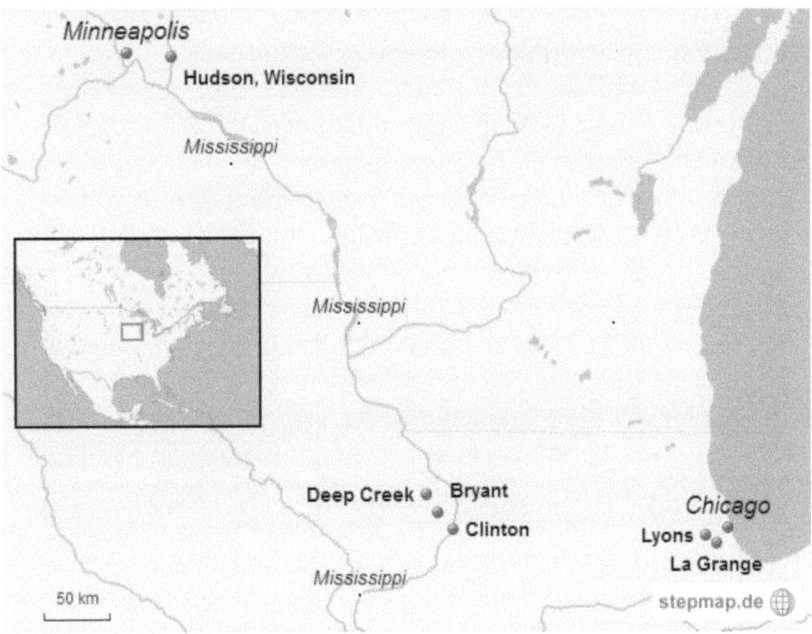

*30 Wohnorte der Brüder Nagel seit 1869*

Hansen, die möglicherweise eher dessen Schwester als seine Frau war. Zur gleichen Zeit leben weitere junge Leute aus Schleswig, Holstein und Schweden in seinem Haushalt. Es scheint mir nicht abwegig zu vermuten, dass er ein Sohn des mit den Nagels befreundeten und auch als Pate[42] bei ihnen erscheinenden Pastors in Sieseby, Gottlieb Hansen, gewesen sein könnte.

---

(Wikipedia 3.7.2013)

[42] Dies ist ein weiteres gutes Beispiel dafür, wie wichtig es ist, konsequent alle Angaben über Paten in die Datensammlungen aufzunehmen.

*Erster Teil*

Wenn diese Vermutung zutreffen sollte, hätten auch die auswandernden Nagels sich wiederum auf Freunde und Bekannte abstützen können, die bereits in der Auswanderung erfahren waren. Emil N. Nagel heiratet am 30. Oktober 1873 in Clinton County, Iowa, die um 1853 geborene Jennie E. Patten (oder Patton) aus Pennsylvania. 1874 wird ihnen ein Sohn, Frederick Emil, geboren. Dieser heiratet am 7. Juni 1899 in Clinton Francis McCormick. 1903 wird ihnen der Sohn Frederick E. Nagel geboren.

Wenn uns nun vor lauter Frederick-Emils schon der Kopf brummt, dann kann uns hinsichtlich der Namen noch schwindeliger werden, wenn wir uns nachher seinem Bruder zuwenden.

Zur Zeit des Census von 1930 hat das Ehepaar Nagel-McCormick (beide 55 Jahr alt) in Lyons, Cook, Illinois, den nun 82-jährigen Vater Emil Nicolaus Nagel bei sich. Dieser stirbt am 10. Februar 1932 unter der bereits erwähnten Adresse in La Grange. - Für seinen Sohn Frederick E. Nagel vermeldet FamilySearch den Tod im Mai 1969 in Florida.

Friedrich Nicolaus Nagel (*11.12.1849) begegnet uns in den amerikanischen Aufzeichnungen auch als Fritz und Fred. Zwar nennt der Census auch für ihn das Einwanderungsjahr 1869, aber nach den Schiffsankunftslisten von Castle Garden landet ein Friedr. Nagel, 22 Jahre alt, am 8.8.1972 von Hamburg/Le Havre kommend mit der Hammonia in New York. Damit kamen die Brüder im 2-Jahresabstand nacheinander und jeweils im Alter von 22 Jahren in den Staaten an.

Als sein Vater 1879 in Leck stirbt, vermerkt der Pastor für beide Brüder, sie seien selbständige Kaufleute in Bryant, Iowa. Dort heiratet Friedrich Nicolaus die etwa 1855 geborene Dora Svendsen, und am 4. März 1882 wird ihnen dort ihr erstes Kind geboren, ein Sohn, den sie Emil Henry Nagel nennen. Es folgen zwei Töchter, 1884 Minnie und 1896 Erma [sic].

Zum Zeitpunkt des Census 1900 lebt die Familie im Hause des Schwiegervaters Henry Svendsen, in Deep Creek, Clinton. 1910 lebt Dora dort als Witwe allein mit ihren beiden Töchtern. Auch der Vater ist verstorben.

## *Die Familie Teuthorn-Nagel*

Dem Sohn Emil Henry begegnen wir in den nächsten Jahren in Hudson, Wisconsins. Er ist mit Mabel Kuehmsted (*1883) verheiratet und hat drei Kinder, Dorothy Mabel (*1913), Catherine Mabel (*1917) und Frederick Emil Nagel (*1923). Letzterer heiratet am 26.12.1955 Thelma Lois Crumrine.

## Erster Teil

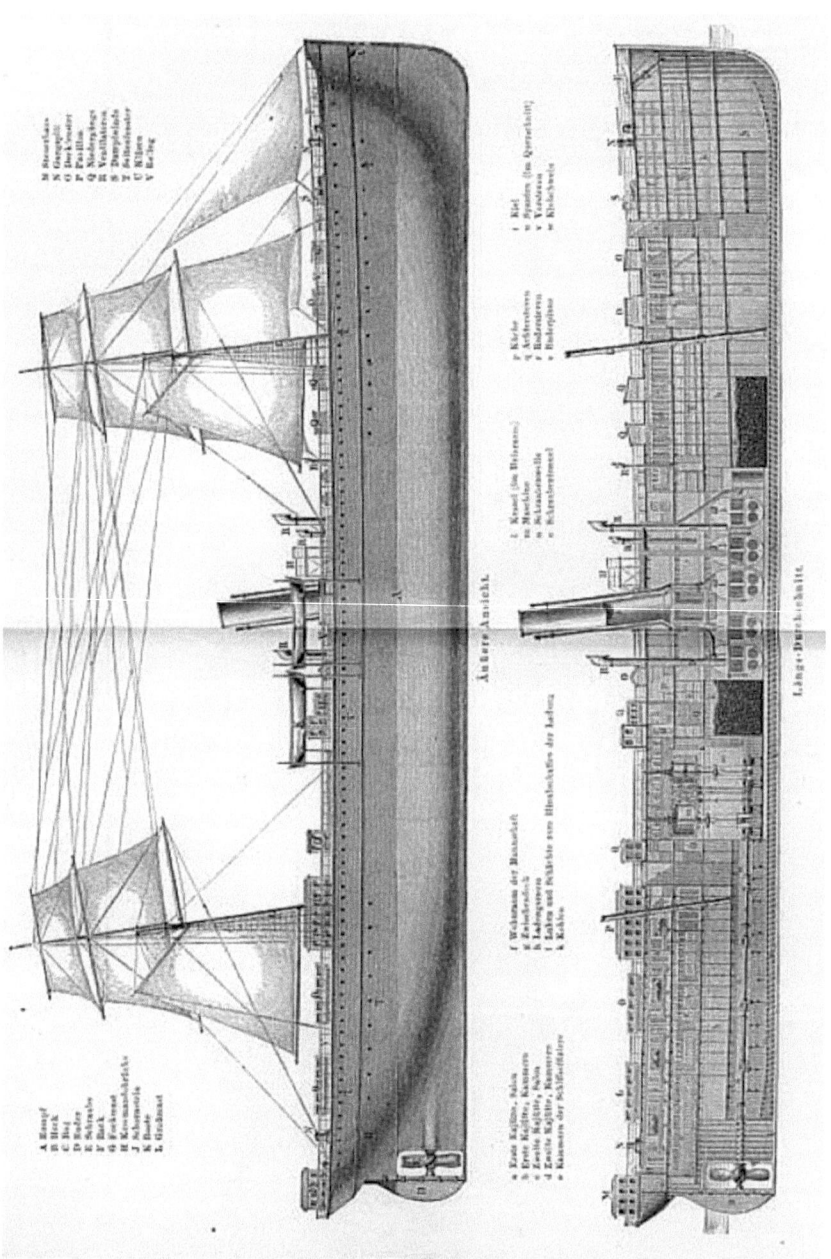

*31 Schema des Dampfers Frisia aus der Hammonia-Klasse. (Quelle = Wikipedia-Commons)*

## *Die Familie Teuthorn-Nagel*

Emil Henry, der Sohn des Auswanderers aus Leck, stirbt 80-jährig am 26. September 1962 in Hudson, Wisconsins. Abkömmlinge seiner Familie könnten noch in Amerika leben.

Otto Julius Nagel (*3.6.1844), der Buchbinder, entschloss sich noch relativ spät, seinen Brüdern nach Amerika zu folgen. Am 23. Juli 1883 kam er als Zwischendeckpassagier mit der Bohemia[43] in New York an und reiste nach Clinton, Iowa zu seinem Bruder Emil weiter. In dessen Haushalt ist er noch zur Zeit des Census 1910 nachgewiesen.

*32 Bohemia, gebaut bei A. & J. Inglis Limited, Glasgow, Scotland, 1881. Dampfmaschine und 2 Masten für Hilfsbesegelung, siehe FN.*

Somit hatten alle drei Söhne des Lecker Arztes Jens Otto Nagel die für sie chancenlose Heimat gegen eine Existenz in den USA eingetauscht. Nur die beiden Töchter waren geblieben, Sophie ledig in Leck, Fanny mit einer Kinderschar in Kiel. Als die Kinder alt genug waren, folgten sie sobald wie möglich dem Beispiel ihrer Onkel.

Die Dampfschiffe hatten Mitte des Jahrhunderts noch eine umfangreichere Besegelung, um günstige Winde als unterstützende Energiequelle nutzen und damit Kohle sparen zu können. Die Schiffe, mit denen die Brüder Nagel den Atlantik überquerten, hatten nur noch eine reduzierte Hilfsbesegelung.

---

[43] Das in Glasgow gebaute Schiff wurde am 30. 10. 1881 für die HAPAG in Dienst gestellt. Dampfmaschine 1.600 PS, Länge 106,83 m, 12 Knoten. 100 1. Klasse-Passagiere, 1200 Zwischendeckpassagiere. Die Schemazeichnung wurde von http://www.libertyellisfoundation.org/passenger übernommen.

## Erster Teil

### Die Auswanderung der Kieler Teuthorns

Mein Wissen um die Auswanderung nach Amerika war zu Beginn naturgemäß durch meinen Großvater Emil geprägt. Als Jugendlicher hat mich seine Abenteuerlust fasziniert, und natürlich wollte ich wie er hinaus in die Welt. Die Essenz seiner Amerikaerfahrung findet sich in einigen Zeilen eines Briefes, den er mir im Januar 1957 schrieb.

> *„Vier meiner älteren Geschwister waren nach den USA ausgewandert. In Couverts sandten sie Dollars. Da wollte ich auch recht bald verdienen, meinen alten Eltern helfen und tat es auch, indem auch ich meinen Briefen 1 oder 2 $ beifügte. So stand ich mit 15 ½ Jahren in Chicago ganz für mich allein. Wohl hatte ich Anlehnung an meine älteren Brüder, aber sie haben mich arg enttäuscht, denn meine Ersparnisse, die eines Tages schon 25 Dollar waren, wollte ich mal in dem von Ihnen bewahrten Sparbuch sehen; ich bestand darauf und stellte fest: ist nichts! Da habe ich mich mit 16 ½ von Ihnen getrennt, suchte mir von Ihnen unabhängig eine Arbeit. In vier, fünf Monaten hatte ich 30 $ erübrigt, kaufte mir ein Ticket nach Neu York und ab ging's."*

Das Verhältnis zu seinen Brüdern war seit jener Zeit gestört. Sie hatten sein Vertrauen missbraucht. So sah er das. Es scheint so, dass sie nie wieder Kontakt mit einander hatten. So war es für mich schwierig und langwierig, mehr über sie, ihr Leben und das ihrer Familien zu erfahren.
Umso enger war das Verhältnis zu seinen Schwestern Louisa und Petra. Zu Ihnen und Ihren Familien hielt er sein Leben lang den Kontakt aufrecht.

Nun aber der Reihe nach. Zwar könnte ich die Geschwister dem Alter nach aufführen, aber bei der Auswanderung scheint es mir doch sinnvoller, eine Chronologie der Ankunft in Amerika einzuhalten. Und diese wird erstaunlicherweise nicht - wie lange angenommen - von Otto, sondern von Wilhelm angeführt. Aber zuvor noch eine weitere Zwischenrede.

## *Zwischenrede II - A Statement*

In Amerika angekommen, musste sich der Einwanderer entscheiden, ob er sich auf einer ethnischen Insel abschotten und möglichst lange deutsch bleiben oder sich möglichst bald integrieren, ja sogar assimilieren wollte. Dazu war es nötig, so schnell wie möglich ein passables Englisch zu sprechen. Von Otto wird berichtet, dass er diesen Weg ging. Gleichwohl wird es in der ersten Einwanderergeneration ein dauerndes Nebeneinander von Deutsch und Englisch gegeben haben. Diese Gegebenheit ahme ich nach, wenn ich im Folgenden - unsere Hauptdarsteller dieser Familiengeschichte sind ja jetzt in den Vereinigten Staaten - ins Englische wechsele. Eigentlich ist der Hintergrund dafür aber ein anderer. Ich hatte bereits vor Jahren auf meiner Website die Einwanderung nach Chicago für unsere amerikanischen Verwandten in Englisch verfasst. Es scheint mir vernünftig, wesentliche Teile davon hier leicht angepasst zu übernehmen und damit in den Zusammenhang der gesamten Familiengeschichte zu stellen.

    Once in the U.S. the immigrant had to decide for a living in an isolated ethnic neighborhood, i. e. to remain German as long as possible, or to long for integration, even assimilation, as soon as possible. To reach this target you had to dominate the English language. I was told, Otto decided early to do so. Never the less we may imagine our immigrants using both languages side by side for a long time. My next chapters will follow the same pattern. But to be honest, most of the text has been written years ago, trying to share my research of family history with my American relatives by means of my website. Those parts which proved to be up-to-date will be taken over unchanged or slightly adopted.

*Erster Teil*

## William (1871-1946)

As we have seen above, William was born as Wilhelm Eduard Nicolaus April 8, 1871 in Kiel and he died August 8, 1946 in Chicago. The portrait taken in Kiel shows him as a boy. Such photos helped parents to remember their children which often could not even return for a visit. Once in Chicago William had himself photographed as young successful gentlemen. So he could send his parents the message "Don't worry. You see, I'm well." (See photo next page.)

*33 William in Kiel, before emigrating*

William immigrated 1891. From the passengers' list of steamship Scandia[44], which started Oct. 10, 1891 from Hamburg and arrived at NY Oct. 23, we know, he traveled on tween deck without relatives. When I visited Fannie Nugent, daughter of Grandaunt Petra, in New York 1970 and 1972, she had no further news from him and ignored where he had lived, whether he had had family or not. In the meantime, I found census data which add information. Most important and self-explaining are two Marriage Licenses.

---

[44] The information is as follows: Wilh. Teuthorn, age 20, from the state of Holstein, living in Kiel, commercial [Kaufmann], traveling on tween deck without relatives, destination New York, passengers number 01.0009, passage number A1891.0353, beginning the journey 10.10.1891, ship's name Scandia, steamship, company: HAPAG.

*Erster Teil*

- His first wife was Minnie Bruns. She was born March 24, 1870, had immigrated in 1890 and died Feb 22, 1917. They had contracted marriage at North Chicago on May 1, 1901. There are no children.
- On April 24, 1919 William married Betty Marie Liska (1871-1947) from Blatnice, Czechoslovakia. It was their second marriage for both of them.

*34 William with all evidence of a successful gentleman, topper, umbrella, gloves (one of them lose in his his left), polished shoes, fine trousers, watch chain.*

William ran a grocer's store in North Chicago.

*Erster Teil*

Early photography fascinates me. Even more, since I studied the studio of my great-grandfather Christian Bachmann in Stettin, Pomerania.

*35 Nice reverse (of William's portrait) with all ingredients of a reliable establishment*

Photographers were always proud of an elaborated reverse which proved their feeling for art and was their advertising showcase as well.

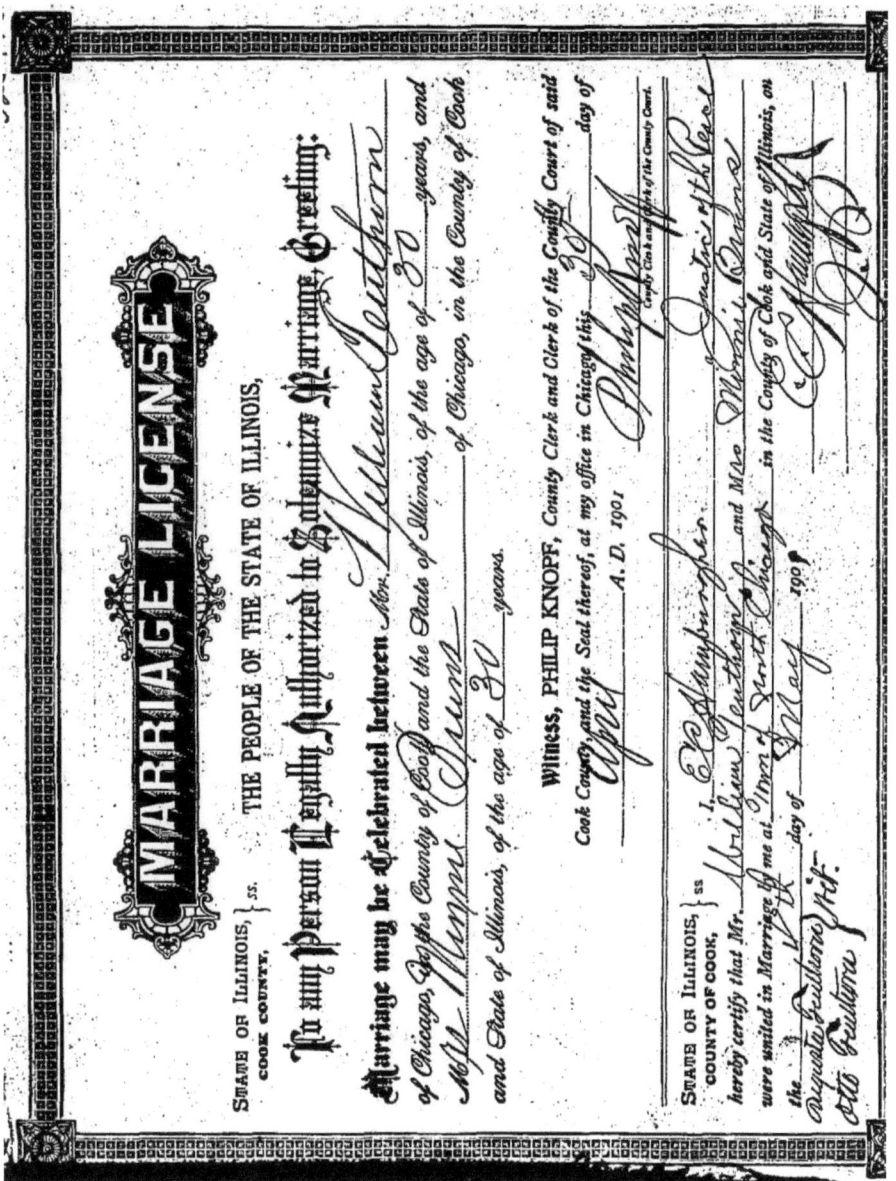

36 Marriage License for William Teuthorn and Minnie Bruns. Witnesses are his brother Otto and his sister in law Augusta Teuthorn, born Janssen. Example for that type of document.

## Erster Teil

## Statistics

It is a fact that all our Kiel emigrants started their journey at the harbor of Hamburg (Otto is supposed to) and arrived at the harbor of New York.

Collecting data from the ship lists available in the 'Staatsarchiv Hamburg', we receive a chronicle of ship departures for the Teuthorn family. Only Otto's voyage is missing. His date of arriving at NY is taken from his document of naturalization.

| surname | name | age | ship | class | passenger number | departure | arrival |
|---------|----------|-----|---------|-------|------------------|------------|------------|
| Wilhelm | Teuthorn | 20 | Scandia | tween | 01.0009 | 1891/10/10 | 1891/10/23 |
| Louise | Teuthorn | 25 | Moravia | tween | 01.0050 | 1892/05/11 | 1892/05/26 |
| Otto | Teuthorn | 24 | unknown | tween | | 1893/04 | 1893/05/01 |
| Petra | Teuthorn | 19 | Russia | tween | 01.0045 | 1894/09/02 | 1894/09/17 |
| Emil | Teuthorn | 15 | Palatia | tween | 01.0019 | 1895/06/09 | 1895/06/22 |

## Louisa (1866-1942) & her Family Prellberg

37 Louisa in Kiel, before emigrating

Immigration for a single woman was not easy. Puritan administration at that time demanded women to enter together with a husband, to visit her family, to follow a contract, e.g. as a housemaid, or at least being expected by any male person declaring, he would make himself responsible for her, under certain circumstances also a future husband. In all of those cases the female passenger was expected to be picked up by the people she was dependent from. Entering the U.S. without the conditions just mentioned, meant refusal or danger of economic exploitation.

We ignore what exactly was the situation, when Louisa arrived at New York. Did her brother William still live in the city at that time? Did he come from Chicago to meet her? Did her relatives Nagel come to see her? We really do not know. But obviously Louisa remained at the disembarkation place Hoboken and here she met her future husband, Bremen born Willy (Heinrich Wilhelm) Prellberg (1869-1942). They married May 15, 1894 in Hoboken and continued living at the banks of Hudson River.

Louise and Willy lived at 65 Park Ave. This is a place south of 1st Street and very near by the piers where Willy had his job as a longshoreman. We do know this date not only from the 1910 census

## Erster Teil

but also from the Certificate of Naturalization. The act was sealed on March 10, 1909 and it certifies that Wilhelm Prellberg had

> *"applied to be admitted a citizen of the United States of America, pursuant to law, and the court having found that the petitioner had resided continuously within the United States for at least five years and in this State for one year immediately preceding the date of the hearing of his petition and the said petitioner intends to reside permanently in the United States, etc."*

As we see, Willy had already fulfilled the conditions for many years. But now he obviously had decided to fully assimilate as an American. The couple already had two sons at this very moment and Louise gave birth to the 3rd son two days after the naturalization. Some years later the direction of home changed to 514 Park Ave, which is considerably north of the first known address. Probably his job was now at the more northern piers.

In the 1930 Census we meet Louise with her children in 289 Sherman Ave in nearby Jersey City. The couple had obviously separated (for a while). But at the time of their common death they had been living together again in Hoboken in a three-room apartment of a five-story family tenement at 713 Willow Avenue, Hoboken. Both died by a gas accident November 10, 1942. The newspapers reported suicide. But the real story is, Louise, 76, had been sick, and her husband, 73, had visited his youngest son for dinner. Willy had taken a trolley car home. The gas was on and he was heading to the windows when he was overcome. Willy's brother Christian, who lived in nearby 711 Willow Ave, discovered the dead couple. Their three sons signed the obituary[45].

### The children

Louise's and Willy's children were John (1899-1943), William (1901-1948) and Emil Prellberg (1909-1974).

---

[45] This statement was made by A. Prellberg, who of course is predestinated to remember and to tell the events of his family. See also 'The Prellberg Family in Bremen' in Part III.

*Die Familie Teuthorn-Nagel*

John was a police officer in N.Y. After his death his wife Anna married Marty Brumerstedt. They run a bar in Hoboken. Emil Teuthorn had a long lasting correspondence with Anna.

Life wrote a very special and in a certain sense sad story for William. He had been single when, in his advanced years, he met Mary Algarin from Puerto Rico in 1947. They married the same year. In 1948 their daughter Evelyn was born. There are pictures with the baby in his arms. But he died suddenly in the same year. Mary returned to Puerto Rico and Evelyn grew up in Mary's Spanish speaking family. She returned to the U.S. as a child of twelve.

The complete names of the youngest son are Emil Otto Heinrich. He was born two days after his father's naturalization, i.e. March 12, 1909. Although I supposed that Willy at this time had decided to become a real American, the certificate of baptism for his son Emil proves him still living in a completely German surrounding. The correspondent paper of St. John church is written in German.

Emil worked with a milk delivery company. He married Margaret Friess from Freiburg, Germany, in the Church of St. Paul of the Cross in Jersey City on Sept. 4, 1931 'according to the Rite of the Roman Catholic Church'.

The couple's two children are John and Alan. John became a passionate and well known watchmaker running a watch and jewelry store in Guttenberg, NJ. His younger brother Alan was a firefighter and Deputy Chief of Department in his active time. I owe him many details of this part of our family story. It was great to walk with him through the streets of Hoboken listening his comments of the houses' frontages. He saw them with the eyes of the firefighter who has to take the right decisions in case of emergency. So his view did not enclose architecture only, but material, rescue facilities and more.

Fortunately, there exist some - as to form and content - important typical documents. One of them is Willy's just mentioned naturalization.

(More information will be found below Verwandtschaft Teil DREI.)

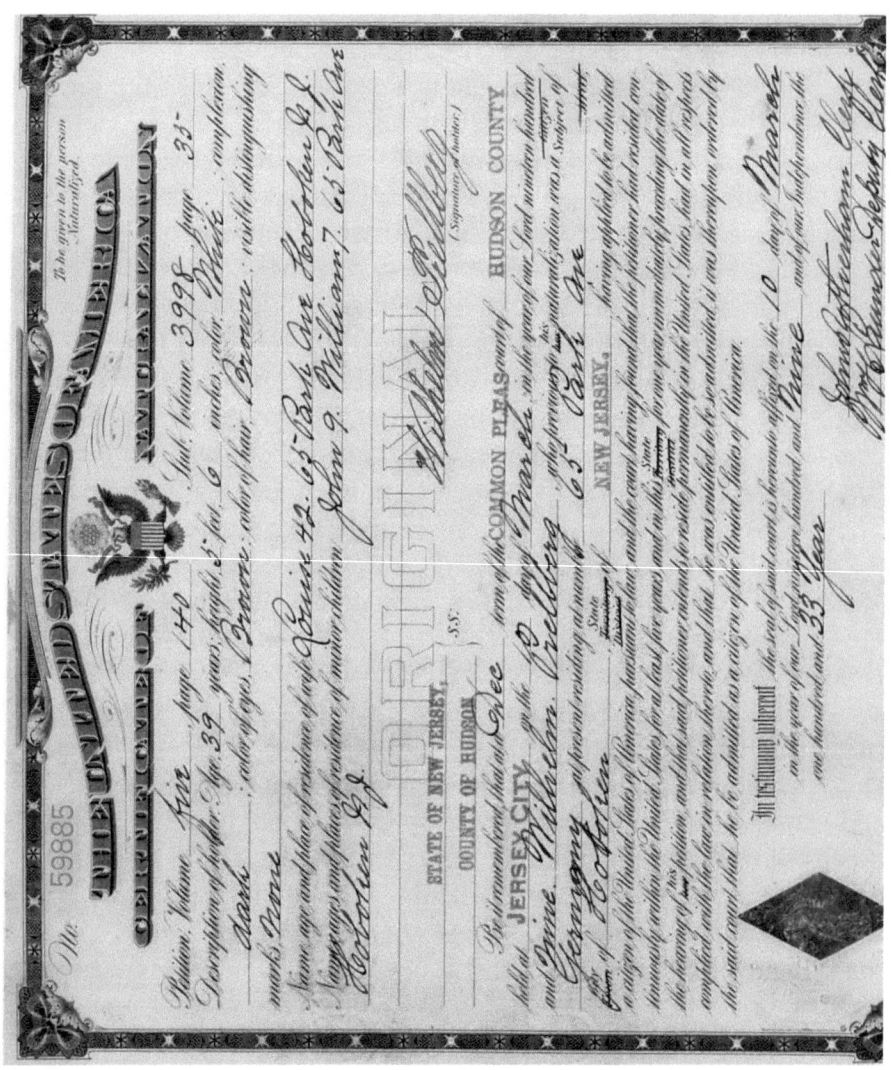

*38 Certificate of Natutralization for William/Wilhelm Prellberg and his wife Louise*

This document states the procedure of becoming an American citizen in a solemn manner and on precious official paper. The writing is that of the dollar bills and the text does not only contain the calendar day of this important procedure - the 10 day of March in the year of our

Lord nineteen hundred and nine - but it adds: and of our Independence the one hundred and 33 year. - I believe, this ceremonial form to be truly adequate to this state act. Even more, it is impressing.

*Erster Teil*

*39 Birth certificate from 1909 - completely German*

## Die Familie Teuthorn-Nagel

## Hoboken cemetery in North Bergen

*40 Alan, walking the burial ground of his ancestors*

*41 John Prellberg 1899-1943*

*Erster Teil*

*43 William (1901-1948), Evelyn's father*

*42 Alan's parents, Margaret and Emil (1909-1974)*

## Die Familie Teuthorn-Nagel

*44 John's wife Anna married Marty Brumerstedt*

*45 William & Louisa, the immigrants*

*Erster Teil*

## Hoboken

When I heard 'Hoboken' for the first time in my youth, it was a word without any content. My grandfather Emil had mentioned the place. Family lived there. Hoboken occurred a second time when, as a seminar student, I wrote an essay about 'New York as an Immigrant Harbor'. Hoboken arose opposite Manhattan at a certain distance north of the busy Castle Garden, on the New Jersey Coast. With a Hoboken ferryboat photo, I connected the impression of transportation, of a first step bringing newly immigrated Europeans to their destination into the interior of the vast country. Both times Hoboken had remained this foggy place for me.

When I met Louise's grandson Alan, he procured me with a lot of written and illustrated description of what to me once had been a place without clarity. The 150 years of Hoboken Anniversary Journal from 2005 brought the best image and information for me[46]. But when visiting Hoboken personally in 2009, I was overwhelmed how close past and present meet in this city, which with her preserved historic architecture seemed to me like a museum and a busy modern city at the same time. But back to history.

"Resort, transportation hub, college town, restaurant mecca". I add, hopeful shore of various waves of immigrants: Irish, German, Italian, and Hispanic. - Before the 'mile-square'-city was officially incorporated in 1885 it had been a popular resort for New Yorkers. Yachting, racing horses were the main upper class distractions. But of course our interest is focused on the time of German immigration and its significance as main pier of German ocean liners.

From 1850 to 1970 several waves of immigrants swept to the banks of Hoboken. They were Germans 1850-80/90, Irish 1870-1890, Italians since the after-WWI years and Puerto Ricans 1950-1970.

---

[46] Geschichte Bremens, Bd II S. 515/527.

## Erster Teil

*"Hoboken and the United States saw the largest wave of German immigration from 1850 to 1880. By 1890, an estimated 2.8 million German-born immigrants were living in the United States. In Hoboken, 40 percent of the local population was foreign-born at this time, and over half of these were Germans."[47] "The German community became firmly established along the waterfront, with beer halls and hotels Hoboken would eventually become known as 'little Bremen' because of its overwhelmingly German feel. At one point, German was a major language spoken in the city, and the German community had its own German language newspaper, theatres and schools."[48]*

*„Piers began to sprout up the waterfront, and Hoboken became a major port for transatlantic shipping lines. During the early 1800s, the newly built piers became the home for German tall ships. Later in the century they welcomed luxury German steamers. The town at that time was largely a mixture of German ship hands and Italian immigrants who used Hoboken as a point of entry to America. They quaffed beverages at the city's growing number of waterfront taverns."[49]*

The waterfront went through several changes. But the most decisive one for the German community surely was when WWI broke out; government took over the German ocean liners and the piers, and made the place the main transportation for military troops. Some three million soldiers left from here to fight in Europe. At the same time the character of the city changed disadvantageously. German businesses were hit hard when bars at the waterfront were closed. Hoboken's economy was laid down. During the war it was not too attractive to bear a German name or to be recognized as German based. - By 1920, there were more Italians than Germans among the foreign-born population of Hoboken.[50] But after WWI and the great depression at the end of the twenties, longshoremen continued visiting the local taverns.[51]

At the most southern point of Hoboken the Delaware, Lackawanna and Western Railroads had built the Hoboken train

---

[47] Anniversary Journal - 150 years of Hoboken, A Publication of The Hudson Reporter, March 28, 2005, p. 25-28.
[48] Ann. Journal, p.25.
[49] Ann. Journal, p.39.
[50] Ann. Journal, p.28.
[51] Ann. Journal, p.3.

terminal and its ferry slips in 1907. Thirty thousand persons daily frequented at that terminal ferries to Manhattan. Later constructed George Washington Bridge as well as Lincoln and Holland tunnels declined the use of ferries continuously until those were definitely closed in 1967.[52]

By the 1910 census Hoboken had 70.000 inhabitants, today (2005) about 45.000.[53]

---

[52] Ann. Journal, p.48.
[53] Ann. Journal, p.95.

*Erster Teil*

*46 Willie and Louisa died in 713 Willow Avenue.*

*47 - 713 Willow Avenue.*

*48 Washington Street Scene*

*Erster Teil*

## Otto (1868-1937)

Otto Wilhelm (*10.06.1868) dropped his second name rapidly. When at the very beginning I came in contact with the U.S. branch of our family Otto had been supposed to have been the first of the Kiel barber's children to cross the Atlantic Ocean. But there is no proof for this proposition. In the contrary, there exists a record card of Otto's naturalization mentioning May 1, 1893 as day of arrival. Believing, that a document like this must not be mistaken, I take his immigration date for granted. The exact proof normally would be the passengers list of arrival. But whereas such documents do exist for his siblings it just could not be found for Otto up to now. - Twenty years later on March 6, 1913 Otto became a U.S. citizen.

| T-365 | |
|---|---|
| Family name: Teuthorn | Given name or names: Otto |
| Address: 3912 Jenssen Ave., | |
| Certificate no. (or vol. and page): P-7906 | Title and location of court: Circuit Court, Cook Co., Ill. |
| Country of birth or allegiance: Germany | When born (or age): June 10, 1868 |
| Date and port of arrival in U.S.: X May 1, 1893 X | Date of naturalization: Mar. 6, 1913 |
| Names and addresses of witnesses: Henry Meyer, 3629 Ward St. — Fred C. Nickelsen, 2147 Lincoln Place | |
| U.S. Department of Labor, Immigration and Naturalization Service. | Form No. 1-IP. |

*49 Naturalization of Otto Teuthorn 1913*

## Erster Teil

Otto as well as brother William chose Chicago for their new home. Otto must have felt familiar with this city at the shore of a lake. Here he found almost the same geographic pattern that he knew from his home town Kiel. Not only the near distance of water was familiar to him. In the same way as Lake Michigan touches Chicago from the east, the "Förde" does with Kiel. Like there he was able to observe ship traffic at the shore of what was soon to become his second home town. Surely, there was a decisive difference. All things measured bigger, higher, wider. But he must have felt at home with forms and atmosphere. So at least, I do imagine. We do not know much about Otto and his early time in Chicago, but we know a lot of political, economic and ethnic life in the city of that time, aspects which have been reviewed widely.

### Chicago

Chicago in the thirties had been a sleepy insignificant small frontier town. Still in 1850 the inhabitants did not count more than 30.000. But already within the next decade it had grown up to 120.000 and from then onwards really exploded by doubling its number every decade until in 1890 it surpassed the million and measured more than 2 million in 1910. Otto - we remember - immigrated in 1893. So he entered an economically exploding city.

As to the Germans of them, the amount grew from 22.000 in 1860 to 170.000 in 1900. But now you already had to add the 2nd generation born in America and that way you could count 440.000 German-Americans in Chicago by the turn of the century. So without any exaggeration Chicago had become the second largest German city outside Germany at that time.[54]

Ethnic differences don´t seem to be too important from today´s more global point of view. But I believe, they had more significance in those times when people did not move and mix so easily as we do in our modern open societies. Don't we? How to be sure? How long did Otto remain a German? Identity has many faces. And there are to be

---

[54] The originally Wurtembergian and Bavarian population was now dominated by the new immigrants from northern and northeastern Germany.

made several steps until a new developed identity is achieved. Who started in Kiel-Holstein-Germany? Who arrived in Chicago-Illinois-U.S.? When did he feel to be an American?

German immigrants never settled exclusively in one or few quarters of the City. 1884, when 200.000 Germans lived in the City, there was only one of 18 districts with less than 10 % German population, but in most of the others they made 20 to 40 % and in two of them[55] 70 %.

So we generally may state strong concentrations of ethnic population within some districts. These so called ethnic neighborhoods arose from the natural need of recently immigrated people to find shelter from a new strange surrounding, by keeping language, culture, church services and all the traditional way of living they had been accustomed to in their home societies. For first and second generation of immigrants these Ethnic Neighborhoods were areas with characteristic social relations which but did not remain in fixed geographic places. With explosively growing city, caused by waves of new immigrants from different nations flocking into the City, these neighborhoods moved through district geography. This movement from the center to the edges of the city coincided with gradual integration into the native population and so consequently led to disappearance of those ethnic neighborhoods in later generations.

As to neighborhoods with dominant German population there were mainly four, with two of them in the southern and the other two in the northern parts of the City. From the last ones "North Side" was situated near to Lake Michigan between Lincoln Park and the north branch of Chicago River, limited by Fullerton Ave. in the north and Division Ave. in the south. This was labeled as the district of middle class Germans or the "traditional German quarter", whereas North West Side was more the district of laborers. North west of the banks of the northern Chicago River it expanded in its northern part between North Ave. and Division Ave. to both sides of Milwaukee Ave. and south of Division down to Chicago Ave. west from Milwaukee Ave. (See plan).

---

[55] North Side and North West Side.

## Erster Teil

By 1850 Chicago had become the "hub of the nation", at first by rapid and effective construction of channels connecting the Lake District with the East Coast and it's most important immigration harbor New York, then by the rapidly growing net of railroads. Due to Chicago's central role in the development of the Middle West there were all sorts of possible business.[56]

Factories and industrial production were to be found in the center[57] and at the banks of Chicago River. Within the industrial belt along the northern branch of the Chicago River existed numerous wood and coal depots, brick works, saw mills, construction firms, supply companies, stock buildings, rolling mills, metal working industries, furniture factories, tanneries, clothing industries, bakeries and breweries[58].

The almost unlimited growth and expansion of all these industries was the main reason that forced residential areas to move to outlying districts. The other was new immigration from the surroundings and from abroad.

German foreign born immigrants earned their money as craftsmen, tradesmen and laborers. In comparison to the Irish and Italians they were to a great extent well trained and skilled workers and found employment where qualified labor was needed. On the other hand, they did suffer more than others from wages being reduced when mass production made special skills less important.

---

[56] Much of the following description, statements and observations are due to Hartmut Keil's essay on immigration quarters and American society at the end of 19th century Chicago with concentration on the North West Side, i.e. Hartmut Keil: Einwandererviertel und amerikanische Gesellschaft, Zur Integration deutscher Einwanderer in die amerikanische städtisch industrielle Umwelt des ausgehenden 19. Jahrhunderts am Beispiel Chicagos, Archiv für Sozialgeschichte, XXIV (1984), S. 47-89.

[57] In the 80ies 40 % of all employment were situated in the city centre.

[58] "Wilhelm Haas and Lill opened Chicago's first brewery in 1840; it grew to the largest brewery west of Cincinnati by 1857." Taken from Shaw, Stephen J.: The Catholic Parish as a Way-Station of Ethnicity and Americanisation, Chicago's Germans and Italians 1903-1939, Brooklyn, New York in Jerald C. Brauer, Martin E. Marty (Hrsg.) Chicago Studies in the History of American Religion, page 32.

Because of the language barrier they mostly were dependent on physical work, whereas e.g. administrative tasks, where domination of the English language was precondition, were reserved to the second generation, already born in their new home country.

But obviously not all cases suited into this pattern. For example, Otto Teuthorn. I still ignore how he earned his living in Chicago. But in fact he chose the North Side as his district and he tried to integrate more quickly by longing for domination of the English language. "He taught himself to read American papers and learn to speak basic English in order to assimilate more readily into his new homeland"[59]. Of course the single fate always depends on individual circumstances. For example, you must not underestimate the influence of a wife and her family. So I believe, that Otto's marriage with Auguste Janssen definitely strongly influenced his further way.

## Otto's Family

Otto married German born Auguste Janssen in about 1899 and the couple lived in 3912 Janssen Ave[60]. Funny coincidence! Otto built a house on Janssen Street in North Chicago which remained in the family for 80 years. It was a gathering place for the family. And in the memories of the great-grandchildren generation it remained as a place that provided much fun and exploration.[61]

Jan, Johann, John. In Scandinavia in ancient times names were built by adding -son to the surname. Johannson was the son of Johann. In Friesland (northern Germany) -sen brought the same effect. As there were thousands named Jan you may imagine the difficulty to search for a person called Janssen. Never the less I succeeded.

---

[59] This is what Dawn Teuthorn remembers.
[60] Janssen Ave., 1433W 2200 to 4923N. City council named the street in 1895 after Bernard Janssen, alderman of the 17th Ward in 1877.
[61] Dawn Teuthorn

## Erster Teil

Otto met Auguste Janssen in a German Club. She had immigrated in 1892. But what about her family and origin?

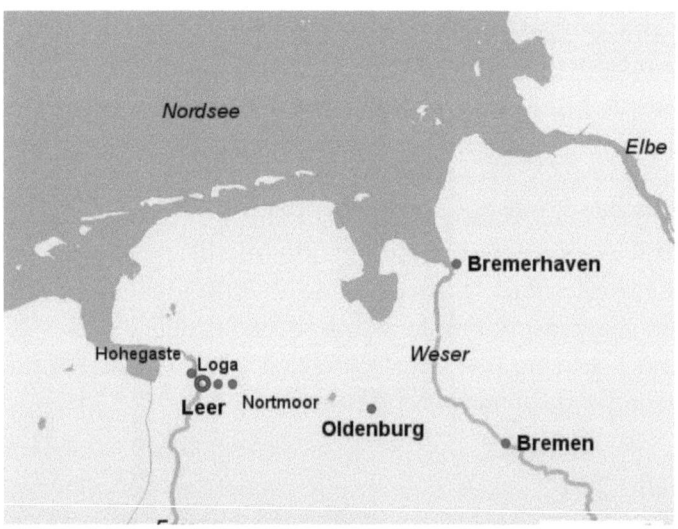

*50 Places of origin family Janssen*

Her complete name was Auguste Victoria (10 Feb, 1871) and she was the 8th of 10 siblings. Her parents were Police Inspector Johann/John JANSSEN (1833-1881) in Leer, Emsland/Germany, and his wife Petronelle Sophia Thöle (*1836). John's father was Harm Janssen (1792 Nortmoor - 1874 Leer), his mother Gretje Harms Kräfting (1798-1852 Leer).

The couple's marriage took place in Leer[62]. This is amazing, especially because of the costs of such a voyage. They had two sons, Ottie and Kurt William. Ottie died young but Kurt went on to become a lawyer and years later a candidate for Alderman. As Kurt became a public person, it is worth while searching the newspapers[63]. The most informative article is from the Chicago Daily Tribune, Apr 17, 1960, "Leaders Flip Two-Head Coin in 45th Ward".

---

[62] I was told so, but have no document.
[63] Jim Haas, friend and historian from Annapolis MD, researched the web for Chicago Teuthorns - census & newspapers - already in 2003.

## Die Familie Teuthorn-Nagel

From a political point of view the 45th ward obviously was a real battle area! Of course my only means to access this battle field is trying an analysis. Following the article there were two politicians dominating the ward between 1920 and 1960. They are Democratic committee man Alderman Charles H. Weber and Republican committee man Charles J. Fleck. It seems, they dominated the ward alternatively. May be, they followed the proverb that "two birds of a feather flock together". "So Weber and Fleck agreed not to attack each other, and not to let their precinct captains do it, either." The 45th ward was regarded as Republican territory. But when Fleck resigned as alderman to become administrator, Weber became alderman in 1955 and was reelected in 1959.

Weber's counterpart in the 1955 election had been "Kurt W. Teuthorn, 3912 Janssen Av., a lawyer backed by the Republican organization." 1955 Weber had been "elected with a vote of 11.832 against 8,930 for Kurt W. Teuthorn." Trying to interpret the competition I'd argue, that Teuthorn really had no chance to win against the entrepreneur Weber whose weapons obviously came from his businesses' power. "He owns and operates five neighborhood newspapers of the giveaway type - and he gets his messages to all the voters. - He has owned taverns, a milk business, stores of various kinds [...]."

As just seen Kurt Teuthorn played a role in politics. His wife supported his position by own social activity. As a member of the *"Lady of Lourdes woman's club"* Roman Catholic Helen's activity was often[64] announced in newspaper articles, e.g.

Chicago Daily Tribune, April 6, 1958
In context with a speech "Lourdes in Your Life" she is mentioned as co-chairman for the event. As it was usual at that time, her own personality had to step back behind the significance of her husband. So she of course was not mentioned as Helen Teuthorn, but as Mrs. Kurt W. Teuthorn. See article.

Chicago Daily Tribune, Feb 5, 1959
"LOURDES: Mrs. Kurt W. Teuthorn, 3912 Janssen av., will be host [...] to the art and literature committee of Our Lady of Lourdes Woman's club. Club members

---

[64] Jim Haas found "There were 27 citations, but they were mostly announcements that Mrs. Teuthorn was hosting a tea or was active in one charity or another."

*Erster Teil*

> will discuss our American heritage. [...]." I'd pay a lot for the possibility to learn how they discussed that item.
>
> Chicago Daily Tribune, oct 9, 1960
> Again the art and literature committee of Our Lady of Lourdes Woman's club meets "in the home of Mrs. Kurt W. Teuthorn, 3912 Janssen av. Members will participate in a crafts program, arranged by. [...]"

Robert K. Teuthorn, oldest child of lawyer Kurt Teuthorn (1900-1974) and his wife Helen (1902-1978), as a youth played an active part in the Chicago district coast guard. Chicago Daily Tribune, March 21, 1954, reports that Chief Robert K. Teuthorn saved a boy from drowning out of a River at Cheboygan, Mich., Oct. 10, 1953. He received the coast guard's commandant's medal. By the way we learn from the headline that he already had been an artist and in addition we are told his age (23) and direction (still 3912 Janssen avenue, home of his parents).

## *Chicago II*

<u>Integration and assimilation</u>
Integration of immigrants under the aspect of nation building has always been widely discussed. When at the beginning of the 20th century European emigration changed from middle and northern Europe to eastern Europe and the Mediterranean countries, integration of Polish and Italians seemed to be difficult, whereas the German one did not seem to be problematic, even was remembered as easy.

Reality was different. In the 2nd half of the 19th century the American public, but especially the Nativist movement[65], wondered about the strange peculiarity of Germans and not seldom fought their activities and ideas. What about this peculiarity?

Germans had a peculiar propensity in establishing Vereine and clubs as quickly as they arrived. Here they took part in the community, expressed their ideas, helped and assisted their compatriots. This was

---

[65] Nativist movement or nativism = sort of nationalism. From the 1840s to 1920 German Americans were distrusted because of their separatist social structure, their German-language schools, their attachment to their native tongue over English, and their neutrality in World War I.

their way of political participation, whereas they mostly left general politics to others. Germans were active fighters for better labor conditions. They founded and supported trade unions.

Having worked hard during the week Germans loved to spend their weekends drinking beer in the public (beer garden/Biergarten), organized picnics and assisted to theatre and dancing events. They fought for these rights when puritanically influenced politics tried to abolish their customs. What remained from these habits, today is accepted and often circumscribed as German *Gemütlichkeit*.

Transport
The North West Side had early been connected with the City by horse pulled cars in Milwaukee Avenue. These were replaced by cable cars from 1880 onward. But workers, who could not afford tickets, reached their working place by foot. So Milwaukee Ave. offered a busy image in the morning and evening during the week:

> *"The workday began in the dark hours of early morning, as early as 4 a.m. for those with over two or three miles to walk (since they could not afford [...] streetcars that cost 10c which was two hours' wages for the women and the children). By six o'clock thousands of men, women and children were trudging down streets like Milwaukee Avenue [...] dinner buckets in hand, not to return until early evening."* [66]

Picnics
were not new. They had existed for a long time, but obviously in a different manner. In the Chicagoer Arbeiterzeitung from June 27th, 1883 the author of an article about the origin of picnics described puritan England as the origin of Picnics, where pleasures like alcoholic drinks, music and dancing had not been part of the event. Following his explaining the character of American picnics owed to the influence of Germans and their Vereine.

Picnics took place at weekends during the summer months June and July and they were always long expected pleasant interruptions of labor's monotony. One of the most famous picnic places was Ogden

---

[66] Unknown author, quoted in William A: Adelman: Haymarket Revisited, Chicago 1976, p. 80. (Taken from Keil, Einwandererviertel, p. 69.)

## Erster Teil

Grooves at Clybourn Ave. The way to the place was described to somebody new in Chicago coming from direction Lake Michigan as follows: *"Take your way up to North Ave., turn right into Halstad Street until Willow Street, then turn west and you will look at green trees. Follow the way to the entrance of cool forest green shadow."*[67] The special atmosphere that filled Germans with enthusiasm is painted by key words like *„sunny summer, shadow of oak trees, plenty of good beer, strong good smelling coffee, German cakes like Topf- und Blechkuchen, life music, dancers, sounds of German dialects from Holstein in the North to Switzerland in the South. [...] There is nothing what Germans love more than a party in the forest beneath oak-trees."* And the writer regrets that he soon will have to return to the reality of a foreigner who feels the daily difficulties to get accustomed to a strange surrounding.

### Kurt's Children

Otto's and Auguste's marriage had been an alliance of origins from the German countries of Holstein - plus important Danish influence -, Schleswig and Friesland. In spite of this ethnic variety the family had remained German in a sense of culture and language. But with Kurt marrying Helen Manson English and Irish heritage was added.

Helen's Father Clarence Aither Manson was a born English Canadian. We don't know at the very moment, where his parents came from, supposedly from Britain. But Helen's mother introduced the Irish element. She was Kate Foran (1877-1959). Helen's grandparents were John Foran and Hanna Calahan, her great-grandparents John Calahan and Catherine (Kitty) Fox.

Kurt's children were Robert Kurt / Bob (1931-2010) and the twins James Lee and Margret (1936).

---

[67] Keil, Harmut (Hrsg.): Deutsche Arbeiterkultur in Chicago von 1850 bis zum Ersten Weltkrieg, eine Anthologie, Ostfildern 1984., S. 214, quoted from Der Westen 22.7.1869.

*Die Familie Teuthorn-Nagel*

## Bob Teuthorn

has the pride of an extraordinary role in the development of the family Teuthorn. Since the times when Wilhelm Günther Teuthorn had left Frankenhausen the number of a couple's children had diminished continuously. In their town of origin families not seldom had had 8 to 10 children. Only Bob achieved to reach this historical number with five sons and five daughters.

Marrying Edith May Fenner (1933-2010) the German, Danish, English and Irish genes were added by the Indian element. For Edith's mother Cora Shananaquet had been a pure native. For Bob himself the Indian culture became decisive, for his children important but especially for one of their sons predominant. When Edith and Bob passed away in the same year 2010, they left behind an impressive number of grand- and great-grandchildren.

## *Margaret Swarm, born Teuthorn*

Following the conservative pattern of family building women lose their paternal surname with marriage. So Margret's children are the Swarms, and they are five.[68]

A book like this has its clear limit, where privacy of living family is concerned. I'll stick to that codex although this principle is softened not only by national administration, spying citizens with the pretense of security, but also by all those "friends" who produce abundant information about themselves in social networks. Beside of all these points of view I see an exception with public persons.

## *James Lee Teuthorn*

One of the two children of James is Dawn Teuthorn, appointed to a pastor in the southern Bay Area of San Francisco. The Coast Side Lutheran Church has an own Facebook performance, is part of the

---

[68] I comunicated with Timothy and Susan in 2005. There is also a lose facebook contact with them.

*Erster Teil*

Evangelical Lutheran Church in America and located in Half Moon Bay, CA.[69]

    I feel grateful for Dawn. She was the first member of U.S.-family I met in the web, and it is she whom I owe an early design of the American branch of Teuthorns.

    The immigrant Otto's family story ends here with listing his Teuthorn grandchildren (*1950-65) Theresa Ann, Marie Louise, William Allen/Bill, John Robert, James Michael/Jim, Anette Lynn, Dawn Marie, Thomas Andrew/Tom, Joseph Patrick/Joe, Daniel Patrick, Linda Catherine, Laura Ann and Barbara Joyce. Most of them enjoy children and grandchildren.

    Otto's grand- and great-grandchildren - the living family - of course cannot be part of this book. But the stories they once will have to tell when gray or white haired, will - among others - deal with the new age of communication, which they are part of. With their daily shares on Facebook and other social medias they already started sort of a continuous family story. Some few of my insights are due to those contributions. Never the less the values of tradition will remain important for them. So is my hope and confidence.

    It is obvious that Kurt's family fills a vast chapter of this family story. But this seems justified by her importance for carrying the Family Name into future generations.

---

[69] More information about Dawn Teuthorn may be found at http://www.coastsidelutheran.com/pastorsnotes.html

## Die Familie Teuthorn-Nagel

51 Petra

## Erster Teil

### Petra (1875-1943)

(Petra Sophie Friederike * 20.03.1875 in Kiel † 1943 in Hoboken, NJ)

Petra, arriving at New York with S.S. Russia on Sept. 17, 1894, was the 4$^{th}$ child immigrating from Kiel's Teuthorn family. She was shortly before twenty at that day.

*52 The double connected brick building in center was the hotel and home of the Hessel family.*

Her photo portrait was taken some years later in Hoboken by studio C. Magnus at 520 Washington St. - I see a friendly and self-confident young woman, certainly not a cover beauty but pretty enough to be courted for future wife, tough enough to handle daily work, but also ready to proudly wear a precious garment.

After four years in Hoboken, Oct 21, 1898, Petra married German born John F. Hessel (* 1871). He had immigrated in 1890. The 1900 census shows them running a hotel in the First Ward.

Besides the couple itself and one-year-old daughter Anna there were living eleven servants in their home.

They had two daughters, Anna (Annie M.) born Aug 6, 1899 and Fannie Aug 17, 1901.

In 1905 together with her 4 and 6-year-old daughters Petra went to see her old parents in Kiel. They returned from the harbor Cuxhaven with S.S. Patricia and were back at NY on April 27, 1905. Between 1905 and 1910 the young family will have moved to West Orange, Essex, New Jersey, and during the following years they

*53 In the front the Hessel-House in West Orange.*

remained living in their own house at that community. But already in 1920 Petra was a widow.

Anna became a teacher, never married and stayed living together with her mother until Petra's death in 1943. Fannie became a secretary, married Ernest Henne in 1924, a 12 years older widower with 3 children between 7 and 10. "I had none of my own but raised and loved these three as my own." Her husband died in 1940. Later she married John Nugent. This is the moment to remind you of the remarks made at the beginning in the Kiel-Leck chapter. Fannie is one of the girls named after her grandmother Teuthorn-Nagel. Each time, when there occurs such manner of choosing a name for one's child, it means great esteem and sweet remembrance for a beloved family member. There is a second of such moments in our family. I refer to one day in 1945 when grandfather Emil Teuthorn in difficult times and in his advanced years got a daughter and bestowed her the name of his beloved sister Petra. But what is best, this child became a wonderful person.

Back to Anna & Fannie. They were two very nice old ladies whom I enjoyed meeting at my way back and forth to Mexico at the beginning of the seventies. While I was in the beginning thirties at that time, they were about seventy. I remember, they had left their home in West Orange - the old Hessel-residence - years ago, then lived in Elizabeth

*54 The Hessel sisters Fannie & Anna in about 1871*

and had now bought a new home in a freshly built senior citizens' town for retired persons. This was Toms River. They showed me around. I remember a ride to Atlantic City, the traditional Atlantic resort. Fannie had a considerably active temper, whereas Anna in comparison was quiet, but raised her voice if necessary. Then you could be sure, her remarks were important.

They loved their region and felt especially comfortable with the ocean side. "Yes we are very happy here and often drive over to the ocean and enjoy the salt air - the miles of white sand with the sometimes blue - or green - or gray ocean and huge waves - the sea gulls searching the water for their dinner and on the horizon may be a ship or two - it is all so peaceful and relaxing."[70]

I believe, my correspondence with Fannie had begun when grandfather Emil died. But I confess to have been a bad partner for writing. This was certainly due to job challenge, frequent moves to new places, but also due to my anxiety, trouble and ambition with writing a good understandable English. So it often cost me a lot. Today I regret my missing effort of continuing the correspondence, especially during their last years.

Both of them obviously had moved to a place in South Carolina called Aiken with the intention to enjoy a sunny and favorable climate in their advanced years. I suppose this was the reason. But there is a letter from 1980 to my sister Ute asking to hand it over to me. "We cannot read his writing. I don't want to hurt his feelings or offend him, but the address on the envelope must have been done hurriedly - neither one of us could make head or tail out of it." Dear Aunt Fannie, apologize, if you can. I'm really sad. My professional race at that time must have caused inexcusable defects in my private communication.

Fannie told us, they would return to New Jersey, but would not know a proper direction. They would probably look for Heath Village. Myself now at the age of reflecting about the last period of life, I read her lines with much empathy and understanding. And as this is exemplary, I'll try an extract. Fannie says:

---

[70] Aus einem Brief von Ostern 1966.

## Erster Teil

> *"We are moving back to New Jersey. We find that the summer heat is just too much - living in air conditioning apt. - car -stores - shops etc. we can't take it. If you can't take the heat get out of the kitchen. So that's what we are doing. Then we also miss our friends, association with familiar places, and my dear Nugent family. We haven't the address yet. Eventually we will be at Heath Village Hackettstown N.J. - It is a very nice Retirement Complex - Large Hotel type main building, library, 2 lounges, game room, chapel, gift shop etc. single rooms. We are on a waiting list for a 2 bed room apartment. These have a complete hospital and convalescent center - these things are important when one grows older - not that we are old, Anna 81 and I am 79 years young."*

The final decision was modified to Warren Township, NJ. Their destination will have been the Chelsea Senior Living at Warren[71], where they had 10 more years together. Fannie died there Jan 8, 1990 and Anna followed three years later, Feb 11, 1993.

Fannie's humor always had been a pleasure. Reading this letter after so many years again, I feel to be very close to her. And so let me end these lines by memorizing Fannie's repeatedly written remains of German language: "Wir sind ja alle schreibfaul, nicht wahr? - Wehr lacht da?"

---

[71] http://www.chelseaseniorliving.com/assisted_living_new_jersey

## Die Familie Teuthorn-Nagel

### Emil (1880-1959) - ein Überblick

Als Emil Teuthorn 1880 geboren wurde, hatte Bismarck 9 Jahre zuvor gerade das Deutsche Reich gegründet, und als er knapp achtzigjährig 1959 in Greifswald starb, war die Vision seines "wiedervereinigten Vaterlandes" ein noch 30 Jahre entfernter Traum, an den außer ihm nur wenige so fest glaubten. Daraus schöpfte er Kraft. In seiner Lebenszeit lagen Ereignisse, die Entscheidungen, Mut, Ideen, Durchsetzungskraft und immer harte Arbeit erforderten.

 Mit 15 Jahren folgte er seinen älteren Brüdern und wanderte nach Amerika aus. Ein Schuss Abenteuerlust mag eine Rolle gespielt haben, aber er wollte auch seine Eltern entlasten und sie von dort mit ersparten Dollars unterstützen. Als seine Brüder seine kleinen Ersparnisse verbraucht hatten, zog er enttäuscht über New York nach Deutsch-Südwestafrika weiter. In Folge des 1. Weltkrieges, musste er dort 1919 Haus und Besitz in Windhuk unter ungünstigen Bedingungen zurücklassen. Wieder in Deutschland baute er in Vorpommern aus kleinen Anfängen ein Geschäft für Obst – Gemüse – Südfrüchte auf, das ihm 1945 die Regierung der kommunistischen Deutschen Demokratischen Republik wieder wegnahm. Denn nun galt der durch harte Arbeit erfolgreiche Emil als Kapitalist, der enteignet werden musste, damit auf diese Weise nach Deutschem Reich und dann Drittem Reich endlich der erste deutsche Arbeiter- und Bauernstaat entstehen konnte.

 Immer hatte er hart gearbeitet und mehrmals in seinem Leben musste er wieder von ganz vorne beginnen. In Chicago und New York war er Laufbursche – aber mit Pferdefuhrwerk- wie er später mit gewissem Stolz vermerkte. Mit einer Trage auf dem Rücken begann er in Südafrika einen Eier- und Butterhandel und auf dieselbe Weise und einem später dazu gekommenen Fahrrad baute er in Greifswald einen Gemüsehandel auf. Als seine daraus in 25 Jahren entstandene Firma nach dem 2. Weltkrieg durch die DDR enteignete wurde, stellte er sich wie in seinen Anfängen nochmals mit einem Karren auf den Marktplatz und konnte sich diebisch freuen, wenn es ihm trotz aller Schwierigkeiten gelungen war, Mangelware zu besorgen und anzubieten, die es in den staatlich gelenkten HO-Läden nicht gab. Denn einen solchen Handelsorganisations-Laden hatte man aus

*Erster Teil*

seinem Geschäft, in bester Lage am Greifswalder Marktplatz, nun gemacht. Zweimal war er verheiratet und hatte vier Söhne. Aus einer weiteren Beziehung stammt eine Tochter.

# Teil ZWEI

## Emil Johannes August Teuthorn - Eine biographische Skizze

(* 25.05.1880 Kiel † 19.11.1959 Greifswald)

*„Die Erinnerungen und Erinnerungen an Erinnerungen werden immer Unordnung und Ungenauigkeit schaffen, aber in welcher Biographie geschieht das nicht. Alle müssen damit leben, dass sich erzählte Geschichte von erlebter Geschichte unterscheidet."*

*Nach Aris Fioretos (Der letzte Grieche)*

*Zweiter Teil*

## Kindheit in Kiel

Emil kam am 26.5.1880 in Kiel als jüngstes von sechs Kindern des Barbiers Wilhelm Friedrich Otto Teuthorn und seiner Ehefrau Fanny, geborene Nagel, zur Welt. Sein Großvater väterlicherseits und sein Urgroßvater mütterlicherseits waren in Kiel noch (Handwerks-) Chirurgen gewesen, sein Großvater mütterlicherseits Landarzt in Leck. Wilhelm betrieb seine Barbierstube in der Kieler Innenstadt, Faulstraße 48. Aber die neue Gewerbefreiheit und die eigene Kinderzahl ließen wohl in wirtschaftlicher Hinsicht bei Teuthorns die Bäume nicht in den Himmel wachsen. Vier ältere Geschwister waren ab 1890 nacheinander nach Amerika ausgewandert. Nur die Schwester Minna blieb Zeit Lebens in ihrer Heimatstadt.

## Auswanderung nach Amerika

So braucht man nicht lange nach dem Grund für Emils Entschluss zu suchen, bereits mit 15 Jahren nach Amerika auszuwandern. Es kam wohl alles zusammen: die ärmliche Situation der Eltern, die begrenzte Aussicht auf beruflichen und wirtschaftlichen Erfolg in Kiel und Deutschland im allgemeinen und natürlich einfach das Vorbild[72] seiner vier älteren Geschwister, die vor ihm diesen Weg nach Amerika gegangen waren[73]. Zu dieser Mischung von Gründen, gesellte sich zweifellos noch ein Schuss Abenteuerlust[74]. Der Entschluss, seinen

---

[72] Es ist ein gängiges Verhaltensmuster zur Zeit der Auswanderung, dass Familienangehörige zunächst sozusagen "die Lage sondierten", nach Hause berichteten und die zunächst Zurückgebliebenen erst dann nachfolgten, wenn sie bereits eine Vertrauensperson in Amerika hatten, die für sie eine Art Anker in den Wirren der Neuen Welt war.

[73] Brief Emil T. an Peter Teuthorn v. 24.1.1957: "Vier meiner älteren Geschwister waren nach den USA ausgewandert; in Couverts sandten sie Dollars. Da wollte ich auch recht bald verdienen, meinen alten Eltern helfen & tat es auch, indem auch ich meinen Briefen 1 oder 2 $ beifügte."

[74] Hierauf deutet die spätere recht spontane Entscheidung hin, sein Glück in der gerade entstehenden deutschen Kolonie Deutsch-Südwestafrika zu suchen. Siehe

## Zweiter Teil

Geschwistern zu folgen, scheint bei ihm aber bereits früh festgestanden zu haben, und er hat ihn dann auch sofort nach dem Abschluss der Knabenmittelschule Kiel umgesetzt. Mit dem Vokabular der derzeitigen Diskussion zur Einwanderungspolitik in Deutschland war Emil also ein den Familienangehörigen folgender Wirtschaftsflüchtling.

Was ich aus der Amerika-Zeit Emil Teuthorns weiß, habe ich als sein Enkel aus seinen gelegentlichen Erzählungen, die genaueren Daten aus zwei späteren Briefen. Das Wenige bleibt natürlich etwas anekdotenhaft. Was aus all dem doch recht verlässlich bleibt, ist etwa Folgendes:

Mitte 1895 - mit 15 1/2 Jahren - kam Emil in Chicago an, wo er etwa 1 ½ Jahre blieb. Er hat wohl zunächst zusammen mit seinen Brüdern gearbeitet und auch bei ihnen gelebt, sich aber nach einem Jahr von ihnen getrennt, als er feststellen musste, dass seine kleinen Ersparnisse, die von ihnen aufbewahrt bzw. verwaltet werden sollten, nicht mehr vorhanden waren. Das scheint zwar eine schlimme Erfahrung *("...haben mich arg enttäuscht...")* für ihn gewesen zu sein, andererseits aber auch der Anstoß, sich nun nur noch auf sich selbst zu verlassen. Er suchte sich eine von ihnen unabhängige Arbeit, sparte[75] in den folgenden 4-5 Monaten umso mehr und kaufte sich ein Ticket nach New York, wo er etwa Ende 1896 angekommen sein muss. *"Dort [war ich] 2 Jahre in einer Stellung als combinierter Laufbursche (aber mit Pferd und Wagen), das letzte Halbjahr als Verkäufer, sparte [...] 120 $, sandte außerdem nach Hause an die Eltern"*. Hier werden bereits Eigenschaften oder wenn man will ein Muster sichtbar, das ihn sein Leben lang begleitete, nämlich hart zu arbeiten, vom erhaltenen Lohn möglichst viel zu sparen und weiterzukommen.

Die Schwierigkeiten dieser Jahre hat er nicht vergessen und sie haben ihn wohl auch besonders geprägt. Noch Anfang der 50er Jahre des vergangenen Jahrhunderts konnte er auch von seinen Misserfolgen in dieser Zeit erzählen, zum Beispiel, dass er zu schwach war, ein Holzfass alleine vom Wagen zu heben, so dass es auf der Straße

---

auch Abschnitt "Auswanderung nach Deutsch-Südwest".
[75] 30 $ in 5 Monaten

zerschellte und die Folge ein Rausschmiss ohne den Lohn der letzten Tage war. Auch dass er, als es seine Aufgabe war, in Chicago die Geschäftsauslagen vor dem Laden zu bewachen, den Dieben eines - ich hoffe mich richtig zu erinnern - Huhnes zwar nachlief, weil er aber die Schlägerei mit ihnen fürchtete, gleich weiterlief, anstatt erfolglos zu seiner Arbeitsstelle zurückzukehren und auf seinen Rausschmiss zu warten. Andererseits war er eben auch stolz darauf, dass man ihm mit jungen Jahren bereits einiges zu- und auch anvertraute. So habe ich ihn mehrmals die Geschichte seines Pferdefuhrwerks erzählen hören. Wahrscheinlich war das für ihn etwa so, wie wenn man heute einen 16-jährigen bereits einen Eintonner fahren lässt.

## *Auswanderung nach Südwestafrika*

> *"Da kam ein Mann mir in den Weg[76], der in Südafrika gewesen war & so war ich ganz begeistert, kaufte diesmal eine Schiffskarte nach Capestadt & war in vier Wochen dort. Weitere sechs Wochen später lag ich mit vier anderen Deutschen im Vorschiff eines 600-Tonners (Kielraum mang de Fracht) & landete fünf Tage später in Swakopmund SWA als Sandschipper bei der Bahn angenommen, aber als ich die Frage: Können Sie schreiben? mit ja beantwortete, landete ich in einer Blechbude (Magazin genannt). Mit der Bahn wuchs auch ich und als sie nach drei Jahren bis Windhuk fertig war, war ich kleiner Materialverwalter in einem schon ganz ansehnlichen massiven Werkstattmagazin."* [77]

Aus einem Lebenslauf, den er verfasste als er 1910 Gouvernementsbeamter wurde, erfahren wir die Reiseroute und Reisezeiten noch etwas genauer: Er reiste am 13.3.1899 von New York über England nach Swakopmund und kam dort am 22.6.1899 an. Damit betrat Emil Deutsch-Südwestafrika, das heutige Namibia, also Mitte 1899 und blieb mit zwei Unterbrechungen 20 Jahre, bis er es 1919 unfreiwillig verlassen musste.

Die wenigen Quellen aus dieser Zeit sind durch den kürzlichen Fund einer Personalakte Emils bereichert worden. Diese Akte wurde 1899 bei der Kaiserlichen Eisenbahnverwaltung (Swakopmund-Windhuk-Eisenbahn) angelegt und bis 1909 geführt. Zu den Quellen

---

[76] in NY wohl Ende 1898 / Anfang 1899
[77] Brief Emil Teuthorn v. 24.1.1957 (TeuArch B1002)

## Zweiter Teil

gehören auch ein Tagebuch, das Emils erste Frau, Erika Bachmann, für ihre Söhne schrieb, viele Fotos, Erzählungen, die wir Enkelkinder im Alter zwischen sechs und zwölf Jahren anhörten, und weitere Erinnerungsfetzen, die ich aus Gesprächen mit Familienangehörigen zusammengetragen habe. Um 1950 konnte ich anlässlich eines längeren Besuchs bei meiner Großmutter in Graal-Müritz in ihren Bücherregalen stöbern. Ich erinnere mich an Berichte von Eingeborenenaufständen, die mich faszinierten, deren Einordnung in politische oder geschichtliche Zusammenhänge der zwölfjährigen Leseratte aber natürlich noch nicht möglich war. Leider hat sich diese Bibliothek nicht erhalten. Denn sie hätte mir jetzt, wo ich Zeit gefunden habe, mich mit dieser Vergangenheit zu beschäftigen, möglicherweise Aufschluss darüber geben können, welche Sichtweise meine Großeltern damals hatten, zumindest aber, welches Bild über das koloniale Deutschland sie sich in Form von Büchern zusammengekauft hatten.

Mit den obigen Hinweisen meine ich Emils und Erikas Einstellung zu dem Land, in das sie als Fremde kamen, vor allem aber ihre Einstellung zu den Einheimischen, die sie hier vorfanden. Natürlich konnte Emil nur das Wissen über Deutsch-Südwestafrika haben, das aus Buchveröffentlichungen und Zeitungen zur Verfügung stand, und er wird Erfahrungen und Ansichten von Leuten aus seinem täglichen Umfeld aufgenommen haben, von Menschen also, die in Afrika ihr Glück machen bzw. eine Existenz aufbauen wollten.[78]

---

[78] Anmerkung zur Literatur: Die Kolonialliteratur von Expeditions- und Kriegsberichten findet man natürlich noch in Bilbliotheken, u.a. auch der Staatsbibliothek München. Eine moderne Sicht, die die heutigen Einstellungen zu Völkerrecht und globaler Verantwortung spiegeln, bieten eine Reihe wissenschaftlicher Arbeiten, u.a. zum Hereroaufstand und dem Aufstand der Nama vor genau 100 Jahren, die in den letzten 15 Jahren entstanden. Wer eine zeitgenössische Sicht vom Zusammenleben von Eingeborenen und Siedlern gewinnen möchte, kommt an der Lektüre einiger Novellen von Hans Grimm nicht vorbei. Ein solcher Band (siehe Literaturliste) hat sich aus dem elterlichen Bücherschrank bei mir erhalten. Warum sollten die dort raffiniert rassistisch gezeichneten Eingeborenencharaktere nicht auch von meinen Großeltern so gesehen worden sein? Empfehle daraus „Als Grete aufhörte ein Kind zu sein".

## *Emil Teuthorn - Kurzbiographie*

Was für ein Land war das aber nun, das Emil Teuthorn gerade betreten hatte? Welche Welt öffnete sich dem 19jährigen Abenteurer aus Kiel, dem man statt der zum Sandschippen vorgesehenen Schaufel Bleistift und Federhalter in die Hand gedrückt hatte, nur weil er schreiben konnte? Was für eine Unternehmung war das, mit deren Fortschritt ein dann schon 22jähriger „Südwester" 1902 in Windhuk einen neuen Lebensabschnitt begann? Diese für Emil neue exotische Welt war auf keinen Fall ein unbewohntes Niemandsland.

Als am 1.5.1883 der Bremer Kaufmann Adolf Lüderitz die Bucht Angra Pequena samt einer Umgebung von jeweils 5 Meilen für 100 Pfund und 200 Gewehre erworben hatte, war auch er nicht in ein geschichtsloses Land gekommen. Eine Urbevölkerung von Buschmännern war ab 1550 von einwandernden Stämmen einer afrikanischen Völkerwanderung überlagert worden. Namas waren aus der nördlichen Kapprovinz und aus Botswana eingewandert, von Norden kommende Hereros hatten sich ab 1550 im Kaokoveld und um 1750 um Okahandja und Gobabis angesiedelt, während die Wambos oder Ovambos zu selben Zeit in Angola und Nordnamibia zu beiden Seiten des Kuneneflusses siedelten. Der in der Kapprovinz entstehende Siedlungsdruck führte Anfang des 19. Jahrhunderts zu einer weiteren kräftigen Wanderung. Nun überquerten die Oorlam den Oranjefluss und wanderten nach Norden. Von ihnen ließen sich 1863 als letzter Stamm die Witboi um Gibeon nieder. Der kriegerisch erfolgreiche Oorlamstamm der „Afrikaner" hatte sich bereits 1840 im Gebiet des Klein-Windhuker Tals niedergelassen, nachdem er die waffentechnisch unterlegenen Hereros nach Norden abgedrängt hatte.

Diese Eingeborenenstämme hatten eine feste Stammeskultur, ein funktionierendes Sozialgefüge und Führungseliten. Die von Süden kommenden Oorlamstämme konnten sich dank ihrer überlegenen Waffentechnik - bereits Gewehre statt Pfeil und Bogen - durchsetzen. Rivalität um Weidegründe, Viehraub und damit Kriege waren an der Tagesordnung. Friedensvereinbarungen beendeten solche Konflikte. In diesen Auseinandersetzungen hatte Jonker Afrikaner bis 1857 durch Unterwerfung und Bündnisse die Vorherrschaft in ganz Zentral- und Südnamibia erlangt. In das sich fortsetzende Kräftemessen griffen 1860 der Händler Andersson und die seit 1842 im Land tätige

## Zweiter Teil

Rheinische Missionsgesellschaft Partei nehmend ein. Spätestens 1870 hatte sich die Missionare, die den letzten großen Friedensschluss, den sogen. Missionsfrieden von Okahandja vermittelt hatten, zu einer bestimmenden politischen Kraft im Lande entwickelt. Während die Land bebauenden Ovambos des Nordens, heute mit knapp 50% als stärkste ethnische Gruppe das politische Geschehen in Namibia dominieren, waren zur damaligen Zeit in Zentral- und Südnamibia die Nama (Witboi) und Hereros vorherrschend. Die Herero waren erfolgreiche Viehzüchter mit großem Herdenreichtum.

Händler und Rheinische Missionsgesellschaft hatten sich ab 1870 mehr als 10 Jahre lang bemüht, bei der deutschen Reichsregierung die Unterschutzstellung Südwestafrikas zu erreichen. Was sie vergeblich versucht hatten, gelang 1885 durch die Initiative des Bremer Kaufmanns Adolf Lüderitz. Bismarck, der lange widerstrebt hatte, gab nun dem Meinungsdruck einer an dem Kolonialthema interessierten Öffentlichkeit nach und ließ am 7.8.1884 die deutsche Flagge in Lüderitzbucht hissen. Anschließend erfolgten ebensolche Aktionen an verschiedenen Küstenstellen bis hinauf zur angolanischen Grenze. Damit war das sogenannte Schutzgebiet Deutsch-Südwestafrika etabliert. Erst 5 Jahre später kam als Kernzelle einer künftigen Schutztruppe[79] eine Truppeneinheit von 20 Mann unter dem Befehl von Hauptmann Curt von Francois in Namibia an. Im Oktober 1890 besetzte dieser mit der auf fünfzig Mann angewachsenen Truppe Windhuk. Erstmals wurde ohne vorangegangene Verträge - so zweifelhaft diese auch gewesen sein mögen - Land gegen den Anspruch Eingeborener, hier der Herero, annektiert. Der Major Theodor Leutwein löste 1893 den Hauptmann von Francois ab, wurde Gouverneur des Schutzgebietes und schloss nach und nach mit allen Stämmen sogen. Schutzverträge.

Das war etwa die Situation als Emil Teuthorn im Frühjahr 1899 begann, sich sein Leben an der Küste von Swakopmund einzurichten.

---

[79] Schutztruppe war die offizielle Bezeichnung der militärischen Einheiten in den deutschen Kolonien in Afrika von 1891 bis 1918. Der Begriff geht auf die Entscheidung des Reichskanzlers Otto von Bismarck zurück, für die erworbenen beziehungsweise eroberten Überseegebiete den Begriff „Schutzgebiet", d.h. Protektorat, anstelle von Kolonie zu verwenden. (Wikipedia 12.6.2016)

# Emil Teuthorn - Kurzbiographie

## *Bau der Staatsbahn Swakopmund - Windhuk*

Großvater Emil konnte uns Kindern die unglaublichsten Geschichten erzählen, ohne dabei eine Miene zu verziehen. Wenn er in den Gesichtern seiner kleinen Zuhörer Zweifel bemerkte, zog er lediglich die Augenbrauen hoch, so dass seine Stirn voller Querfalten war, blieb aber völlig ernst. In seiner Jugend liebte er es, seine Umgebung zu überraschen und manchmal auch zu schockieren, ahmte gerne andere Leute nach und hatte höllischen Spaß daran, durch Verkleidung und unübliches Verhalten Leute seiner Umgebung zu erschrecken.

*55 Emil (1912) posiert mit afrikanischem Stock*

## Zweiter Teil

So konnte man nie sicher sein, was Ernst und was Spiel war. Er ging mit seinen Geschichten und Sketchen um, wie andere Leute mit ihren Witzen. Er wiederholte sie oft. Und später wurden sie in der Familie weitererzählt. So war schon damals nicht recht zwischen Wirklichkeit, Übertreibung und Erfindung zu unterscheiden, und das Weitererzählen brachte weitere Veränderungen, manchmal auch Varianten hervor. - Die inzwischen gefundenen Nachrichten aus seiner Zeit bei der Bahnbaugesellschaft in Swakopmund belegen aber den Wahrheitsgehalt seiner Erzählungen aus diesen Jahren.

Emil war lang und hager und wollte in seinen jungen Jahren männlicher erscheinen und stärker sein, als es seinem Alter und seiner Statur entsprach. Als ihm jemand weismachte, Hühnerexkremente seien ein unfehlbares Bartwuchsrezept, versuchte er diese Anwendung - wohl noch in NY, aber ohne sichtbaren Erfolg -, um den damals modischen Oberlippenbart zu erzwingen. Zur Kräftigung seines Körpers machte er in Swakopmund ausgedehnte Strandläufe.

Um die Zeit bis zur ersten Lohnzahlung zu überbrücken, kaufte er sich von seinen letzten Dollars einen Sack Reis und eine Ballonflasche Himbeersirup und ernährte sich im ersten Monat auf diese Weise. - Zur Anreicherung seines Speisezettels habe er an der fischreichen Küste auf besondere Art gefischt. Zu meinem Entsetzen war es eine Form der brutalen Dynamitfischerei. Splitternackt und nur mit einem Hut bekleidet, der die Dynamitstangen verbarg, habe er bei seinem abendlichen Strandspaziergang das Dynamit im Dreieck ins Meer geworfen, die reichlich an die Oberfläche treibenden getöteten Fische nur noch einsammeln müssen und sie anschließend an die Kantine verkauft. Das sei so erfolgreich gewesen, dass der Koch weitere Fischlieferungen orderte.[80]

Der Bau der Staatsbahn von Swakopmund nach Windhuk, derentwegen Emil Teuthorn hier war, hatte bereits 1897 begonnen. Allerdings wäre dieses Projekt möglicherweise zu diesem Zeitpunkt noch nicht begonnen worden, wenn nicht ein Ereignis schrecklichen Ausmaßes diese und andere Folgen ausgelöst hätte. Und dieses

---

[80] Gespräch mit Klaus Teuthorn Juli 2004.

Ereignis war die katastrophale Rinderpest des Jahres 1897, die mit 95% nahezu die gesamten Viehherden der Hereros vernichtete und diese damit ihrer wirtschaftlichen Selbständigkeit und Unabhängigkeit beraubte. Neben der traurigen Folge für die Hereros, die nun für die Kolonialherren als Lohnarbeiter arbeiten und ihr Land beleihen, verpfänden oder verkaufen mussten, hatte die Rinderpest den Zusammenbruch des effektiven Transportsystems des Landes, nämlich der Ochsenkarren, zur Folge.

Als Konsequenz bewilligte der Reichstag noch im selben Jahr die Mittel für den Bau einer Eisenbahn von Swakopmund nach Windhuk. Die Trasse für die Schmalspurbahn führte über 350 km mit 23 Stationen durch zum Teil schwierigstes Gelände. Besonders der Übergang von der Küstenwüste in das Hochland verursachte technische Probleme durch zu direkte Streckenführung, so dass ein Reisender meinte, dies sei keine Eisenbahn, sondern eine Rutschbahn. Nicht selten mussten die Passagiere schieben helfen. Die Reisezeit betrug anfangs 3 Tage, später 2 Tage mit Übernachtung in Karibib, und es wurde eine Durchschnittsgeschwindigkeit von lediglich 13,8 Km/h erreicht.

Emil hatte über seine Zeit beim Bahnbau geschrieben. *„Mit der Bahn wuchs auch ich, und als sie nach 3 Jahren Windhuk erreichte, ...".* Er war ja Mitte 1899 zur Bahn gestoßen, und genau nach drei Jahren erreichte am 19. Februar 1902 der erste Personenzug Windhuk. Der Bau der Staatsbahn hatte von 1897 bis 1902 gedauert.

## *Die erste Dekade in Deutsch Südwest - 1899 bis 1909*

Die 20 Jahre, die Emil in Deutsch-Südwestafrika leben sollte, lassen sich am einfachsten in zwei Dekaden einteilen, nämlich die Zeit vor und die Zeit nach seiner Heirat mit Erika Bachmann im August 1909. Für den ersten Abschnitt kann ich mich nun auf den Lebenslauf und die Zeitdaten aus der erwähnten Personalakte stützen. Zum zweiten Abschnitt gibt Erikas Tagebuch für ihre Kinder Auskunft, das sie zwar erst im Juli 1917 verfasste, aber mit ihrer Ankunft in Swakopmund im August 1909 beginnen lässt.

Im Vergleich mit Kiel, Chicago, New York aber auch Kapstadt muss Emil sich in Swakopmund eigentlich wie am Ende der Welt

## Zweiter Teil

gefühlt haben. Die Route Hamburg - New York war immerhin bereits auf 13 Tage geschrumpft. Hierher aber brauchte man über Kapstadt etwa fünf, auf der Direktlinie noch viele Jahre knapp vier Wochen Reisezeit. Zwar hatte die Woermann-Linie ihren Westafrika-Fahrplan 1898 bis Swakopmund ausgedehnt und damit die Kolonie Deutsch-Südwestafrika in ihr Liniennetz einbezogen[81], aber Emil reiste noch auf der gewohnten Route über Kapstadt. Teil seines Arbeitsvertrages, den er zunächst auf sechs Monate mit dem Kaiserlichen Feldbahnbau Kommando abgeschlossen hatte, war deshalb der Anspruch auf freie Fahrt[82] nach Kapstadt. In Deutschland angeworbene Arbeitskräfte der Bahn hatten Dreijahresverträge mit anschließender Rückfahrt oder bei einer Weiterverpflichtungszusage Anspruch auf einen zweimonatigen Heimaturlaub sowie die etwa noch einmal so lange Hin- und Rückreise bei Fortzahlung der Monatsgehälter.

Es gibt in der bei der Eisenbahn geführten Personalakte einige Beispiele dafür, dass Emil gelegentlich um seine Rechte kämpfen musste. Natürlich suchte er auch, wenn möglich, seinen Vorteil. Die entsprechenden Eingaben wurden zwar immer durch seine direkten Vorgesetzten befürwortet, hatten aber die Beamten der übergeordneten Ebene offensichtlich mehrmals gereizt. Ein Jahr nach seinem Beginn bei der Eisenbahn heißt es in seinem gut formulierten und mit schwungvoll schöner Handschrift abgefassten Gesuch:

> "...Ich erlaube mir daher die Anfrage, ob meine Arbeit vielleicht minderwertiger als die der anderen Bürogehilfen und Arbeiter befunden worden ist, da denselben alle Überstunden ... ausbezahlt worden sind."

Am 13.10.1901 - also 2 1/4 Jahre nach seiner Ankunft - bat er anstelle der zugesagten Kapstadtreise um eine Deutschlandreise, die aber abgelehnt wurde. Allerdings wurde ihm die nicht wahrgenommene Kapstadtreise mit 80 Mark[83] ausbezahlt. Bis dahin hatte er keinen Urlaub gehabt und der Wunsch danach und nach einer Heimreise wurde nun drängender. Auf einem Urlaubsgesuch für den

---

[81] Arnold Kludas, Die Schiffe der deutschen Afrika-Linien 1889-1945, Oldenburg und Hamburg 1975, S. 10.
[82] Bundesarchiv Berlin Lichterfelde, Bestand R1002.
[83] Sein Monatsgehalt betrug 140 Mark.

## Emil Teuthorn - Kurzbiographie

13. bis 17. Februar nach Okahanga (wohl Okahandja) befürwortete sein Vorgesetzter diesen mit dem Hinweis, Teuthorn sei bereits seit 2 1/2 Jahre beschäftigt und habe noch keinen Urlaub gehabt.

Im April 1902 äußerte er den Wunsch, "für einige Monate nach Deutschland zu fahren" und teilte mit, dass er gerne zurückkehren und einen weiteren Kontrakt eingehen möchte. Die Antwort lautete, da er noch keine drei Jahre angestellt sei, habe er keinen Anspruch auf freie Reise, und es könne auch keine Wiedereinstellungszusage gegeben werden. Allerdings erhielt er, vielleicht als Trostpflaster, im selben Monat *"wegen sehr guter und übersichtlicher Aufstellung der Materialabrechnung [...] eine einmalige außerordentliche Remuneration[84] von 20 M."*

Der gewünschte Urlaubstermin war ja eigentlich völlig verständlich. Denn im Februar hatte der erste Zug Windhuk erreicht, und auch für unseren Depotaufseher oder Materialverwalter konnte damit ein neuer Abschnitt beginnen. Emil schickte sich aber in die Regelungen, verschob den geplanten Heimaturlaub auf Mitte des Jahres und kam dann in den Genuss der weiter oben schon beschriebenen Regelung mit freier Reise und Gehaltsfortzahlung. Seine Reise trat er am 27.6. oder 1.7.1902 mit dem Dampfschiff der Woermann-Linie Eduard Bohlen nach Hamburg an. Zum ersten Mal nach sieben Jahren Abwesenheit von zu Hause, das er als gerade Fünfzehnjähriger Richtung New York / Chicago verlassen hatte, kehrte der nun 22-Jährige in seine Heimatstadt Kiel zurück, um seine Eltern zu besuchen. Stolz erwähnt er in einem späteren Brief, aus dem diese Information stammt, *"[...] Kiel, wo ich 3.700 Mark Gold auf der Sparkasse hatte. So schön war für mich die Welt, und toi toi fast immer im Leben!"*[85]

Jetzt bat er seinen Vater auch um die Sammlung von Stammtafeln der ältesten Frankenhäuser Familien mit dem bis ins 16. Jahrhundert zurückreichenden Stammbaum der Teuthorns, die 1843 von Ernst August Wippermann zusammengestellt worden waren und die sein Vater, Wilhelm Friedrich Otto Teuthorn, als kostbares

---

[84] Außerordentliche Sonderzahlung
[85] Brief Emil Teuthorn vom 24.1.1957 (B1002).

## Zweiter Teil

Familienerbe und Band zur thüringischen Heimat bisher in seinem alten Schreibsekretär bewahrt hatte.[86]

Über seine weiteren Aktivitäten dieser Urlaubswochen ist nichts bekannt. Am 30. September 1902 trat er seine Rückreise mit der Alexandra Woermann an und traf am 26. Oktober wieder in Südwest ein. Er wurde zunächst zu den alten Konditionen eingestellt, allerdings in Karibib, der Bahnstation etwa in der Mitte zwischen Swakopmund und Windhuk, an der die Passagiere in den ersten Jahren des Bahnbetriebs eine Übernachtungspause einlegen mussten. Offensichtlich sagte ihm aber diese Örtlichkeit überhaupt nicht zu. Denn nach vier Wochen ließ er sich "aus gesundheitlichen Gründen" in das Hauptmagazin versetzen (wohl Außenstelle Swakopmund). Im November 1902 hatte er übrigens einen Dreijahresvertrag erhalten.

Aus diesem Vertrag zitiere ich im Folgenden den Anfang. Er verdeutlicht das komplizierte rechtliche Konstrukt der Behördenlegitimation und -kompetenz im sogen. Schutzgebiet.

> *"Zwischen dem Kaiserlichen Gouvernement von Deutschsüdwestafrika Namens des Auswärtigen Amtes (Kolonial-Abteilung) vertreten durch Major Pophal als Arbeitgeber und dem Emil Teuthorn als Arbeitnehmer ist, vorbehaltlich der Bestätigung des Auswärtigen Amtes (Kolonial-Abteilung) folgender Vertrag geschlossen worden."*

Das heißt, ein Arbeitsvertrag für einen einfachen kleinen Angestellten in der deutschen Kolonie konnte vor Ort nur vorläufig entschieden werden und musste vom deutschen Außenamt abgesegnet werden. Das scheint mir heute monströs!

Bereits ein Jahr nach seiner Rückkehr nach Südwest löste er den Vertrag mit der Eisenbahn wieder. Es scheint, dass es hierfür mehrere Gründe gab. Nach einer Fußverletzung behandelte der zuständige Amtsarzt ihn als Simulanten, am 9. März 1903 war in der Heimat sein Vater gestorben, und es scheint, dass er sich bei der Bahn nicht mehr recht wohl fühlte und woanders andere Aufgaben suchte. Mehrmals hatte er bereits um seine Vertragsauflösung gebeten, als er mit einem Schreiben vom 9. Juli 1903 ungeduldig formulierte:

---

[86] Brief Emil Teuthorn vom 14. Juli 1957 (B1003).

## Emil Teuthorn - Kurzbiographie

> *"Da die Kaiserliche Eisenbahn Verwaltung leider nicht in der Lage ist, meinem früheren Gesuch um Heimsendung zu entsprechen, [...] gegen Rückerstattung des noch nicht abgeleisteten Teils der Reisekosten [...] aus meinem Kontraktverhältnis zu entlassen. Da ich mit dem nächsten Dampfer über Kapstadt zu fahren beabsichtige, bitte ich [...] mich bereits am 15. des Monats zu entlassen."*

Emil scheute sich offensichtlich nicht vor streitigen Auseinandersetzungen mit seiner übergeordneten Behörde. Denn seinem Wunsch nach Vertragsauflösung war ein längerer Streit über seinen Gesundheitszustand vorausgegangen. So hatte er am 29. Juni 1903 an *"die Kaiserliche Eisenbahn Verwaltung die ergebene Bitte"* gerichtet, *"mich im Lazarett zu Karibib untersuchen zu lassen, da [...] ich mir von einer nochmaligen Behandlung im hiesigen Lager [...] keinen Erfolg verspreche."*

Ich vermute, dass es Emil darum ging, den Nachweis nicht mehr gegebener Tauglichkeit für den Kolonialdienst zu erhalten, damit er ohne Nachteile aus seinem Vertrag entlassen würde und auch die Heimfahrt erstattet bekäme. Mit derselben Sturheit weigerten sich der Arzt und die vorgesetzte Behörde, solches anzuerkennen.

> *"Sw. den 2.7.03*
> *1. Dem Depotgehilfen Teuthorn ist zu eröffnen, daß sein Gesuch vom 29. Juni betr. ärztlicher Untersuchung im Lazarett Karibib abschlägig beschieden ist.*
> *2. Der Depotgehilfe Teuthorn erhält einen Verweis zu den Dienstakten, weil derselbe im Wiederholungsfall Kritik gegen die Behandlung im Lazarett hier gegen den Oberarzt Dr. Jacobi ausgeübt hat. Teuthorn ist bereits vor kurzem darauf aufmerksam gemacht worden, daß solche Bemerkungen in einem Gesuch ungehörig sind."*

Als er vier Wochen lang dazu keine Äußerung erhielt, zog er auf seine Weise die Konsequenzen. Als Folge heißt es in einer Notiz vom 3.8.1903. *".. dass der Depotgehülfe Teuthorn, den Dienst ohne Kündigung verlassen."*, und in dem einen Tag später ausgestellten Formzeugnis ist das Wort *"vollste"* vor der dann attestierten Zufriedenheit durchgestrichen.

Aus der folgenden Zeit ist bis auf eine Atlantiküberquerung im Jahr 1904 nichts Wesentliches bekannt. Allerdings beschwerte er sich von Deutschland aus beim Kolonialministerium in Berlin über die

## Zweiter Teil

Abrechnung seines Einkommens beim Ausscheiden in Südwest und erreichte eine kleine aber nicht wesentliche Korrektur. Aus der entsprechenden Korrespondenz geht hervor, dass er sich am 19.7.1904 in Kiel aufhielt. Im Vorgriff auf die weiteren Ereignisse sei erwähnt, dass Emil erst im Frühjahr 1905 wieder in das Schutzgebiet zurückkehrte.

So war er also im turbulenten Jahr 1904 nicht in Südwest. Dieses Jahr war von einem Ereignis ausgefüllt, das die Siedler in Deutsch-Südwestafrika tief verunsicherte, die Schutztruppe und den Generalstab im Deutschen Reich herausforderte und deutsches Militär und deutsche Politik mit Schuld belud, einem Ereignis, das heute - genau 100 Jahre später - völlig anders als damals bewertet wird, weil es auf ein geändertes Bewusstsein trifft. Es ist der Aufstand der Hereros, dessen Bekämpfung heute nicht nur von den meisten Historikern, sondern auch von der Öffentlichkeit überwiegend als Völkermord angesehen wird.

Als 1911 - fünf Jahre nach dem faktischen Ende der Erhebung - die überlebenden Hereros gezählt wurden, waren es noch 15.000. Die Schätzungen zur Hererobevölkerung vor dem Aufstand schwanken zwischen 35.000 bis 100.000. Wenn die Realität bei 60.000 gelegen haben sollte, wären 75% dem militärischen Vorgehen der Schutztruppe unter General von Trotha und den anschließenden Konzentrationslagern zum Opfer gefallen.

*Der Aufstand war am 14. Januar 1904 ausgebrochen. Dem auf Verhandlungen mit den Aufständischen setzende Gouverneur Leutwein wurde bald darauf durch den Generalstab des Deutschen Reichs der Oberbefehl entzogen und dem skrupellosen Generalleutnant von Trotha übertragen, der am 11. Juni in Namibia eintraf. Als Folge der Schlacht am Waterberg am 14. August 1904 wurden das Volk der Herero in die wasserlose Omaheke, einem Teil der Kalahari-Wüste, getrieben. Fluchtmöglichkeit gab es nur für wenige. Ein Entrinnen durch Ergeben war wegen der Besetzung und des Unbrauchbarmachens der Wasserstellen in Verbindung mit dem berüchtigten Befehl von Trothas vom 2. Oktober 1904 nicht möglich. „Ich, der große General der Deutschen [...]. Das Volk der Herero muss das Land verlassen. Wenn das Volk dies nicht tut, werde ich es mit dem Groot Rohr dazu zwingen. Innerhalb der deutschen Grenzen wird jeder Herero [...] erschossen. Ich nehme keine Weiber und keine Kinder mehr auf, treibe sie zu ihrem Volke zurück oder lasse auf sie schießen. Das sind meine Worte an das Volk der Herero. Der große General des mächtigen Kaisers. v. Trotha."*[87]

Stellvertretend für die Eingeborenensicht soll das folgende Zitat stehen:

> *„Die Deutschen haben uns das Land genommen, ein Platz nach dem anderen ist in ihre Hände übergegangen, und kürzlich wurde uns gesagt, dass uns nur ein kleines Stück in der Omaheke gelassen würde. [...]; auf das übrige Land dürften wir unseren Fuß nicht mehr setzen. Das konnten wir nicht länger ertragen; es ist ja doch unser Land! Dann haben uns die Händler unser Vieh geraubt durch List oder unehrlichen Handel. Das wollten wir auch nicht länger dulden. Und endlich sind viele von unseren Leuten von den Deutschen misshandelt und getötet worden, und wir sahen kein gerechtes Gericht."*[88]

In diesem für das Schutzgebiet ereignisreichen Jahr 1904 überquerte Emil zum zweiten Mal in seinem Leben den Atlantik von Hamburg nach New York, diesmal mit dem Dampfschiff Moltke[89] - ab Hamburg 24.8.1904 - an New York 2.9.1904.

---

Vermerke in der Schiffsliste der Moltke:

14. Zeile = Emil Teuthorn 24 Jahre, final destination Hoboken N.J., Geld 75 $ [Mindestbetrag war 50 $], When ever before in the US, where and when = 1895-1899 New York and Chicago, Besuchsziel = brother in law John Hessel [Ehemann seiner Schwester Petra]

---

Zwar besuchte er in den U.S. die Familie seiner Schwester Petra, aber es ist doch wohl naheliegend, dass sich der nun 24jährige auch mit neugierigem Blick nach den Möglichkeiten in den USA umsah. Knapp ein Jahrzehnt zuvor hatte er das Land der unbegrenzten Möglichkeiten zum ersten Mal als Zwischendeckspassgier betreten,

---

[87] Andreas Heinrich Bühler: Der Namaaufstand gegen die deutsche Kolonialherrschaft in Namibia von 1904-1913, S. 134.
[88] zitiert nach Michel Vesper: Überleben in Namibia. Homelands und kapitalistisches Weltsystem, Bonn 1983, S. 81, in Andreas Heinrich Bühler: Der Namaaufstand gegen die deutsche Kolonialherrschaft in Namibia von 1904-1913, S. 115.
[89] Teu-Arch 1016

## Zweiter Teil

jetzt kam der junge Mann, der es in Deutsch-Südwestafrika mit Fleiß und Sparsamkeit zu bescheidenem Auskommen gebracht hatte, als Kabinenpassagier in New York an.

Er besuchte also seine Schwester Petra, zu der er von allen Geschwister das innigste Verhältnis hatte. Der Kontakt zu ihrer Familie, den Hessels, setzte sich bis nach dem 2. Weltkrieg fort, als er insbesondere mit seiner Nichte Fanny in regem Briefwechsel stand und direkt nach dem Krieg auch Hilfspakete aus den USA den Weg nach Greifswald fanden. Was aber auch immer außer dem Wiedersehenswunsch seine Gedanken gewesen sein mögen, er setzte seine Reise nach Deutsch-Südwestafrika Anfang des nächsten Jahres fort, wo er am 14. März 1905 zum dritten Mal in Südwest landete[90] und wieder im Hauptmagazin der Eisenbahn beschäftigt wurde.

Den bereits niedergeschlagenen Hereroaufstand kann er also nur in den Auswirkungen auf seine Aufgabe bei der Bahn gespürt haben. Ebenso werden die Dinge hinsichtlich der anschließend ausgebrochenen Erhebung der Nama liegen. Und da war genug zu tun. Denn es hatte sich bald herausgestellt, dass die Staatsbahn ebenso wie der Hafen von Swakopmund, den logistischen Anforderungen, die die Transporte aus Deutschland zur Verstärkung der kämpfenden Truppe stellten, nur schlecht gewachsen war. - Reflektionen Emils oder erlebte Begebenheiten aus dieser Zeit sind nicht überliefert. Allerdings erinnere ich mich, dass sich in seinen Erzählungen die Hereros als stolze Viehhirten und Krieger irgendwie von den Hottentotten und Ovambo abhoben.

Emil und die Eisenbahnverwaltung blieben auch in den nun folgenden 1 ½ Jahren problematische Antipoden. Weil sein Gesuch um Gleichbehandlung beim Lohn mit den anderen Bürogehilfen unbeantwortet blieb, sah er sich nach anderen Möglichkeiten um. Als die Bahn endlich auf seinen Wunsch einging, war es für ein Bleiben zu spät. Emil hatte inzwischen einem Bekannten zugesagt, dessen Store in Swakopmund während dessen Deutschlandreise vertretungsweise zu leiten. In der Familie ist überliefert, er habe zunächst Zweifel gehabt, diese Verantwortung zu übernehmen. Der Geschäftsinhaber

---
[90] Emil Lebenslauf 1910.

habe darauf aber nur gesagt: *"Teuthorn, Sie können das."*[91] In Verbindung mit seiner frühen Aussage aus den ersten Amerikajahren, er habe versucht, sich zum Verkäufer auszubilden, liegen hier die Wurzeln zu seiner späteren erfolgreichen Geschäftstätigkeit im Handel.

Direkt im Anschluss an diese Tätigkeit verließ er das Land ein weiteres Mal. Am 17. März 1907 hatte er an seine Schwester Luise Prellberg und seinen Schwager nach Hoboken geschrieben:

> *"Am 1. April höre ich hier auf. Nichts mehr zu tun. [...] Fahre voraussichtlich am 7. April nach Hamburg, auf Mutters Briefe hin fahre ich über Deutschland entweder nach Kanada oder Südamerika. Beabsichtigte via Kapstadt nach S.[üd] Amer.[ika] zu fahren, doch leider ist Mutter ernstl.[ich] sterbenskrank deshalb möchte ich noch einmal Freude bereiten zumal Fahrt nicht viel teurer."*

Während Südamerika eine Idee blieb, wurde Nordamerika wahr. In seinem Lebenslauf für die Verbeamtung aus dem Jahre 1910 sagt Emil dazu:

> *"Am 7. April 1907 verließ ich Südwest, fuhr nach kurzem Aufenthalt in Deutschland wieder nach Amerika mit der festen Absicht mir dort ein dauerndes Heim zu gründen. Ich durchquerte, die verschiedensten Arbeiten verrichtend, die Union; bei Ausbruch der Krisis, Ende vorigen Jahres arbeitete ich in einer Sägemühle im äußersten Nordwesten und wurde beim allgemeinen Niederschluss der Mühlen, mit 1000den anderer Leute entlassen. Die großen Städte boten ebenso wenig Aussicht auf Beschäftigung, die Aussicht auf Arbeit in Faktoreien erschien mir so gering, dass ich mich entschloss nach hier zurückzukehren. Am 5. Mai dieses Jahres [1908] landete ich zum letzten Mal in dieser Kolonie und wurde wenige Tage darauf in Karibib vom Herrn Maschinenmeister Krause eingestellt und nach weiteren drei Tagen nach Windhuk versetzt."*[92]

Offensichtlich war er von Amerika noch stärker als von Südwestafrika fasziniert, fand aber dort keine gute Chance. Das mag auch daran gelegen haben, dass er ja nach dem Schulabschluss in Kiel keinen Beruf erlernt hatte und deshalb anders als gleichzeitig ausgewanderte Handwerksgesellen, nicht zu den gesuchten Fachkräften gehörte. Obwohl er immer stolz darauf war, was er im

---

[91] Erinnerung Klaus T. Juli 2004.
[92] Emil Lebenslauf 1910.

## Zweiter Teil

Leben erreicht hatte, war er sich doch auch der durch seine Bildung begrenzten Möglichkeiten bewusst.

> *"Oft habe ich in meinem Leben bedauert, nur eine Mittelschule besucht zu haben, aber es lag damals nicht so einfach für meine alten Eltern."*[93]

Es gibt Anfang des Jahres 1908 ein Ereignis, das Emil in seinem offiziellen Lebenslauf natürlich nicht erwähnt. Er reiste Anfang April 1908 von Stettin über Berlin und Antwerpen nach Deutsch-Südwestafrika zurück. Warum Stettin? Eine unscheinbare, ganz eng mit kleinen Buchstaben beschriebene Postkarte entpuppt sich als wichtiges Dokument hinsichtlich Emils emotionalen Zustandes und seines Reiseweges in diesem Frühjahr 1908. Die in der Fotokiste meiner Kusine Inge Schweißhelm gefundene Postkarte zeigt Emil nämlich auf Freiersfüßen. Er hatte sich dort mit Erika Bachmann verlobt.

Um Mitternacht des 10. April 1908 muss Emil wohl in Stettin aufgebrochen sein. Um 6 Uhr 15 trifft er in Berlin ein, wo er sich sofort zum Bahnhof Friedrich-Straße begibt. Wenn er kein Gepäck aufgegeben hat, reist er mit nur zwei Gepäckstücken. Bis zur Weiterfahrt um 9:50 kümmert er sich um Fahrplan und Fahrkarten und schreibt dann auf dem Postamt Dorotheenstraße die eng beschriebene Karte an Erika. - Sein Ziel ist Antwerpen. Er wird also die Rückfahrt nach Deutsch Südwest auf der Route Antwerpen - Swakopmund machen.

So stark ist seine Verliebtheit, dass es scheint, als ob er Erika erst ganz kürzlich kennengelernt hätte. – Jedenfalls nimmt er hier von seiner Braut Abschied, die - wie wir aus Erikas Tagebuch wissen – im Sommer 1909 in Swakopmund landen wird.

> *„Berlin 10.4.08 Post Dorotheenstr. 24*
> 
> *Mein herziges Liebs! Um 6:15 traf ich hier ein, nahm in jede Hand ein Gepäckstück und war 6:30 Friedr. [ichstraße?] Bahnhof. Hier hab ich m. Gepäck in Aufbewahrung gegeben. Billet für den Zug besorgt, der 9:50 von Friedr. Bahnhof abfährt, treffe lt. Auskunft des Inf. Büros um 10:45 Antwerpen-Zeit in A. ein, also richtig früh. In Düsseldorf muss ich .... den Zug ... - Ein wenig aufgeregt ist dem kl. [...], my heart is beating rather fast*

---

[93] Emil 24.1.1957.

> *and my hand shivers, aber mein Schatz, du wirst es schon entziffern können. Du meine innig geliebte Erica 1000 Dank. Liebe... mein Herz, meine Gedanken, die wollen nicht von Stettin fort, doch mein Liebling, wir sind ja nie, nie getrennt. Nun will ich ein bißchen gehen und nachher ein bißchen essen. Du stehst mir immer zur Seite mein Schatz. Seid alle gegrüßt, alle, alle von Eurem Emil, Dir innig Geliebte sende ich Küsse, die Blumen auf der andern Seite"* [und das weitere Liebesgestammel ist nicht mehr recht entzifferbar, aber auch von keiner besonderen weiteren Erkenntnis.]

Lange hatte ich gerätselt, wie Emil und Erika sich kennenlernten, wie er dazu kam, seine Braut gerade in Stettin zu finden. Die Lösung ist wohl relativ einfach. In Swakopmund und Windhuk gab es einige Stettiner[94], die in der Heimat die Nachricht von einem interessanten, ehrgeizigen und erfolgreichen Junggesellen verbreitet haben könnten. Auch der schon erwähnte Swakopmunder Geschäftsmann, den Emil im Urlaub vertreten hatte, soll ein Stettiner gewesen sein. Vor allem über diese Bekanntschaft könnte der Kontakt zu Erika Bachmann zu Stande gekommen sein.

## *Die zweite Dekade in Deutsch Südwest - 1909 bis 1919*

Am 27. Juli 1909 beantragte Emil Heiratsurlaub:

> *"bitte ich gehorsamst um 14tägigen Urlaub beginnend am 6. August zwecks Abholung meiner Braut von Swakopmund, Verheiratung und Einrichtung meiner Wohnung."*

Seine Braut war bereits seit dem 8. Juli 1909 an Bord der Prinzessin, die sich zielstrebig der afrikanischen Küste näherte.

> *"[...] bis wir am Sonntag, den 8. August 1909 vor Swakopmund lagen. Die Brandung tobte, und die Dünung war so stark, daß die Koffer in der Kabine umher rollten, ein Sofa zerbrach [...] An Landen war gar nicht zu denken! [...] am Dienstag lagen wir immer noch vor Swakopmund und der Kapitän gab schon den Befehl heraus: "Weiterfahren bis Lüderitzbucht", da endlich flaute die Brandung etwas ab und es wurde die Erlaubnis zum Landen gegeben, allerdings auf eigene Gefahr! Ich war mit im ersten Brandungsboot und werde diese tolle Fahrt mein Lebtag nicht vergessen. Schon das Ausbooten war eine große Schwierigkeit. Auf einem Brett war*

---

[94] Mehrere Erwähnungen in Erika Bachmanns Tagebuch.

## Zweiter Teil

*ein Korbstuhl festgemacht, auf dem eine Dame Platz nehmen konnte, 3 - 4 Herren stellten sich herum, hielten sich an den Tauen fest und dann wurde man mit einem Kran über Bord geschwenkt und hing plötzlich zwischen Himmel und der brausenden See. Dann musste der Moment abgewartet werden, wo sich das große Brandungsboot in einem Wellental befand und dann landete man recht unsanft im Boot, wurde pudelnass durch die überstürzenden Brecher und die tolle Fahrt durch die Brandung begann. An der Brücke angekommen begann dasselbe Manöver mit dem Ausbooten und der Kran schwenkte einen mehr tot als lebendig auf die Brücke. Da standen die diversen "Bräutigamer" mit ihren Sträußen, die schon tagelang auf die Herzallerliebste warten mussten und die wohl diese hohe Brandung genug verflucht hatten. Die Wiedersehensfreude war groß und strahlend empfing mich Emil und brachte mich zu seinen Freunden, Familie Schneider, wo dann am 12. August unsere Hochzeit stattfand. [...] Eine Kirche hatte Swakopmund damals noch nicht und so wurden wir von Missionar Vedder bei Schneiders in der Wohnung getraut. Eine versenkbare Nähmaschine war zum Traualtar umgewandelt, ein paar kümmerliche Palmen waren die Dekoration, mein Brautstrauß bestand aus einem Gebinde von grünem Spargelkraut und in der Mitte steckte eine einzige Nelke! Schön war er nicht, aber dafür teuer [...]."*

Während Erika diese improvisierte kirchliche Hochzeit erinnert, gibt es in der Personalakte Emils noch eine Kopie der Standesamtlichen Handlung. Diese ist ein in sprachlicher Verschrobenheit und Umfang (2 ½ Seiten) ein schreckliches aber gerade deshalb wunderbares Dokument preußischer Verwaltungsperfektion. Man muss sich daran erinnern, dass am 1. Oktober 1874 in Preußen die Zivilehe eingeführt wurde und mit ihr die standesamtlichen Beurkundungen begannen. Für Deutsche im Ausland galt schon eine frühere Regelung aus dem Jahre 1870 [95]. Der dokumentierte hoheitliche Akt hört sich im Deutschen Schutzgebiet Südwestafrika in Auszügen wie folgt an:

*Nachstehende Verhandlung, welche Blatt 169 Band 4 des bei dem Kaiserlichen Bezirksamte zu Swakopmund in Gemässheit des Reichsgesetzes vom 4. Mai 1870 geführten Registers über Eheschließungen eingetragen ist, und welche wörtlich wie folgt lautet:*

---

[95] Angehörige des Deutschen Reichs können im Ausland nach dem Bundes- (Reichs-) Gesetz vom 4. Mai 1870 auch vor einem zuständigen Reichskonsul oder vor einem sonst hierzu ermächtigten diplomatischen Vertreter rechtsgültig eine E. schließen. (4. Auflage von Meyers Konversations-LexikonBibliographisches Institut Leipzig und Wien 1885-1892)

## Emil Teuthorn - Kurzbiographie

*Verhandelt zu Swakopmund, den zwölften August Eintausendneunhundert neun: Vor mir, dem unterzeichneten Beamten, erschienen heute im Amtslokale, bekannt und verfügungsfähig:*
*[...] der <u>Emil</u> Johannes August Teuthorn und die <u>Erika</u> Martha Therese Bachmann erklärten, daß es ihre Absicht sei, eine Ehe mit einander einzugehen und dieselbe in der durch das Gesetz vom 4. Mai 1870 (Bundesgesetzblatt, Seite 599, Reichsgesetzblatt 1896, Seite 614) vorgeschriebenen Form abzuschließen.*

*Da die in diesem Gesetz angeordneten Förmlichkeiten erfüllt sind, so richtete ich, der unterzeichnete Beamter, in Gemäßheit des § 7a des genannten Gesetzes sowohl an den Emil [...] als auch an die Erika [...] diese ihre Absicht durch ein deutliches "Ja" zu bekunden.*
*Nachdem von beiden Teilen die Bejahung dieser Frage in einer der Aufforderung entsprechenden Weise erfolgt war, so erklärte ich, der unterzeichnete Beamte, daß der Emil J... A ... Teuthorn und die Erika M.... Th.... Bachmann kraft dieses Gesetzes nunmehr rechtmäßig verbundene Eheleute seien. .........*

*.... unter Siegel und Unterschrift des Kaiserlichen Bezirksamtes Swakopmund ausgefertigt.*

*Swakopmund, den 3. September 1909*
*Der Kaiserliche Bezirksamtmann* [96]

Am 14.8.1909 trat das Ehepaar Teuthorn dann mit dem für Emil so vertrauten Verkehrsmittel, die dreitägige Bahnfahrt an.

*"unsere Reise ins Innere an; die endlose Namib umfing uns, gewaltig und schön in ihrer Einsamkeit. Die Fahrt ging weiter durch das wilde Khangebirge und dann am 16.8.1909 abends erreichten wir unser Ziel Windhuk. - In Klein-Windhuk hatte Emil ein nettes Häuschen gemietet. Mit meinen schönen Tropenmöbeln und all den Andenken aus der Heimat haben wir uns das kleine Haus sehr behaglich eingerichtet und sehr schöne glückliche Monate dort verlebt."*

Im Februar bezogen Emil und Erika das inzwischen erworbene Haus Erica im Klein-Windhuker Tal. Im Juni 1911 gab es einen weiteren Umzug. Wie Erika in ihr Tagebuch schreibt,

---

[96] Bis 1870/74 waren die Pfarrer bei ihrem handschriftlichen Kirchenbucheintrag mit jeweils einer drittel, höchstens einer halben Seite kleineren Formates ausgekommen.

## Zweiter Teil

*"verkauften wir ziemlich plötzlich unser Grundstück im Tal, weil wir inzwischen ein weit schöneres am gegenüberliegenden Berghang erworben hatten. Ein Wohnhaus war allerdings darauf nicht, nur ein kleiner primitiver Bau, in dem wir unsere Möbel bis zur Fertigstellung des neuen Hauses unterstellen konnten."*

Am 1. April 1910 war Emil Gouvernements-Beamter geworden. Im Antrag hierzu heißt es:

*"versieht seit fast 2 Jahren die Geschäfte eines Registrators bei der kaiserlichen Eisenbahnverwaltung. Diese Stellung erfordert besondere Zuverlässigkeit, Umsicht und Verschwiegenheit. Ich bitte daher Herrn Teuthorn, der sich als fleißig und zuverlässig erwiesen hat,"* etc.

Am 4. Dezember 1910 wurde dem Ehepaar der erste Sohn, Joachim Christian, geboren. Am 19. Januar 1913 folgte Heinz Walter Hugo und am 13. November 1916 war bei Mutter Erika die Enttäuschung groß, dass statt des gewünschten Mädchens wieder nur Jungennamen ausgewählt werden mussten. Seine Namen sind Konrad Walter Wilhelm. - Die ausgesuchten Namen haben folgende Bezüge: Mit Joachim geht Emil ganz bewusst auf den Namen des ältesten bekannten Vorfahren seiner Ahnenlinie zurück, mit Christian auf Erikas Vater Bachmann, mit Walter auf Erikas bewunderten Bruder, mit Hugo auf Erikas Onkel mütterlicherseits Hugo-Matthias Corvinus und mit Wilhelm auf Emils Vater.

Ihren ersten und auch letzten Deutschlandurlaub trat Erika alleine mit dem kleinen Jo am 12. August 1912 an. Emil brachte sie zum Schiff und folgte wohl am 1. Dezember.

*"Wir verlebten auch noch eine nette Woche in Swakopmund zusammen, allerdings bei recht kaltem, nebligem Wetter, so daß der kleine Jo von dem Aufenthalt an der See nicht viel hatte. [...] Schön war die Reise mit dem "Adolph Woermann" gerade nicht. Der alte Klapperkasten hatte einen Kesseldefekt und wir lagen oft stundenlang still, [...] und erreichten Hamburg mit drei Tagen Verspätung."*

Am 19. Mai 1913 traf die Familie gemeinsam wieder in Swakopmund ein. 1914 kappte der Weltkrieg alle Reisemöglichkeiten in die Heimat und auch die briefliche Kommunikation war stark eingeschränkt. Erika vermerkte:

## Emil Teuthorn - Kurzbiographie

*"Im August 1914 war ja nun der schreckliche Krieg ausgebrochen; alles kam für uns wie aus heiterem Himmel, und wir waren nun plötzlich abgeschlossen von der Heimat. Wir alle waren damals der Meinung, daß der Krieg in der Heimat entschieden und ausgekämpft würde und kamen gar nicht auf den Gedanken, daß es zu einem Kampf im Schutzgebiet kommen könnte. Wir hatten ja nur die kleine Schutztruppe von 2000 Mann und waren überhaupt nicht auf einen Krieg vorbereitet. - Es kam aber anders! Die Engländer beschossen unsere wehrlosen Städte und fingen an, uns anzugreifen. [...] So kam für uns das traurige Weihnachten 1914 heran, ohne jede Kunde von der Heimat und unseren Lieben. Die Kinder merkten natürlich nichts von unserer Niedergeschlagenheit. [...]."*

*56 Emil in Schutzruppenuniform*

*" Im Frühjahr 1915 traten auch Vater und Onkel Thomas als Kriegsfreiwillige ein und die Jungen, deren Wut auf die heranrückenden Engländer + Buren groß war, waren sehr stolz, daß auch ihr Vater Soldat war. [...] Am 4. Mai 1915, als die Engländer dicht vor Windhuk waren, rückte als letzte auch die Eisenbahnkompagnie ab. Dem Vater wurde nun doch das Scheiden sehr schwer, wenn er auch andererseits sehr froh war, endlich ins Feld zu kommen. Die Eisenbahner rückten auf Ochsenkarren ab, und ich war mit Jo den ganzen Tag in Windhuk, um den Vater fortzubringen. Für Jo war das bunte Leben sehr amüsant. Was ahnt solch Kind von Krieg und Sterben! - Für uns zurückgebliebene Frauen und Kinder folgten nun schwere Tage. Man hatte uns fast ohne Schutz zurücklassen müssen; die wenigen Männer, die nach da waren, bildeten zwar eine Bürgerwehr, aber was hätten sie uns helfen können im Ernstfall? Man rechnete allgemein mit einem Eingeborenenaufstand und dem Gesindel war ja auch alles zuzutrauen. [...] Schließlich waren wir aber doch erlöst, als die Engländer anrückten und von Windhuk Besitz ergriffen. Es war zwar für uns ein furchtbarer Anblick, als die endlosen Kolonnen mit Autos und allem Kriegszubehör heranrückten und wir zum ersten Mal den Krieg auch bei uns erlebten. Aber wir waren wenigstens nicht mehr den Eingeborenen hilflos ausgeliefert. Allerdings ging nun ein Rauben und Plündern los, von dem man sich gar keinen Begriff machen kann. Gott sei Dank hat mir mein*

## Zweiter Teil

*Beherrschen der englischen Sprache große Dienste geleistet, und ich konnte von unserem und auch dem Thomas'schen Grundstück verschiedene Male das Burenpack fortjagen. [...]*
*Am 12. Juli 1915 endete der Krieg in Südwest mit der Übergabe bei Khorab. 70.000 Mann hatte man gegen uns mobilisiert und dieser 10fachen Überlegenheit waren wir natürlich unterlegen. Vom Vater hatten wir die ganzen Monate nichts gehört., und im August stand er plötzlich eines Tages vor uns, gesund und dick geworden, und die Wiedersehensfreude war groß. [...]"*

Das Beamtenverhältnis bestand während der englischen Besatzungszeit ab Mitte 1915 bis zur Ausweisung und Ankunft in Deutschland fort. Seine Frau Erika berichtet: *„Natürlich ist alles teuer; aber wir bekommen durch Vermittlung der Schweiz doch unser Gehalt."* Allerdings war er als Beamter dann wohl weitgehend vom Dienst suspendiert. Denn Erika berichtet weiter:

*„Um die Zeit (S. 56) totzuschlagen und auch um uns pekuniär besser zu stehen, hat Vater jetzt einen schwungvollen Butterhandel angefangen. Er bekommt von einer bekannten Farm 4-6 Zentner Butter wöchentlich, die er durch Eingeborene austragen lässt und womit fein verdient wird.[97]"*

Am 1. Juli erlitt die Schutztruppe ihre letzte und endgültige Niederlage bei einem Gefecht bei Otavi, westlich von Grotfontein. Am 9. Juli 1915 unterzeichneten Gouverneur Seitz und Oberstleutnant Franke eine Erklärung über die Übergabe der deutschen Schutztruppe an die Südafrikanische Union. Der aktive Teil der Schutztruppe wurde in einem Lager bei Aus interniert, die Reservisten konnten nach Deutschland zurückkehren. (Wikipedia 10/2006) Die internierten Schutztruppler beschäftigten sich u.a. mit Schnitzarbeiten. Emil Teuthorn brachte 1919 ein handgearbeitetes Schachspiel mit nach Deutschland, das mit "Lager Aus 1918" signiert ist. Dieses schön gearbeitete Spiel befindet sich heute noch in meinem Besitz.

---

[97] Klaus Teuthorn zitiert seinen Vater Emil: Er habe während der Kriegszeit Butter und Eier in der Umgebung, in den Bergen aufgekauft. Dies sei ihm deshalb gelungen, weil er den Farmern versprochen habe, ihnen ihre Produkte nicht nur in diesen, sondern auch in besseren Zeiten abzunehmen.

## Emil Teuthorn - Kurzbiographie

*57 Schachspiel aus dem Gefangenenlager Aus*

Über die folgenden drei Jahre zwischen der Kapitulation der Schutztruppe und dem Ende des Krieges berichtet das Tagebuch wenig, vor allem Privates zu den Kindern, der Nachbarschaft, Ausflügen und dem offensichtlich ruhigen Alltagsleben. Zu Emils Beschäftigung gibt es kaum Aussagen. Da ist vor allem der schon erwähnte Hinweis auf den erfolgreichen Butterhandel sowie der Hinweis auf das aus der Schweiz kommende Gehalt und daraus natürlich der Rückschluss, dass die Tätigkeit bei der Bahn entweder aufgehört hatte oder zumindest eingeschränkt war, denn hoheitliche Aufgaben waren ja nun von den Südafrikanern übernommen worden.

    Die Beschreibung der folgenden Zeit folgt in einigen Teilen den entsprechenden Passagen des Buches zu Erica und damit dem Text, den ich bereits 2012 für die engere Familie unter dem Titel 'Erinnerungen an Großmutter Erica' zusammengestellt hatte[98]. Ich

---

[98] Teuthorn, Peter: Erinnerungen an Großmutter Erica 1885 – 1970, Ihre Zeit und ihre Familie, Gilching 2012.

übernehme nur die Teile, die zum Verständnis von Emils weiterem Lebensweg nötig sind.

## *Ausweisung*

> *„Plötzlich, am 19. April 1919 kam der Ausweisungsbefehl durch die englische Regierung! Ein Donnerschlag für uns alle. Damit hatte niemand gerechnet! Wir alle glaubten, Südwest müsse ja deutsch bleiben, und so sehr wir den Urlaub herbeisehnten, genau so rechnete jeder mit der Rückkehr ins Schutzgebiet! Nun war mit einem Schlag alles anders. Schutztruppe, Polizei und Beamte mußten innerhalb von 3 Wochen reisefertig sein. Auch Privatpersonen wurden zu Hunderten ausgewiesen. Gründe wurden nicht angegeben! [...] Vater und ich gingen sofort zum stellvertretenden englischen Gouverneur und schilderten unseren Fall. - 20 Jahre Südwest - dort Heimat - erst im Schutzgebiet Beamter geworden usw. Es war alles zwecklos. Major Herbst, dieser Mann mit dem deutschen Namen, lächelte ironisch und meinte auf Englisch, es sei eben Krieg und Härten unvermeidlich! Wir könnten ja vielleicht in 5-10 Jahren wiederkommen!! Damit war unser Schicksal entschieden. Wir mußten unsere gute Existenz, unser schönes Heim, alles was uns lieb war im Stich lassen und wurden mit Tausenden, denen es ähnlich ging, ausgewiesen. Hals über Kopf wurde nun verkauft."*

Die Zeit für Haushaltsauflösung und Verkauf ihres Eigentums war also knapp. Da ihr Schicksal ja nur eines von vielen war, waren die Umstände für einen guten Verkauf nicht günstig. Immer muss man in einem Verkäufermarkt Einbußen hinnehmen. Trotzdem konnten sie mit einem Erlös von 60.000 Goldmark relativ zufrieden sein. So schien es zunächst. Es war in diesen Tagen für sie noch unvorstellbar, dass ihr kapitalisiertes Vermögen nach der Ankunft in Deutschland durch die einsetzende Inflation ganz schnell zusammenschmolz.

Das begrenzte Reisegepäck musste sorgsam gewählt werden. Viele wichtige Dinge mussten zurückbleiben. In das Reisegepäck gehörten natürlich auch ideelle Familienschätze wie Emils Frankenhäuser Stammtafeln und die Familienbibel, die noch von Emils Großmutter Nagel stammte. Dieses Familienkleinod erhielt Peter ein halbes Jahrhundert später als Geschenk von seiner Großmutter mit der Erklärung zu den Schäden am Einband. Sie rühren von Termitenfraß her.

## Rückkehr nach Deutschland

Für Emil und Erica war es ein Schock, die Folgen des Krieges in der Heimat erleben zu müssen.

> *„Die Verhältnisse in Deutschland werden immer trauriger. Nichts als Streiks und Unruhen und die Preise schnellen wahnsinnig in die Höhe. Alles kostet das 10fache von einst. Und das Volk arbeitet nicht, jeder hat Geld und amüsiert sich; überall Tanz u. Bums. Am meisten leiden die Rentner und Beamten, überhaupt der solide Mittelstand. Auch wir verbrauchen dauernd vom Kapital, denn das Gehalt reicht bei weitem nicht aus, um das Leben zu fristen. - Ein Paar kl. Schuhe für Konrad kosten 80 M., 1 Pfund Butter 18,00, ein einfaches Kostüm für mich 600,00 usw."*

> *„Das neue Jahr [1920] hat seinen Einzug gehalten! Was mag es unserem Vaterland bringen? Es sieht wieder sehr düster politisch aus. Der Friede ist zwar ratifiziert, aber nun heißt es, alle unerfüllbaren schmachvollen Bedingungen des Diktats von Versailles zu erfüllen. Von allen Seiten strömen die armen Ausgewiesenen in das schon so ausgepauverte Mutterland. Raub und Mord stehen auf der Tagesordnung, es wird von Tag zu Tag verrückter."*

Was sollte Emil in Deutschland machen? Eine Tätigkeit musste ausreichende Einkünfte bringen, um nicht nur die fünfköpfige Familie zu unterhalten, sondern auch den aus Afrika gewohnten Lebensstandard zu erhalten. Aber auch ein weiterer Aspekt war wichtig. Seine Arbeit durfte ihn nicht auf ein Büro einengen. Es musste wohl eine Beschäftigung sein, die Bewegung an frischer Luft ermöglichte, außerdem ausreichend Freiheit vor Bevormundung und Gängelung und vor allem Kontakte, Gespräche (z.B. Verhandlungen) mit anderen Menschen. So gab er die Möglichkeit bald auf, in Berlin im Kolonialministerium tätig zu sein und suchte sich selbständig zu machen.

Die Familie war zunächst in Stettin in einer Wohnung der Schwiegereltern Bachmann untergekommen. Aber offensichtlich blieben sie nicht lange dort, wie sich Emils jüngster Sohn Klaus an die Erzählungen seines Vaters erinnert. Die nächste Station soll Ahlbeck auf Usedom, dann Swinemünde gewesen sein.

## Zweiter Teil

Emil hat während dieser Zeit, also im Herbst 1919, kurz auch einmal mit dem Gedanken gespielt, sich der Fischerei zuzuwenden.[99] Dazu berichtet Erika:

> *"Vater sucht auch nach einem anderen Wirkungskreis. Er, der von frühester Jugend an nur draußen war, - in Amerika und in Afrika - kann sich als Beamter im Kolonialamt bestimmt nicht einleben. Im Herbst war er bei Onkel Walther, war vom Fliegen begeistert und hatte die Absicht, die Hochseefischerei kennenzulernen. Der erste Fang war eine Mine, die sie draußen auffischten. Vater ist aber auf dem Fischkutter derartig seekrank gewesen, daß er von diesem ersten Versuch rasch kuriert war."*

Die nächste Station war das nördlich von Greifswald gelegen Neuenkirchen. (Foto mit Rad) Dann folgte Greifswald, wo er sich endgültig ansiedelte. Greifswald war damals eine aufstrebende Stadt. Sie hatte vor dem 1. Weltkrieg noch 26.200 Einwohner gehabt, zählte aber bereits am 1.12.1921 36.400 Einwohner.[100] Emil wird wohl bereits im Laufe des Jahres 1921 nach Greifswald gekommen sein. Sicher nachgewiesen ist er aber im Adressbuch von 1922, und zwar mit Wohnung in der

Domstraße und Geschäft in der Baderstr. 2. Die erste Eintragung lautet

---

[99] Inge Schweisshelm, geborene Teuthorn, berichtet davon.
[100] Greifswalder Adressbuch 1921, Vorspann. Eingesehen im Stadtarchiv Greifswald.

Obsthandlung (so auch noch 1925), aber bereits 1927 heißt es im Adressbuch Groß- und Einzelhandel. Er ist also Großhändler geworden. 1922 hatte es in Greifswald 12 Obst- und Gemüsehandlungen gegeben. Eine davon lag in der Langen Straße 43 und gehörte Wilhelm Sadewasser. Mit ihm tat sich Emil zusammen und gründete das „Obsthaus am Markt - Teuthorn & Sadewasser" das am 20. Oktober 1927 in der Greifswalder Zeitung seinen neuen Geschäftsstandort bekannt gab.

Weshalb sucht sich Emil gerade Greifswald aus? Er hatte Kontakt zu einem Kreis ehemaliger „Afrikaner", die ihre Erinnerungen an die Kolonialzeit durch regelmäßige Treffen - sogar Aufmärsche - pflegten. Etwa 30 Männer aus Ostafrika, Südwestafrika, Kamerun und Togo sollen zu diesem Zirkel gehört und sich regelmäßig in Greifswald getroffen haben. Dazu sollen auch der Polizeichef von Greifswald und ein Kolonialwarenkaufmann aus Greifswald gehört haben.[101]

Es ist durchaus möglich, dass Emil erst durch diese Kontakte auf Greifswald aufmerksam wurde und dort Entwicklungsmöglichkeiten sah, die auch ihm geschäftliche Möglichkeiten eröffnen könnten.

Aufmärsche und Umzüge waren im Deutschland des Kaiserreiches und anschließend in der Weimarer Republik etwas sehr Vertrautes. Das Dritte Reich konnte später auf dieser Tradition aufbauen und solche Gewohnheiten leicht in seine durchgestylten Propagandainszenierungen einbauen.

> In Greifswald gab es hierzu viele Aktivitäten. Das Vorhandensein von Garnison, Universität und ein reiches Vereinsleben garantierten genügend Masse für solche Veranstaltungen. Beim Durchblättern des Büchleins "Archivbilder Greifswald"[102] wird meine Feststellung durch einige schöne Beispiele für solche Umzüge veranschaulicht, nämlich 1906 zum 450. Gründungsdatum der Greifswalder Universität - ein illustrer Zug nach festgelegtem Muster, Bläser voran, dann die Anführer des Zuges, danach eine Reihe mit einem Fahnenträger, Uniformierte etc., durch die Lange Straße zum Markt. -, 1921 ein ähnliches Bild beim Einzug des

---

[101] Information der letzten beiden Absätze erhielt ich im Juli 2004 von Klaus Teuthorn.

[102] Niebergall, Uwe und Nülken, Bärbel: Archivbilder Greifswald, Erfurt 1999, S. 52, 104, 117.

> Ausbildungsbatallions des Infanterieregiments Nr. 5, dann sogenannte Sedanfeiern anlässlich der Schlacht bei Sedan, Anfang der 30er Jahre Aufmarsch des Turnerbund bei einer Maifeier.
> Was ich dort nicht fand, sind Demonstrationen für den Kolonialgedanken. Aber auch das gab es, nämlich Zusammenhalt und regelmäßige Treffen von Rückkehrern aus den nach dem 1. Weltkrieg verlorenen deutschen Kolonien.

Wie bereits erwähnt hatte sich Emil in Deutsch-Südwestafrika 1915 freiwillig zur Schutztruppe gemeldet, um seine Wahlheimat gegen die Briten zu verteidigen. Für Emils aktives Mitwirken am Wachhalten der Erinnerung an die deutschen Kolonien gibt es bisher zwei Belege.

Die Greifswalder Zeitung berichtete am 12. Februar 1922 über die Wiedergründung der Ortsgruppe Greifswald der Deutschen Kolonialgesellschaft am 5. Februar. Emil Teuthorn ist Gründungsmitglied und fungiert als Beisitzer. *"Dieser völlig unpolitische Verein soll alle Kolonialfreunde ohne Unterschied des Standes, der Religion und des politischen Bekenntnisses umfassen, die Kenntnis unserer alten Kolonien in allen Bevölkerungskreisen erweitern, die Erinnerung an sie und unsere treuen Schwarzen im deutschen Volke wachhalten und zur Wiedererlangung unserer so bitter benötigten Kolonien beitragen."*[103] Außerdem fanden sich in dem Wust alter Fotografien zwei Bilder - wohl aus der ersten Hälfte der 20er Jahre -, auf denen Emil, wenn auch recht verschwommen, in Schutztruppenuniform zu erkennen ist.

Dass das Thema der verlorenen Kolonien nicht nur Nostalgiker umtrieb, sondern durchaus breitere Bevölkerungskreise bewegte, geht auch aus einem Artikel in den Greifswalder Nachrichten vom 20. Oktober 1927 hervor. Unter der Rubrik "Aus Stadt und Land" wurde dort ein Vortrag des Missionsinspektors Weichert angekündigt, eines *"der besten Kenner des heutigen Afrika"*. *"Nicht nur für Missions- sondern auch für Kolonialfragen und für all' die, die wollen, dass das Deutschtum im Ausland gefördert wird und seine ehemalige Achtung wiedererlangt, werden diese Vorträge von großem Interesse sein."*

---

[103] Fund in der Greifswalder Zeitung vom 12.2.1922

*Emil Teuthorn - Kurzbiographie*

Wenn Emil Teuthorn nicht ausschließlich mit der am nächsten Tag stattfindenden Geschäftseröffnung seines "Obsthauses am Markt" beschäftigt war, wird er hier möglicherweise Zuhörer gewesen sein.

## Familie und Partnerschaft

Im Grunde waren Erica und Emil ja ein sehr ungleiches Paar, dem Abenteuerlust, Wagemut, eine wachsende Familie und die Faszination Afrika bisher Zusammenhalt gegeben hatte. Würde dieser im kriselnden Nachkriegsdeutschland bestehen können?

Emils Entscheidung, sich mit einem risikoreichen Handel selbständig zu machen, forderte seinen vollen Einsatz, den er in gewisser Weise auch von seiner Frau erwartete. Das bedeutete jetzt, hinter der Ladentheke Kundschaft zu bedienen. Emil konnte für sein Ziel auch Entbehrungen auf sich nehmen und sich einschränken. Damit aber überforderte er Ericas Möglichkeiten. Sie hatte völlig andere Vorstellungen von ihrem künftigen Leben in Deutschland. Zwar versuchte sie es noch im ersten Geschäft in der Greifswalder Baderstraße hinter dem Fischmarkt, aber als Emil 1927 das Obsthaus am Markt Teuthorn & Sadewasser, Ecke Knopfstraße / Schuhhagen, gründete, war Erica schon nicht mehr dabei. Irgendwann zwischen 1925 und 1926 war es zur Scheidung gekommen.

## Weltkrieg und Nachkriegsjahre

*Wenn dermal einst unser deutsches Vaterland wieder vereint sein wird.*

Diese Worte berühren mich heute noch tief im Innersten. Sie sollten sich als im besten Sinne prophetisch erweisen. Als Emil sie mit klarer Handschrift so in sein Testament schrieb, gab es wohl niemanden in der Familie, der sie nicht für den unrealistischen Traum eines alten Mannes hielt. Emil starb, knapp achtzigjährig, am 19. November 1959. Fast genau 30 Jahre später, am 9. November 1989, öffnete sich die Mauer und brachte am 3. Oktober des Folgejahres die von Vielen nicht mehr für möglich gehaltene Einheit, das Wieder-vereint-sein.

## Zweiter Teil

Natürlich war bis dahin noch einiges geschehen[104], was Emil sich nicht gewünscht hätte. So musste sein Haus am Markt später unter Wert zwangsverkauft werden, als ein gegen Privateigentümer gerichtetes Gesetz zur Sanierung der Altstadt eine andere Lösung der drohenden Enteignung ausschloss.

Emil hat alle Lebensphasen mit Fleiß, Hartnäckigkeit und Durchhaltevermögen gemeistert. Das ging natürlich und vor allem nach seiner Lebenserfahrung nicht ohne eine gewisse Anpassungsfähigkeit, ohne die sein Lebensentwurf nicht zu realisieren gewesen wäre. Er war ja aus der Armut in Kiel nach Amerika geflohen, hatte es in Deutsch-Südwest zu einem bescheidenen Wohlstand gebracht, diesen nach seiner unfreiwilligen Rückkehr wieder zerrinnen sehen, hatte zielstrebig ein eigenes Unternehmen aufgebaut, dieses unter dem DDR-Regime als *Kapitalist* wieder verloren, sodass er am Lebensende mit einem Rest an ohne Verschulden entstandener Schulden eisern daran festhielt, sein Haus am Markt „dermal einst" seinen Söhnen als Erbe schuldenfrei übergeben zu können. Ein Unangepasster jetzt, im Arbeiter- und Bauernstaat!

Was seinen geschäftlichen Erfolg bis Kriegsende betraf, hatte er sich natürlich anpassen müssen. Und ohne Zweifel war er auch Nutznießer der ‚kriegsnotwendigen' Verteilwirtschaft. Auch das erwähnte Schuldenproblem hatte darin seine Ursache. Bei Kriegsende stand er durch einen kurz vor der Kapitulation an die Wehrmacht gelieferten Wagon Zitrusfrüchte mit 10.000 Reichsmark bei der Bank im Obligo. Für den besiegten Staat und seine Wehrmacht, die es nun nicht mehr gab, übernahm niemand dessen Zahlungsverpflichtung. Die nun verstaatlichten Zahlungsansprüche der Bank an den

---

[104] Während die vorangegangene Lebensgeschichte so genau wie möglich recherchiert wurde, verlasse ich mich im Folgenden auf das, was die Zeitumstände in mein Gedächtnis gespült haben. Möglicherweise werde ich damit denjenigen nicht gerecht, die diese Zeit unmittelbarer erlebt haben. Ich muss mich darüber hinwegsetzen. Denn, was ich jetzt nicht aufschreibe, wird in Kürze vergessen sein. Aus Rücksicht auf noch lebende Familienmitglieder ist gelegentlich auch Verkürzung, Anonymisierung und Verfremdung nötig.

Geschäftsmann aber wurden vom neuen Staat eingefordert. Und Emil zahlte sie bis zu seinem Tode in monatlichen Raten ab.

Geschäftlicher Erfolg war nach 1933 kaum gegen die Partei möglich. Wenigstens einer aus der Familie musste guten Willen beweisen. So traf es seinen gutmütigen Ältesten, den Juniorchef. Die Akten des Bundesarchivs lassen keinen Zweifel daran, dass Joachim bereits 1933 Mitglied der NSDAP wurde und später auch Mitglied der SS war. Wie berichtet wird, bestand seine Aktivität allerdings lediglich darin, seine Uniform gelegentlich als Saalordner anzuziehen. Es gelang Emil, seinen Sohn UK (unabkömmlich) stellen zu lassen. Es ist möglich, dass die sicherlich vorgebrachten geschäftlichen Gründe (Kriegswirtschaft) durch den ‚Dienst an der Waffe' seiner beiden anderen Söhne gestützt wurden. Heinz diente in Afrika, Konrad war bereits 1941 in Russland gefallen. Ende 1943 wurde aber auch Jo eingezogen und wurde Flak-Soldat in Swinemünde.

### Emils Familien

Nach seiner Scheidung von Erica Bachmann[105], der Mutter seiner ersten drei Söhne, ging Emil eine neue Verbindung ein, aus der sein vierter Sohn. (*1930) stammt. Als auch diese Ehe endete, hatte Emil nun für drei Söhne direkte Verantwortung. Allerdings gründeten seine beiden ältesten 1934 und 1939 eigene Familien. Als sein Jüngster heranwuchs, war er Alleinerziehender. Im Rentenalter wurde Emil noch einmal Vater.

### Schwierige Zeiten

Ende April 1945 stehen die Russen vor Greifswald. Stadtkommandant Rudolf Petershagen ist ein mutiger Mann. Die Stadt wird durch die kampflose Übergabe vor Zerstörung bewahrt. Im Haus am Markt liegen im Erdgeschoss die Geschäfts- und Lagerräume. Emil wohnt wie bisher im ersten Stock. Von seinem Arbeitszimmer überblickt er

---

[105] Zu Erica Bachmann siehe *Teuthorn, Peter: Erinnerungen an Großmutter Erica. 1885-1070, Ihre Zeit und ihre Familie,* Selfpublishing 2012.

## Zweiter Teil

den Markt mit der Silhouette von Rathaus, Ratsapotheke und Nikolaikirche. Anfang Mai marschieren Gefangenentrupps durch Schuhhagen und Lange Straße. *Emil, dein Sohn Jo ist dabei.* Das Butterbrot, das er ihm zustecken will, wird ihm aus der Hand geschlagen. Weg mit dir alter Mann. Die Richtung ist klar. Russland. Emil wird seinen Sohn nicht wiedersehen.

Das Einzelhandelsgeschäft übernimmt die staatliche Handelsorganisation (HO). Aber er darf einen kleinen Markthandel behalten. Da hinein steckt er nun seine ganze Energie. Im Haus herrscht eine Frau. Sie ist die von seinem Sohn nicht grundlos entlassene Buchhalterin. Ohne sie geht im Hause Teuthorn nichts. Die Enkelkinder dürfen Opas Wohnung, Büro und den Hof nicht betreten. Schwiegertochter Leni sieht Emil „*unter ihrer Knute*". Ende August steht ein Kinderwagen im Hof. Daraus kräht ein Säugling. Er ist eine Sie. Emils Tochter bekommt den Namen seiner Lieblingsschwester.

Auch Heini war in Gefangenschaft, kommt aber frühzeitig zurück und kann sich um seine Familie kümmern. Sohn Jo, mit dem zusammen Emil sein Unternehmen betrieben hatte, ist für unabsehbare Zeit in Russland, seine Familie unter dem Dach im Haus am Markt. Ab und zu schleicht Emil mit einer Schüssel Kartoffeln nach oben und jammert über sein Elend. Die für die Familie bestimmten Care-Pakete unserer amerikanischen Verwandtschaft packt die Frau aus. Gelegentlich kommt ein Rest davon oben an. Die Schwiegertochter strickt auf dem Dachboden für russische Kundinnen, um ihre Familie zu ernähren. Sie räufelt die ihr gebrachten Zuckersäcke auf, verknüpft die Zellulosefäden miteinander, färbt die so gewonnene Wolle und strickt für ihr und das Überleben ihrer Kinder.

Dann ist die Frau weg. Und mit ihr Emils Barschaft, Münz- und Briefmarkensammlung. Das Kind lässt sie da. Alter Mann, was nun? Er liebt seine Tochter über alles. Fotos seines Stolzes mit liebvollen Anmerkungen erreichten Amerika. Aber wie zieht ein Mann ein Kind groß? Wir sind in der Mitte des 19. Jahrhunderts und es ist Nachkriegszeit. So bekommt das Kind Pflegeeltern, und Emil wird der Onkel, der regelmäßig mit Geschenken vorbeikommt. Das Schulkind trifft er zu Spaziergängen. Aus dem Kind wird eine wunderbare Frau.

Nach sechseinhalb Jahren kommt Jo als Spätheimkehrer aus Russland zurück und geht in den freien Westen. Seine Familie darf nicht ausreisen. Sie kann ihm nur per Flucht folgen. Heini flieht über die Ostsee in den Westen. Emil bleibt die Familie seines jüngsten Sohnes und eine treu zur Familie haltende Freundin, die ihm die Buchführung macht. Seine Sorge gilt dem Erhalt seines Besitzes, also dem Haus, das er seinen Söhnen einmal schuldenfrei als Erbe übergeben will. Er sträubt sich mit aller Kraft, seine Lebensleistung zerrinnen zu lassen. Die 50 RM Miete der HO reichen nicht einmal für Fassadenfarbe. Die blättert dann nach kurzem schon wieder ab. *Da sieht man ja, wie die Kapitalisten ihre Häuser verkommen lassen.* So wird man später sagen. Per Gesetz muss man sie enteignen, damit die Fläche der abgerissenen Häuser mit sozialistischer Wohnqualität aufgefüllt werden kann. Das fällt zum Glück nicht mehr in Emils Lebenszeit.

Nach seinem Arbeitstag sitzt er weiter an seinem Schreibtisch über dem Markt und setzt die Korrespondenz mit den Nachfahren seiner Schwestern in Hoboken fort. Erinnerungsstücke wie das Poesiealbum seiner Mutter und alte Familienfotos reisen über den Atlantik. Aber die für die Familiengeschichte so wichtigen Frankenhäuser Stammtafeln übergibt er in Hamburg durch einen Freund an seinen Enkel Peter.

Heinis Familie wagt gelegentliche Reisen über die Zonengrenze nach Greifswald. Jo und Familie bleiben in Hamburg. Sie fürchten den unkalkulierbaren Zorn des SED-Regimes.

Seit 1959 steht Emils Urne auf dem Alten Friedhof in Greifswald. Und dann geschieht dreißig Jahre später das nicht für möglich Gehaltene. Emils Vision des ‚dermal-einst' ist seit Oktober 1990 Realität.

*Zweiter Teil*

# Emils Enkelkinder

| | |
|---|---|
| 1. Familie | Joachim (1910-1976) oo Leni Malinowsky (1913-2007) |
| | Peter   *1939 |
| | Anke   *1941 |
| | Ute    *1942 |
| | |
| | Heinz (1913-1988) oo Edith Wagner (1912-1988) |
| | Inge   * 1934 |
| | Jens   *1942 |
| | Rolf   (1952-1973) |
| 2. Familie | Klaus (*1930) oo Hilde Vogel (1934-2003) |
| | Knut   *1956 |
| | Jörg   *1959 |
| 3. Familie | Petra (*1945) oo Jürgen Urbszat (*1944) |
| | Anne Christin   *1969 |
| | Synnöwe   *1975 |

# Teil DREI

# Verwandtschaft & Orte

Die wichtige angeheiratete Familie der Prellbergs gehört in diese Familiengeschichte. Ebenso Ausführungen zu Orten, an denen sich Familiengeschichte ereignete. Das Material hätte den Fluss der Darstellung im Hauptteil des Buches gesprengt. Deshalb folgen die Ausführungen in diesem Kapitel den Aufzeichnungen, die ich machte, als ich vor längerer Zeit dazu forschte. Darunter sind auch englische Texte.

*Dritter Teil*

## *Verwandtschaft*

### *The Prellberg Family in Bremen*
- Alan Prellberg's great grandparents and earlier generations -

Diederich Wilhelm Prellberg entered Bremen in 1795, and applied for the status of a burger (citizen). Only as a burger would he have the right to buy real estate and to exercise his trade as a master tailor within the city. The foremost step in the procedure was to pay a considerable fee, which, in the 15$^{th}$ century, was 33 grams of silver, i.e. slightly more than one ounce. The next step was the swearing of the burger's oath in front of the city authorities (Rat). Having done this, he not only obtained rights as a burger, but was also charged with duties, the most important of which was to defend the city against fire and enemies.

    In order to exercise his trade, he had to be accepted for membership by the guild (Zunft or Amt) of the tailors. At that time, the exclusivity of guild masters and their journeymen to exercise their trade had already been the subject of much dissention. For example, because of huge demand for tailored products in 1791, guild masters had employed journeymen from outside their local guild and riots erupted among the journeymen. Some years later the master tailors defended their exclusivity.

    Diederich was born about 1765. He is believed to have originated from the dukedom of Hanover, for his wife Ilse Catharina Lucie Marie Reineccius had been born about 1758 in Celle. She was a daughter of Johan Jurgen Reineccius and Dorothea Schäfer. (The name Reineccius[106] is probably a "Latinization" of the original name, a custom practiced by many of the well-educated of the time. This

---

[106] Wohl ursprünglich Reineck, Reinecke

implies that the family may have had some importance in their town.) The further origin of Prellberg ancestors still remains unknown.

We only know about one son from the tailor's marriage. Hinrich Wilhelm Prellberg was born on Sept. 4, 1796 and baptized Lutheran in the Bremen Dom (Episcopal Church). On November 1, 1820 he married Rebecca Hartmann, whose parents lived in the nearby village of Hastedt. Her father had originally come from Braunschweig where he was a master shoemaker. Her mother was a Krüger. Hinrich Wilhelm did not follow his father's profession as a tailor but started as a candle maker. In later documents he is mentioned as a chair maker and, in the middle of the century, as a master carpenter. In his son's marriage document, he is mentioned as a burger and master. They lived at Osterwallthorstrasse 50, that is at the northern border of downtown Bremen.

Out of the couple's children only one son, Johann Hinrich Christian Prellberg, survived birth (born July 22, 1829 in Bremen) and became an adult.

Johann was a machinist. But what did this mean? His ancestors had been masters in their special trades, but at the time he learned a profession, the tradition of trades and guilds had been made obsolete because of new industrial techniques. The steam engine became the new power generation for industry, railroad and ships, replacing manpower, horses, and sails. Machinists were needed to build, oversee and repair the new machines. It is uncertain, but it may be assumed that J.H. Christian Prellberg was involved in the growing shipyard industry or in operating the steamship machines.

There is a ship document stating that [Johann Hinrich] Christian Prellberg arrived on September 13, 1854, with an estimated birth year of 1829 [July 22, 1829?]. The ship was the "Beethoven," 370 tons, commanded by Captain Ehrichs. There are two more entries in Bremen sailing registries, which were not accessible at the time of my research some years ago. If they can be found, they will probably prove that Christian worked on ships, and will have exercised the important and respected job of a machinist with direct accountability to the captain.

He married Margarethe Rebecka Dorothee Schröder, daughter of a farmer in Scholen, a place about 50 kilometers south of Bremen.

There are several reasons to doubt whether or not Hinrich Wilhelm (Willy) Prellberg was the only son or child of the couple. Willy was born on July 6, 1869 in Bremen. He is Alan Prellberg's grandfather and we will meet him again in Hoboken, New Jersey.

(A second son might be Christian Prellberg, born in 1874. He immigrated in 1890, when he was 16 years old, and lived in the 12th Ward of New York City. In the 1910 census he is recorded as being married to Margaret [born about 1884], who immigrated in 1901. It will be necessary to research Bremen sources for more information about these people.)

*Dritter Teil*

*A Marriage in the Bremen Cathedral in 1820 /
Eine Heirat im Bremer Dom 1820*

Interpreting a document from 1820, augmented by marriage of son, birth of grandson and images of Bremen

*59 Last rays of sun illuminating the Bremen Dom*

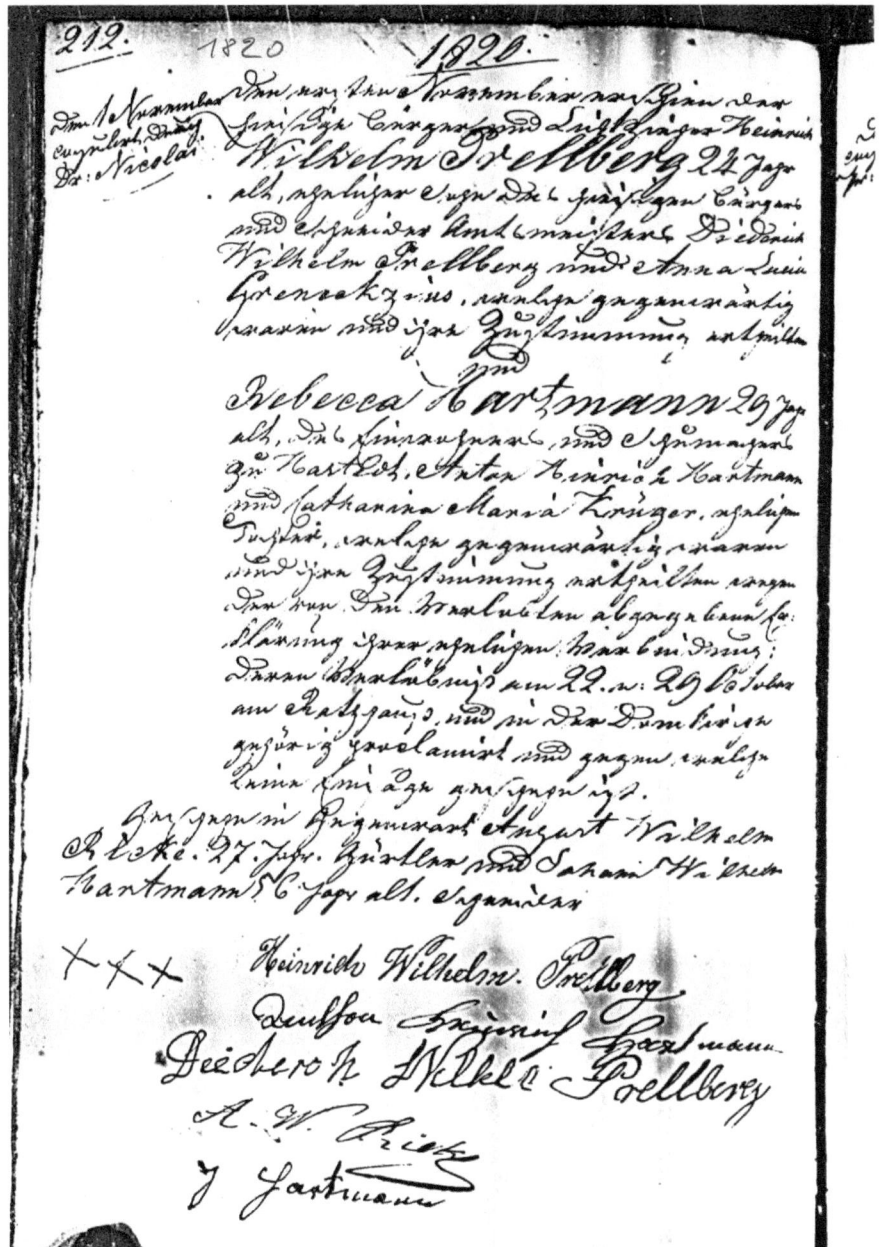

60 Civilstandsregister Hansestadt Bremen - 1820/212, oo Prellberg/Hartmann

## Dritter Teil

Transkription / Transcription

1820

(Randnotiz: Den 1. November[107] copuliert durch Dr. Nicolai[108])

*Den ersten November erschien der
hiesige Bürger und Lichtzieher[109] Heinrich
Willhelm PRELLBERG 24 Jahr
alt, ehelicher Sohn des hiesigen Bürgers
und Schneider Amtsmeisters[110] Diederich
Wilhelm PRELLBERG und Anna Lucia
GRENEKZIUS, welche gegenwärtig
waren und ihre Zustimmung ertheilten*

und

*Rebecca HARTMANN 29 Jahr
alt, des Einwohners und Schumachers
zu Hastedt, Anton Hinrich HARTMANN
und Catharina Maria KRÜGER, ehelichen
Tochter, welche gegenwärtig waren
und ihre Zustimmung ertheilten wegen
der von den Verlobten abgegebenen Erklärung ihrer ehelichen Verbindung;
deren Verlöbnis am 22. und 29 October
am Rathause und in der Domkirche
gehörig proklamirt und gegen welche
keine Einsage [?] geschehn ist.*

Geschehn in Gegenwart August Wilhelm
Ricke, 27 Jahr. Gürtler und Johann Wilhelm
Hartmann 56 Jahr alt Schneider

---

[107] Mittwoch
[108] Berühmter Domprediger (*1742 - †1826),
　　http://de.wikipedia.org/wiki/Johann_David_Nicolai
[109] candle maker
[110] Zunftmeister / guild master

*Verwandtschaft & Orte*

[Unterschriften]

*Heinrich Wilhelm Prellberg [Bräutigam]*
*Anthon Heinrich Hartmann [Schwiegervater]*
*Diederich Wilhelm Prellberg [111] [Vater]*
*A. W. Ricke [Trauzeuge]*
*J. Hartmann [Trauzeuge]*

---

[111] Auffällig ungelenke Unterschrift / Kann wohl gerade seinen Namen schreiben.

## Dritter Teil

Civil marriage document[112] Prellberg/Hartmann of 1820

This document follows a mandatory structure. So, if it is well done, we learn a lot of important details. As a rule these are

- the groom's name, profession and class
- his parents' names, profession and class
- legal birth
- the bride's name and all data as above
- procedure of necessarily documented engagement and public announcement
- witnesses to the marriage
- signatures

*Text of the document: (note at the left upper edge: Ceremony by Dr. Nicolai)*

*1820, November 1, appeared*
*the resident burger and candle maker*
*Heinrich Wilhelm Prellberg 24 years old*
*legal son of the resident burger*
*and master of the tailor guild*
*Dietrich Wilhelm PRELLBERG and*
*Anna Lucia GRENEKZIUS, both of whom*
*where present and gave their agreement*
*and*
*Rebecca HARTMANN 29 years old*
*matrimonial daughter of*
*Anton Hinrich HARTMANN from Hastedt*
*and Catharina Maria KRÜGER*
*who where present and agreed to the*
*engaged couple's declared will*
*for matrimonial connection;*
*whose engagement had been properly proclaimed*
*at the town hall and the cathedral*

*on October 22 and 29,*
*no objection being announced.*

---

[112] following the form introduced by Napoleon

## Verwandtschaft & Orte

*Done in presence of August Wilhelm Ricke, 27 years, "Guertler"[113], and Johann Wilhelm Hartmann 56 years old, tailor.*

*[signitures]*

*Heinrich Wilhelm Prellberg [groom]*
*Anthon Heinrich Hartmann [father in law]*
*Diederich Wilhelm Prellberg [father]*
*A. W. Ricke [witness]*
*J. Hartmann [witness]*

*Johann David Nicolai, erster Domprediger*

Die Hochzeitszeremonie wurde durch den bekannten und geschätzten ersten Domprediger Johann David Nicolai celebriert. Nicolai, der zu dieser Zeit fast 80 Jahre alt war. Nicolai hatte sich insbesondere in den Jahren 1802- 810 Anerkennung erworben, als er bei der Übertragung des Doms an die Stadt Bremen in Folge des Reichsdeputationshauptschlusses (Säkularisierung) nicht nur für die Selbständigkeit und Unabhängigkeit der Domgemeinde stritt sondern sich auch durchsetzte.

(Johann David Nicolai (* 25. Februar 1742 in Hamburg; † 3. April 1826 in Bremen), Pastor,

*61 Domprediger Johann David Nicolai*

---

[113] Older profession processing metal for e.g. candle holders etc.

*Dritter Teil*

Pädagoge und Primarius am Bremer Dom. -  Nicolai, Johann David, in: Allgemeine Deutsche Biographie 23 (1886), S. 593-596 [Onlinefassung]; URL: http://www.deutsche-biographie.de/sfz71767.html)

## Verwandtschaft & Orte

*Wie sah der Dom bei der Heirat 1820 in etwa aus?*

*62 Postkarte Bremen 1885*

Diese Ansicht wird in etwa seit Anfang des 19. Jahrhunderts unverändert bestanden haben. / This view will have existed without remarcable change since the beginning of 19th century. [114]

And how saw retired deputy chief of Union City's fire department, the 1820-Groom's 2times great grandchild A. Prellberg, the Bremen Cathedral? It was May 19, 2007 20:42:23 Middle European Time - last sunrays illuminating the Dom's facade - when Wilhelm Heinrich Prellberg's American descendant accompanied by his charming wife visited this impressive place.

---

[114] Photo, courtesy of Peter Kramer (January 19, 2011)

## Dritter Teil

### Children & grandchild of PRELLBERG Hinrich Wilhelm

1       **PRELLBERG** Hinrich Wilhelm, Tischlermeister in Bremen
* 04.09.1796 in Bremen, ~ 11.09.1796 in Bremen.
oo 01.11.1820 in Bremen mit **HARTMANN** Rebecca <**HARTMANN** Anton Hinrich, Schuhmacher in Hastedt b. Bremen, und **KRÜGER** Catharina Maria>, * 23.05.1791 in Bremen, † vor 1863.

STA:    Bürger in Bremen
BER:    1821 Lichtzieher in Bremen, Hintere Osterthorswallstr.50
BER:    1825 Stuhlmacher in Bremen, nachgewiesen bis 1833
BER:    1848 Branntweinbrenner in Bremen
WOH:    1860 Tischler in Bremen, Steinstraße 4
BER:    1863 Tischlermeister in Bremen

*Kinder:*

1) **PRELLBERG** Catharina Maria Lucia
* 06.05.1821 in Bremen

2) **PRELLBERG** Maria Frederika
* 23.05.1823 in Bremen † 29.05.1828 in Bremen

3) **PRELLBERG** Diederich Wilhelm
* 19.07.1825 in Bremen

4) **PRELLBERG** Johann Hinrich Christian, Maschinist in Bremen (s. 2.1)

5) **PRELLBERG** Henriette Wilhelmine
* 28.11.1831 in Bremen † 20.12.1831 in Bremen

6) **PRELLBERG** Hinrich Wilhelm
* 17.08.1833 in Bremen † 17.08.1833 in Bremen


2.1     **PRELLBERG** Johann Hinrich Christian, Maschinist in Bremen (Sohn von 1)
* 22.07.1829 in Bremen.
oo 12.11.1863 in Bremen mit **SCHRÖDER** Margarethe Rebecka Dorothee <**SCHRÖDER** Gerhard Heinrich, Landmann in Scholen, und **GRENHOLZ** Anna Rebecka>, * (err) 1840 in Scholen.

## Verwandtschaft & Orte

BER: 1855 Kohlenträger in Bremen
BER: 1856 Kohlenträger in Bremen
WOH: 1860 Kesselschmied in Bremen, Kleine Fischerstraße 8
BER: 15.11.1869 Maschinist in Bremen
*Kind:*

**PRELLBERG** Hinrich <u>Wilhelm</u> (<u>Willy</u> William), Longeshoreman in Hoboken, NJ, 65 Park Avenue
\* 06.07.1869 in Bremen † 1942 in Hoboken
oo 15.05.1894 in Hoboken, NJ mit **TEUTHORN** Luise (Louisa), Cleaning woman in Hoboken, NJ <**TEUTHORN** Wilhelm Friedrich Otto, Barbier in Kiel, und **NAGEL** Henriette Wilhelmine <u>Fanny</u>>.

## Dritter Teil

**1869.**

*[handwritten German church record entry]*

Ein Knabe, Hinrich Wilhelm.
ehelich geboren den...
Ort der Geburt...
Vater: Johann Heinrich Christian Prellberg
dessen Alter 40 Jahr
dessen Gewerbe und Wohnort...
Mutter: Margarethe Rebecka Dorothee geb. Schröder
deren Alter 31 Jahr
deren Gewerbe und Wohnort —
Geburtshelfer: Krause
Angezeigt durch... JHC Prellberg.
Getauft den 15 Dezember durch Pastor Merkel.

---

*63 CSR 1869/844 Birth of Hinrich Prellberg (1869-1942)*
*Father Johann Heinrich Christian PRELLBERG announces Birth of a son.*

*(This son was the one to emigrate and to marry Louisa Teuthorn in Hoboken 1894.)*

1869 July 7

A son Hinrich Wilhelm connubially born, sixth of July 11:30 p.m.
Place of birth: Osterthorwallstr. 12
Father: Johann Heinrich Christian Prellberg
his age: 40
Profession and dwelling place: Machinist, here
Mother: Margarethe Rebbecka Dorothee born Schroeder
her age: 31
Helping with birth: Krause
Declared by the Father: JHC Prellberg (signature)
baptized December 15 by pastor Merkel

## Verwandtschaft & Orte

### The Prellbergs in Hoboken

We remember, Hinrich Wilhelm (Willy) Prellberg was born in 1869 in Bremen as son of a steam engine machinist. Although the ship document is still missing we know that Willy arrived in 1892. So he was 23 when he entered NY and Hoboken.

Willy who was mentioned as a machinist helper in the 1910 census, in his first Hoboken years may have tried to follow his father's profession. But later he worked as a longshoreman. So he certainly took advantage from the Hoboken pier boom and jobs being offered by German ship lines until WWI, but then he probably also suffered from the decline of these Lines and the businesses depending of them. In other words, Prellberg experienced the economic and political ups and downs, which are described in the Hoboken chapter.

Willy married three years older Louise Teuthorn (*1866 in Kiel) on May 15, 1894. See chapter *Louisa*.

*Dritter Teil*

## Die Stadt Kiel

### Geschichte

Im Rahmen der Expansionspolitik durch neue Siedlungen legte der Schauenburger Graf Adolph Kiel bereits 1233 an. 1242 verliehen seine Söhne der neuen Hafensiedlung die Stadtrechte, da ihr Vater kurz vorher abgedankt hatte[115].

1283 wurde Kiel für mehr als 200 Jahre Mitglied der Hanse, ohne jedoch in ihr jemals eine bedeutende Rolle gespielt zu haben. 1526/27 erreichte die Reformation die Stadt und das von Graf Adolph gegründete Franziskanerkloster wurde ab 1530 säkularisiert. Kiel war in dieser Zeit eine „vom Adel[116] abhängige Landesstadt" mit einer kleinen, „vor allem dem Adel verpflichteten Oberschicht und der breiten ärmlichen Handwerkerschaft"[117]. Mit der 1665 eingeweihten Universität zog auch akademisches Leben in Kiel ein. Als eigenständige Korporation waren ihre Angehörigen allerdings keine Bürger, da sie nicht der städtischen Gerichtsbarkeit unterstanden.

Ab 1544 bis 1773 gehörte Kiel zum Gottorfer Territorialstaat. Der dänische König Christian III. hatte die Herrschaft über die Herzogtümer Schleswig - Holstein - Gottorf unter seine 2 Brüder aufgeteilt. In der Folge wurde Adolf in seiner Eigenschaft als Herzog von Schleswig Lehnsmann seines Bruders, war aber als Herzog von Holstein reichsunmittelbarer Fürst des deutsch-römischen Reiches. Zwischen versuchter Neutralitätspolitik einerseits und Anlehnung[118]

---

[115] Graf Adolph trat 1241 als Bruder Adolph in den Franziskanerorden ein, ließ sich zum Priester weihen und nach seinem Tode in der Kirche des von ihm im Stadtbereich gegründeten Franziskanerklosters beisetzen.
[116] Etwa 1/5 der Kieler Häuser wurde durch Adelige bewohnt.
[117] Geschichte der Stadt Kiel / Jensen, S. 58.
[118] Er verheiratet seine Tochter Christine mit dem schwedischen König Karl IX. Der Sohn des Paares ist Gustav II.

an Schweden suchte er Gottorf unabhängig zu halten. 1773 kamen die holsteinischen Gebiete des Herzogtums Schleswig-Holstein-Gottorf durch Territorialtausch an den dänischen König Christian VII. Das hatte die Auswirkung, dass Kiel nun zum dänischen Gesamtstaat gehörte, den es erst 1864 wieder verließ, um dann 1867 endgültig preußisch zu werden.

Der Fortzug (1773) von etwa 200 Verwaltungsbeamten und Staatsbediensteten die zu den einkommensstärksten Einwohnern gezählt hatten, war für die kleine Stadt eine bedeutende wirtschaftliche Einbuße. Überhaupt entwickelte sich die Stadt nur schleppend. Das rigide Zunftsystem mit seinen Abschottungstendenzen gegen alles Stadtfremde und mit der Neigung, bestehende Zustände zu zementieren, hatte die Stadtentwicklung nicht gerade begünstigt.

Ab 1830 wurden Versuche unternommen, wirtschaftliches Wachstum über den Hafen zu erreichen und dazu den Transithandel zu begünstigen und die Gewerbefreiheit zu lockern. Natürlich sind solche Entwicklungen fließend. Bereits 1779/1786 war die Poststraße nach Altona ausgebaut worden. Die 1844 eröffnete Bahnverbindung verkürzte die Fahrzeit auf 2 ½ Stunden und vervielfachte die Frachtkapazität auf einen Schlag. 1859 brachte der ersehnte Anschluss an die Telegraphenlinie Hamburg-Kopenhagen einen Durchbruch in der Kommunikation, so dass der Handels- und Industrieverband feststellen konnte, dass dadurch „das Reisen für Geschäftsleute im Allgemeinen nicht mehr in der absoluten Notwendigkeit geboten wird."[119]

In den Jahren 1864 und 1871 sah das Herzogtum Holstein und mit ihm Kiel entscheidende Veränderungen. Zuerst den durch eine neue dänische Verfassung erzwungene Union mit Dänemark, dann die Besetzung durch Truppen des Deutschen Bundes bis es 1867 endgültig preußisch wurde. Wichtiger noch als diese politischen Entscheidungen war für die Stadt die Verlegung des preußischen Flottenstützpunktes von Danzig nach Kiel und seine Ernennung -

---

[119] Kieler Handels- und Industrieverein, Jahresbericht pro 1859, Kiel 1860, S. 25, zitiert nach Geschichte der Stadt Kiel / Jensen, S. 164.

## Verwandtschaft & Orte

neben Wilhelmshafen - zum Reichskriegshafen. Bald folgten der Flotte die Werften.

In der Folge wuchs die Bevölkerung Kiels explosionsartig. Die Abhängigkeit von der Flotte begrenzte die Entwicklung des Handelshafens. Die schlimmste Folge aber war, dass Kiel damit automatisch zu einem der Hauptziele alliierter Bombardements des 2. Weltkrieges wurde, was zu einer nahezu vollständigen Zerstörung der historischen Altstadt führte.

Das heutige Kiel mit seinen 240.000 Einwohnern ist ganz auf das Wasser hin orientiert und Landeshauptstadt von Schleswig-Holstein. Zu dem damit aufgeschlagenen weiteren Kapitel verweise ich auf die entsprechenden Informationen unter www.kiel.de und www.kieler-woche.de.

### Städtisches Leben

Die Bürger des Mittelalters und der frühen Neuzeit hatten Wach- und Verteidigungspflichten, die jeweils vom Hausbesitz abhingen. Ihre Rechte und Vorteile hingen mit den Privilegien der Stadt zusammen, vor allem also dem Marktrecht. Es galt Stapelzwang, d.h. alle ankommenden Waren mussten für 8 Tage in Kiel zum Verkauf gestellt werden[120] bis sie weiterbefördert werden konnten. Beim Verkauf hatten die Bürger immer Vorrang. Z.B. musste Vieh grundsätzlich auf den Marktplatz getrieben und dann verkauft werden, und zwar „am ersten Tag ausschließlich an Bürger zu deren Hausgebrauch, dann den Schlachtern zur Versorgung ihrer [...] Verkaufsstände, danach den Kaufleuten"[121] und erst zuletzt den Viehhändlern. In der Mitte des 19. Jahrhunderts wurden die kleineren Bürgerpflichten, wie z.B. das Klingelbeuteltragen durch eine pauschale Zahlung abgegolten und die Bürgerwehr wurde zu einer Ehrengarde.

Um die frühen Befestigungsanlagen des 13. Jahrhunderts wurde für Verteidigungszwecke eine Ringstraße angelegt. Da die Bürger ihre Abfälle einfach über die Stadtmauer kippten, hieß der Abschnitt zwischen Hass-Straße und Holstenstraße Faulstraße im Sinne von

---

[120] Geschichte Kiel, S. 93.
[121] ebenda.

unsauberer Straße. Durch die spätere Stadtmauer wurde die Faulstraße dann Teil der ummauerten Stadt. Aus der Geburtsurkunde Emil Teuthorns, der 1880 geboren wurde, wissen wir, dass die Teuthorns zu dieser Zeit in der Faulstraße 48 wohnten.

Die meisten Straßen waren wohl Ende des 18. Jahrhunderts bereits mit unbehauenen Feldsteinen befestigt und zusammen mit Fußsteigen waren seitliche Wasserrinnen angelegt. „Noch um 1800 gehörte, insbesondere bei schlechtem Wetter, die Sänfte zu den unerlässlichen Beförderungsmitten, es sei denn man konnte es sich leisten, einen Wagen zu benutzen, oder man musste lange Stiefel tragen, die leidlich vor Straßendreck und Spritzwasser schützten."[122] Erst 1830 wurde die meistfrequentierte Straße, die Holstenstraße, dauerhaft gepflastert, und systematische Maßnahmen zur Pflasterung der Straßen wurden erst ab1839 getroffen, aber nicht vor 1860 in die städtische Verantwortung übernommen.

Das Trinkwasser wurde entweder aus von Brunnengemeinschaften betriebenen Privatbrunnen entnommen oder kam für die Altstadt auch mittels hölzerner Leitungen, den sogen. Pfeifenbäumen, aus dem westlich über dem Stadtniveau gelegenen Galgenteich in die Stadt. Es wurde von Zapfstellen per Eimer in die Häuser gebracht. Graduelle Verbesserungen durch Austausch der primitiven Holzleitungen gegen eiserne Rohre begannen ab 1827 zuerst in der Holstenstraße. Aber erst ab 1870 erfolgten moderne Lösungen.[123]

Noch in den 1830ger Jahren gab es nur 150 öffentliche ölbefeuerte Laternen und der Bürger, der etwas auf sich hielt, hatte vor seinem Haus eine eigene Laterne. Es gab auch „Lüchtenjungs", die nächtlichen Passanten gegen Entgelt „heimleuchteten". 1859 änderte die Gasbeleuchtung dann diese Zustände.

Auch sonst änderte sich das Stadtbild. Auf dem Markt waren Wachhaus, Galgen und Pranger bereits 1775 beseitigt worden. Allerdings wurde das an der Außenwand des Rathauses angebrachte

---

[122] ebenda S.150.
[123] ebenda S. 150/151.

*Verwandtschaft & Orte*

Halseisen des Prangers erst 1845 bei Renovierung des Rathauses entfernt.[124]

*Stadt- und Bevölkerungsentwicklung*

Zur Zeit der Stadtgründung hatte Kiel etwa 300 Häuser und zwischen 1200 und 1500 Einwohner. Nur ein kleiner Teil von Ihnen waren Bürger. Ihre Zahl überschritt im Mittelalter nie die Zahl 350.
In der Neuzeit vollzog sich die Bevölkerungsentwicklung wie folgt:

| Jahr | Einwohnerzahl |
|---|---|
| 1781 | 5.740 |
| 1835 | 11.600 |
| 1864 | 18.770 |
| 1867 | 24.216 |
| 1885 | 51.706 |
| 1900 | 108.000 |
| 1914 | 225.161 |

---

[124] ebenda S. 164.

## Dritter Teil

### Stadtbild und Gebäude

Die das Stadtbild Kiels bestimmenden Gebäude standen in der Altstadt eng beisammen. Heute fällt dem Besucher nur noch die Marktkirche ins Auge. Aber auch ihr muss man sich erst einmal über den heute völlig zugebauten alten Marktplatz den Weg bahnen. Das sah im 19. Jahrhundert noch anders aus. Einen Abglanz von Altstadtflair findet man heute noch in der Dänischen Straße.

„*Von der ursprünglichen Kirche haben nur wenige Teile die Jahrhunderte*"[125], vor allem die Bombenangriffe des 2. Weltkrieges überstanden. Gerettet wurde der geschnitzte und gemalte Hochaltar von 1460, ein Bronzetaufbecken von 1344 sowie ein großes Triumphkreuz. Der Altar kam jedoch erst 1541 aus der Klosterkirche der Franziskaner hierher. Die Schnitzarbeiten mit weitgehend originaler Bemalung sind lübischer Herkunft.[126]

Das Franziskanerkloster (Falckstraße) gilt als das älteste Gebäude der Stadt aus der Zeit von 1240. Nur der Westflügel des Kreuzganges mit der Grabplatte des Stadtgründers Graf Adolph IV. ist noch erhalten.

Vom Schloss, wie es Ende des 18. Jahrhunderts bestand, ist nur der Westflügel[127] erhalten. Das ergänzte Gebäude beherbergt heute ein Kulturzentrum.

Das im Der Mittelalterliche Bau des Rathauses war 1845 grundlegend neugestaltet worden, wobei u.a. ein Treppenturm und ein Giebel an der Marktplatzseite abgerissen und Laubenöffnungen zugemauert worden waren. Im 2. Weltkrieg wurde es völlig zerstört und nicht wiederaufgebaut.

---

[125] Aral Autoreisebuch Deutschland 1994/95 Band 1, S. 466.
[126] Chronik St. Nikolai, S.8.
[127] Oft fälschlich als Rantzau-Bau bezeichnet.

## Bremen und die Reedereien

Am Anfang der Geschichte Bremens stehen Kirche und Handel. Im 8. Jahrhundert reichte das Herrschaftsgebiet der Franken im Norden bis zur Weser. Dahinter lebten die Sachsen. Wo die fränkischen Krieger die Sachsen unterwarfen, bauten die mit ihnen ziehenden Mönche kleine Holzkirchen. Die Kirche, die Bischof Willehad 789[128] auf einer Anhöhe am westlichen Weserufer, an der Stelle des heutigen Doms, errichtete, wurde das Zentrum Bremens. Die Zusammenarbeit zwischen Kirche und weltlicher Macht setzte sich zum Wohle Bremens fort. Bremens Erzbischöfe waren in den nächsten Jahrhunderten Amtsträger und Berater der deutsch-römischen Könige. Beispielhaft sei Liemar[129] (1072-1104) erwähnt, der Heinrich IV nach Canossa begleitete.

Seit der Reformation predigten in Bremens Kirchen Reformierte und Lutheraner. Während der Bremer Rat den reformierten Predigern zuneigte, wurden im Dom lutherische Gottesdienste gehalten.

Die Gestalt der mit Wällen, Mauern und Türmen befestigten mittelalterlichen Stadt war bereits gegen 1230 ausgeformt[130]. Schwarzwälder schätzt die Einwohner Bremens zu dieser Zeit auf zwischen 10.000 und 15.000. Ihre sozial-rechtliche Struktur bestand aus drei großen Gruppen: Geistlichen, Bürgern und Einwohnern ohne Bürgerrecht. Innerhalb der Bürger, zu denen auch die Handwerksmeister gehörten, bestimmten im Wesentlichen die Kaufleute den Rat, der die Stadt regierte. Für diesen hatte sich um 1300 die Selbstergänzung (Kooption) aus dem Kreise der versippten Kaufmannsfamilien durchgesetzt.[131]

---

[128] Schwarzwälder, Herbert: Geschichte der Freien Hansestadt Bremen, Bremen 1975, Bd I S.26.
[129] Geschichte Bremens, Bd I S.36.
[130] Geschichte Bremens, Bd I S.53.
[131] Geschichte Bremens, Bd I S.63/69.

## Dritter Teil

Bremen war früh ein blühender Handelsplatz, an dem sich der Fernhandel und der Binnenhandel aus dem Einzugsgebiet der Oberweser[132] erfolgreich trafen. Bremen wurde Hansestadt und Freie Reichsstadt. Ihr auf den Handel ausgerichtetes liberales Bürgertum versuchte, die Stadt in kriegerischen Zeiten neutral zu halten.

Das Bremer Staatsgebiet reichte immer weit über die befestigte Stadt hinaus. Es hatte Grenzen mit dem Herzogtum Oldenburg und mit Hannover in seinen verschiedenen Staatsformen. Für den Bremer Rat stand aus diesen Gründen sowie wegen der weltweiten Handelsinteressen stets die Außenpolitik im Vordergrund. Als Anfang des 19. Jahrhunderts Bremen seine Neutralität nicht mehr aus eigener Kraft verteidigen konnte, schleifte es seine Befestigungsanlagen, um nicht Kampfplatz fremder Armeen zu werden. Auf dem Höhepunkt napoleonischer Macht war es zwischen 1810 und 1813 französisch. Für den Familiengeschichtsforscher sind die seitdem geführten Zivilstandsregister eine Besonderheit und wichtige Quelle.

Basis der Bremer Wirtschaft war zu allen Zeiten die Schiff-Fahrt, als Flussschiff-Fahrt auf der Weser, Küstenschiff-Fahrt in der küstennahen Nordsee und später als Hochseeschiff-Fahrt auf den Weltmeeren mit Schwerpunkt der Amerikarouten und ihrem Höhepunkt, dem Auswanderertransport.

Die Situation um 1800 mögen die folgenden Zahlen verdeutlichen. In den Jahren 1796-1799 fuhren jährlich über 1000 Schiffe in die Weser ein[133], davon 80 aus Amerika. Bremer Reeder besaßen zu dieser Zeit eine Flotte von etwa 180 Schiffen. Im 19. Jahrhundert wurde Bremen, zunächst vor Hamburg, zu Deutschlands Auswandererhafen Nummer eins. Diese wichtige Wirtschaftsphase muss aus Platzgründen an anderer Stelle folgen.

Neben der Kaufmannschaft, die die Geschichte Bremens insbesondere auch hinsichtlich seiner auswärtigen Politik bestimmte, spielte natürlich seit dem Mittelalter bis zur Mitte des 19. Jahrhunderts die einsetzende Industrialisierung das Handwerk eine bedeutende Rolle. Während die Kaufleute in der Gilde des Kaufmanns organisiert

---

[132] Geschichte Bremens, Bd I S.43.
[133] Geschichte Bremens, Bd II S.525.

waren, galten für die Handwerker die Zunftordnungen. Differenzierte Aussagen sind aufgrund der verwendeten Quellen nicht möglich, jedoch scheinen die Gewandschneider bedeutend gewesen zu sein. Im 16. Jahrhundert gehörten sie[134] sogar zur ratsfähigen Oberschicht. Einträglicher als ihr Handwerk war möglicherweise der Handel mit importiertem Tuch, auf das sie ein Monopol hatten.

In Bremen scheint der Übergang von der strengen Reglementierung durch Zünfte zu endgültiger Gewerbefreiheit, Manufaktur und Industrialisierung fließender als in anderen Städten abgelaufen zu sein. Bereits Anfang des Jahrhunderts stellten Handwerker bei großer Nachfrage auch unzünftige Gesellen ein. Der Zunftzwang war bereits während der Franzosenzeit erstmals aufgehoben, danach aber wieder zurückgenommen worden. Ab 1830/35 war er immer schwerer durchzusetzen. Als er 1870/71 endgültig aufgehoben wurde, schuf diese Entscheidung klare Verhältnisse und beendete das jahrzehntelange Ringen um Modernisierung.

## *A short Bremen history*

The above essay (in German) resumes Bremen history from the very beginning up to the end of 19th century. The following abstract mentions only a few points of this history.

In the early days of Bremen, on a small hill on the north-eastern banks of the Weser River, there was a small wooden church, built in 789 by bishop Willehad, a missionary of the north. It is the place where the Bremen Dom (Episcopal Church) stands today at the center of the city. As a result of the Reformation, Bremen churches saw clergymen of the reformed faith and of the Lutheran confession at the same time. While Bremen city authorities appreciated the reformed priests, Lutheran preachers had their audience in the Dom. So we can assume that the Prellberg family was Lutheran because their family events are registered in the Dom church books.

---

[134] Geschichte Bremens, Bd I S.163.

## Dritter Teil

When Napoleon conquered most of Europe, Bremen became French between 1810 and 1813. French administration introduced the Code Napoleon and the so-called Civilstandsregister (civil registers), where birth, marriage and death had to be registered, as part of a modern administration. This form of civil registration remained when French reign ended. The registers are an important source for family research.

Ship transportation had been an important base of Bremen economy from the beginning. Seamen sailed along the upper Weser River, the near coasts of the Northern Sea and out onto the oceans. Ship business culminated with the waves of emigration to America.

The merchants dominated Bremen history, welfare and foreign policy since the Middle Ages. However, the trades were equally important, until, at the beginning of 19th century, industrialization changed methods of production. The Bremen merchants were organized within the guild Der Kaufmann (organization of commerce merchants), whereas the trades were regulated by their Zunftordnungen (guild standards). The guild of the tailors was particularly important, with some members serving in city government during the 16th century. During French rule the duty to adhere to guild regulations was abolished for the first time, but it was restored immediately after the French left. Beginning with the period of 1830-1835 it became harder to insist on guild privileges. When these restrictions eventually ended in 1871, a modern and liberal economy was able to develop. Some of the people who were accustomed to tradition found it difficult to adapt, while others seized the economic opportunities. Whereas, in the past, fathers had passed down their trades to their sons, many young men began to choose other jobs and professions based on how they could best earn a modest living.

## *Bremen and North German Lloyd*

The so called expanded 19th century (beginning with the Napoleonic era through the Industrial Revolution) had begun for Bremen with the

"French time". With the end of the French occupation, the Kontinentalsperre (continental trade embargo) ended and cheaply produced industrial goods swept over Europe through the gateways of the German harbors of Bremen and Hamburg. However, most transportation took place on foreign ships, so Bremen ship lines scarcely took advantage of the import boom. In 1804 about 170 ships sailed under the Bremen flag, but this number decreased to its lowest point with about 100 ships in the years from 1824 to 1827. During these years Bremen businessmen - against some opposition within their city government - promoted and finally realized a second harbor, some 60 kilometers away, in Bremerhaven at the mouth of the Weser River.

There were three factors which influenced this decision. Ships worldwide became bigger; the Weser River was becoming less navigable because of sandy silt deposits; and the Duke of Oldenburg intended to draw ship traffic more and more to his left Weser banks harbor of Brake. Bremen bought the necessary land on the right Weser banks from the Hanover kingdom, and in 1830 the first sailing ship arrived at the new port of Bremerhaven.

During the following year, already 100 of the thousand ships bound for Bremen were unloaded at the new harbor. By the middle of the century Bremerhaven had been fully accepted and had become the most important location for shipyards for ocean vessels in the Weser Region.

Bremen ship owners had started to participate in the increasing emigration business in 1817. Already in 1832, more than 10,000 emigrants passed through the harbor. In order to improve the conditions with more convenient facilities at the port of embarkation, the Auswandererhaus (emigration registration center) was built in 1849. At the same time the North German Lloyd Line and the competing Hamburg America Line established their American bases in Hoboken, New Jersey, on the banks of the Hudson River across from Manhattan.

The Hamburg American Line crossed the Atlantic with steamboats beginning in 1856. The North German Lloyd Line (NGL) followed in 1858 with the ships Bremen, Weser, New York and

## Dritter Teil

Hudson. In 1871 the NGL operated 29 steamships and by 1890 this number had reached 56.

Taking a conclusion for our describing the Prellberg emigration, it is obvious, arriving and staying at Hoboken, NJ, our immigrant had chosen the closest and most comfortable connection between the old and the so called New World. In a certain way Bremen and Hoboken had become neighbors, separated only by directly crossing the Atlantic Ocean. And this voyage had become faster than ever since the last third of 19th century.

## The town of Leck[135]

You find Leck in the extreme north western corner of Germany near the Danish border. The place is already mentioned as a settlement in

*64 Leck Church - historic pulpit*

---

[135] This chapter is a repetition of the German version at the first pages of this book. So the U.S. branches of our family may take advantage from it.

documents of 13th century. Since early times it was a market place and when the North Sea reached to the "Geest"-edge (sandy uplands) it even possessed a harbor on the banks of the small river "Lecker Au". But it silted up already in the 15th century. Today only an anchor in the coat of arms reminds us of those times.

Leck now is a small community with about 7.000 inhabitants. The local tourism organization has developed the region around Leck in an attractive manner.

The center of the village will not have changed substantially since the middle of 19th century. Especially St.-Willehad-Church presents itself the way the Nagel family knew it from church-going.

An information board explains us: "The old church in Leck is named after St. Willehad who worked as a missionary with the Saxons and Frisians. It was first mentioned in the 13th century, but Romanesque stylistic elements and granite stones of the north wall prove it was built in the 12th century. [...]."

Centuries later, exactly in 1865, Fanny Henriette Wilhelmine Nagel, daughter of the in Leck practicing doctor Jens Otto Nagel, and her cousin Wilhelm Friedrich Otto Teuthorn from Kiel got married in this church. Few years later the thatched spire was consumed by fire but already in 1875 the tower was rebuilding with red bricks in the new gothic style.

The nave of the Romanic building presents itself with the typical mixture of granite, soft volcanic stone (frequently imported from the Eifel region) and red brick. This was the way small churches of Schleswig-Holstein were mostly built because of the absence of natural stone material in this sandy region. By the enlargement of 1807 the choir and the apsis of the old church had disappeared.

When I visited the church in Summer 2002 I was impressed by the results of restoration from 10 years ago. There is a beautiful old furnishing consisting in beam ceiling, gallery and altar wood carving from 1520 by Master Claus Berg from Odense. But I rather appreciated the wonderful Renaissance pulpit.

The baroque painted plates of the north gallery were completed by modern plates from Werner Juza, illustrating parts of the Sermon on the Mount and so repeating texts on the beams of the ceiling.

There are some peculiar objects within the church ground, i.e. stone coffins from 12th century which were washed ashore from the North Sea. The information board explains: "Probably before 1150 Christianized immigrants from East and West Friesland brought the custom of burying rich people (e.g. salt merchants) in stone coffins to North Friesland. These Rhine land made coffins consisted of sandstone from Mainz and were exported as merchandise by ship. Centuries later, these coffins were found repeatedly in the Wadden Sea as remnants of settlements sunk by storm tides. People then often used them as cattle troughs. [...].

*Dritter Teil*

# Teil VIER

# Nachwort & Nachschlagen

*Vierter Teil*

## *Nachwort*

Vieles in diesem Buch ist Experiment und damit natürlich auch Wagnis. Dazu gehört u.a. der Mut zwischen Deutsch und Englisch zu wechseln. Im englischen Text wird eine nicht unerhebliche Fehlerquote manchem sicherlich als Mangel erscheinen. Denn mit dem Ziel, das Manuskript endlich abzuschließen, habe ich darauf verzichtet den Text durch einen Muttersprachler durchsehen zu lassen.

Zum Experiment gehören auch die direkt aus meinem Genealogieprogramm erzeugten genealogischen Listen. Sie wurden nur bei extremen Auffälligkeiten nachformatiert.

Familiengeschichtsforschung ist eine nie endende Geschichte. Denn die Neugier des Forschers kann neue Erkenntnisse gar nicht verhindern, und daraus entstehende Einsichten können Ergänzungen einer bereits veröffentlichten Darstellung wünschenswert machen. Deshalb finden Sie das diesem Buch zu Grunde liegende Datengerüst im Internet auf der Genealogieplattform Geneanet.[136] Neue Forschungsergebnisse werde ich dort bekannt machen, und zwar sowohl aktualisierte und ergänzte Daten wie auch daraus resultierende Texte.

Wo dies Buch endet, fängt wohl möglich ein neues an. Das wird dann natürlich nur innerhalb der Familie verteilt werden können. Denn mit ihm beginnt die Zeit der Kinder, Enkel und Urenkel, deren Leben jetzt selbstverständlich noch hinter die Gardine des Datenschutzes gehört.

Vielleicht werden es auch mehrere Bücher. Nämlich dann, wenn diese oder jener irgendwann ein Verlangen spüren sollte die Familiengeschichte für ihren oder seinen Zweig fortzuschreiben. Diese Lebensberichte könnten nicht nur in Deutschland, sondern auch in den Vereinigten Staaten, der Schweiz, vielleicht sogar in Chile

---

[136] http://gw.geneanet.org/frankenhusanus

*Vierter Teil*

verfasst werden. Wenn mein hier abgeschlossener Bericht dann dafür das Fundament bildete, wäre ich voller Freude.

*Nachwort & Nachschlagen*

# *Quellen & Literatur*

## *Quellen Kiel*

Correspondenz-Blatt Kiel

Kieler Blätter, 1815-17

Kielische gemeinnützige Nachrichten, seit 1776

Schleswig-Holsteinische Anzeigen, seit 1784

Stadtarchiv Kiel, Rathaus, Fleethörn 9-17

Wochenblatt zum Besten der Armen in Kiel, seit 1793

## *Quellen Biographie Emil*

Briefe Emil Teuthorn vom 24.1.1957, 14.7.1957 (TeuArch B10002, B1003)

Bundesarchiv Berlin Lichterfelde, Bestand R1002 (Behörden des Schutzgebietes Deutsch-Südwestafrika), Bände R 1002/1739,1740 und 5011 [Personalakte Emil Teuthorn, Kaiserliche Eisenbahnverwaltung (Swakopmund-Windhuk-Eisenbahn) und Beamtenstatus.]

Greifswalder Adressbuch

Greifswalder Zeitung vom 20.10.1927 / Stadtarchiv Greifswald Film

Geburtsurkunde Emil Teuthorn (TeuArch UG1001)

Schiffsliste Ellis Island zu Emil Teuthorn

Tagebuch DSW (1909-1919) von Erika Teuthorn, geb. Bachmann, im Besitz von Inge Schweisshelm, geb. Teuthorn.

*Vierter Teil*

Wippermann, Ernst August Anton: Stammtafeln der in der Stadt Frankenhausen größtentheils schon seit längerer Zeit heimisch gewesenen Familien [...] Sondershausen 1843.

*Literatur*

Bühler, Andreas Heinrich: Der Namaaufstand gegen die deutsche Kolonialherrschaft in Namibia von 1904-1913, Frankfurt a.M. / London 2003.

van Dülmen, Richard: Kultur und Alltag in der frühen Neuzeit, 3 Bde.

Grimm, Hans: Der Leutnant und der Hottentott und andere afrikanische Erzählungen, Einmalige Ausgabe Deutsche Hausbücherei Band 524; Erzählungen sind entnommen den zwischen 1913 und 1934 veröffentlichten Büchern Grimms: Der Richter in der Karu.

Grönhoff, Johann (Hrsg.): Kieler Bürgerbuch, Verzeichnis der Neubürger von Anfang des 17. Jahrhunderts bis 1869 (aus den Kieler Bürgerbüchern zusammengestellt), in der Reihe Mitteilungen der Gesellschaft für Kieler Stadtgeschichte, Band 49, Kiel 1958.

Hähnsen, Fritz: Geschichte der Kieler Handwerksämter, ein Beitrag zur schleswig-holsteinischen Gewerbegeschichte, Band 30 in der Reihe Mitteilungen der Gesellschaft für Kieler Stadtgeschichte, Kiel 1920.

Hildebrandt, Frauke (http://www.geschichtsverein-bordesholm.de/Veroeffentlichungen/Mitteilungen/M8_1_FHildebrandt_Topographie.pdf): Die Topographie des Herzogtums Holstein von Schröder und Biernatzki 1855/56.

Jensen, Jürgen: Alt-Kiel und die Kieler Altstadt, Historische Streifzüge (Sonderveröffentlichungen der Gesellschaft für Kieler Stadtgeschichte Band 31), Heide 1998. [Wichtige Abbildungen zu Kiel, u.a. 4-teilige Postkartenserie Mitte 19. Jahrhundert.]

Jensen, Jürgen: Historischer Stadtbildatlas Kiel, eine Dokumentation zu den Anfängen der Ortsbild- und Denkmalpflege um 1900, Sonderdruck Nr. 19 der Gesellschaft für Kieler Stadtgeschichte, Kiel 1986.

Jensen, Jürgen und Wulf, Peter: Geschichte der Stadt Kiel, Neumünster 1991. [Wissenschaftlich geschriebene und mit gutem Apparat versehene Geschichte Kiels, die aber gut, teilweise sogar spannend zu lesen ist. Sehr ergiebige Informationen auch zum hier interessierenden 19. Jahrhundert. Ein Buch, das auch für das Verständnis von Stadtgeschichte generell ein Gewinn ist.]

KirchenNotizen (KiNo): Chronik St. Nikolai Kiel. [Kurzartikel und Bilder zu Errichtung, Umbau, Zerstörung und Wiederaufbau der Kieler Stadtkirche.]

Niebergall, Uwe und Nülken, Bärbel: Archivbilder Greifswald, Erfurt 1999

Pflaumbaum, Liselotte: Beitrag zur Frankenhäuser Stadtentwicklung, in Veröffentlichungen des Kreisheimatmuseums Bad Frankenhausen, Heft 1, Bad Frankenhausen 1987.

von Schröder, Johannes: Topographie des Herzogthums Holstein, des Fürstenthums Lübek und der freien und Hanse-Städte Hamburg und Lübek, Theil 1: A–H, Oldenburg in Holstein: Fränckel 1841, (XXII, 335 Seiten).

Derselbe: Topographie des Herzogthums Holstein, des Fürstenthums Lübek und der freien und Hanse-Städte Hamburg und Lübek, Theil 2: J–Z, Oldenburg in Holstein: Fränckel 1841, (489 Seiten).

Wehler, Hans Ulrich: Deutsche Gesellschaftsgeschichte, Zweiter Band: Von der Reformära bis zur industriellen und politischen „Deutschen Doppelrevolution" 1815-1845/49, 4. Auflage, München 1987.

*Vierter Teil*

Ders. Dritter Band: Von der 'Deutschen Doppelrevolution' bis zum Beginn des ersten Weltkrieges, 1849-1914, München 1995.

Zimmerer: Südafrikanische Novellen und Lüderitzland, Hamburg München oA. in Jürgen & Zeller, Joachim (Hrsg.): Völkermord in Deutsch-Südwestafrika, der Kolonialkrieg (1904-1908) in Namibia und seine Folgen., Berlin 2003.

*Nachwort & Nachschlagen*

## Abbildungsverzeichnis

Frankenhausen um 1650 - Merian .................................................. 15
Rekonstruktion einer historischen Salzsiedepfanne ......................... 20
Ausschnitt aus der Stammtafel Teuthorn mit handschriftlichen
Eintragungen des Kieler Amtschirurgen. ............................................ 21
Vorblatt der Wippermannschen Stammtafeln, Sondershausen 1843 .. 22
Dänischer Gesamtstaat ...................................................................... 26
Blick auf Dammfleth von Süden Richtung Wilster. Nach
topographie.shz.de 2003. ................................................................... 28
Lebensorte der Familie Nagel............................................................. 30
St. Bartholomäus Kirche von Wilster 1780 geweiht. Bildautor Uwe
Barghaan. ............................................................................................ 32
Ehepaar Frenz Nagel / Malena Popp .................................................. 34
Erweiterungsplan Glückstadts aus dem Jahr 1643 ............................. 39
Nachfahrentafel Sibbern...................................................................... 41
Nicolaus Christian Friedrich Nagel (1792-1860), Quelle Ragna Nagel
durch Vermittlung von Christl Nagel-Eger.......................................... 43
Ortsschild in Richtung Odense ........................................................... 46
Odense- Herkunft der Fløcke ............................................................. 47
Agedrup Kirke fra sydvest, Odense Amt, Denmark - photographed by
Søren Møller. ...................................................................................... 49
Reisewege............................................................................................ 52
Die Flökes............................................................................................ 53
Die "Nagel-Bibel" schenkte Nicolaus Nagel seiner Tochter Louise
Charlotte Dorothea vermutlich zur Konfirmation ............................... 59
Taufe Jens Otto Nagel......................................................................... 67
Wohnorte der Taufpaten...................................................................... 69
Stammbucheintrag Otto Nagel ........................................................... 70
Leck - St. Willehad Ostgiebel 1807..................................................... 73

## Vierter Teil

Steinsärge auf dem Kirchgrund .................................................. 75
Granitquaderarchitktur der Nordwand von St. Willehad ............. 75
Eintrag des Vaters Jens Otto Nagel in das Poesiealbum seiner Tochter Fanny .................................................................................. 79
Volkszählung Kiel 1860, Quelle: Schleswig-Holsteinisches Landesarchiv Schleswig ........................................................... 86
Kiel um 1853 - Wer der vom nördlichen Kleinen Kiel ausgehenden Hassstraße folgt, nimmt die erste mögliche Abzweigung rechts in die Faulstraße. An der Ecke muss sich das Haus Nr. 48 befunden haben. 90
Ecke Kehdenstraße/Faulstraße mit Blick in die Faulstraße ............. 93
Faulstraße – Blick vom Kütertor Richtung Kehdenstraße ............... 93
Wohnorte der Brüder Nagel seit 1869 ............................................ 101
Schema des Dampfers Frisia aus der Hammonia-Klasse. (Quelle = Wikipedia-Commons) .................................................................. 104
Bohemia, gebaut bei A. & J. Inglis Limited, Glasgow, Scotland, 1881. Dampfmaschine und 2 Masten für Hilfsbesegelung, siehe FN. ........ 105
William in Kiel, before emigrating ................................................. 109
William with all evidence of a successful gentleman, topper, umbrella, gloves (one of them lose in his his left), polished shoes, fine trousers, watch chain. ................................................................................. 111
Nice reverse (of William's portrait) with all ingredients of a reliable establishment ............................................................................... 112
Marriage License for William Teuthorn and Minnie Bruns. Witnesses are his brother Otto and his sister in law Augusta Teuthorn, born Janssen. Example for that type of document .................................. 113
Louisa in Kiel, before emigrating .................................................. 115
Certificate of Natutralization for William/Wilhelm Prellberg and his wife Louise ................................................................................... 118
Birth certificate from 1909 - completely German .......................... 120
Alan, walking the burial ground of his ancestors ........................... 121
John Prellberg 1899-1943 ............................................................ 121
Alan's parents, Margaret and Emil (1909-1974) ............................ 122
William (1901-1948), Evelyn's father ............................................ 122
John's wife Anna married Marty Brumerstedt .............................. 123
William & Louisa, the immigrants ................................................ 123
Willie and Louisa died in 713 Willow Avenue. .............................. 128

## Nachwort & Nachschlagen

- 713 Willow Avenue. ..................................................................... 129
Washington Street Scene ................................................................ 129
Naturalization of Otto Teuthorn 1913.............................................. 131
Places of origin family Janssen ...................................................... 136
Petra ................................................................................................ 143
The double connected brick building in center was the hotel and home of the Hessel family. ................................................................... 144
In the front the Hessel-House in West Orange. .............................. 145
The Hessel sisters Fannie & Anna in about 1871 ........................... 146
Emil (1912) posiert mit afrikanischem Stock ................................. 159
Emil in Schutzruppenuniform ........................................................ 175
Schachspiel aus dem Gefangenenlager Aus ................................... 177
Schachspiel aus dem Lager Aus ..................................................... 177
Last rays of sun illuminating the Bremen Dom .............................. 194
Civilstandsregister Hansestadt Bremen - 1820/212, oo Prellberg/Hartmann......................................................................... 195
Domprediger Johann David Nicolai ............................................... 199
Postkarte Bremen 1885 ................................................................... 201
CSR 1869/844 Birth of Hinrich Prellberg (1869-1942) Father Johann Heinrich Christian PRELLBERG announces Birth of a son. ........... 204
Leck Church - historic pulpit .......................................................... 219
Wilhelm Günher Teuthorn 1864 ..................................................... 277

# Teil FÜNF

# ANHANG

*Fünfter Teil*

*Anhang*

## Nachfahrenliste SIBBERN Nicolaus

*Diese Liste enthält ab der 5. Generation eine Auswahl aus der umfangreichen norwegischen Nachkommenschaft des aus Kiel nach Christiania/Oslo ausgewanderten Chirurgen Nicolaus Christian Friedrich Nagel. Die Darstellung musste sich auf eine Auswahl beschränken, und zwar mit der Absicht, die Verbindung bis zu Christl Nagel-Eger abzubilden. Christl stellte mir Daten aus ihrer Forschung zur Verfügung.*

1 **SIBBERN** Nicolaus, Diakon, Pastor in Neuendorf, Glückstadt,
* um 21.04.1650 in Rendsburg. † 09.07.1712 in Glückstadt.

oo 06.03.1682 in Glückstadt mit **SOMMER** Wolber,
* 22.12.1652 in Krempe, † nach 1719 in Glückstadt.

*Kinder:*

1) **SIBBERN** Friedrich
   * 12.07.1683 in Glückstadt † 27.11.1683

2) **SIBBERN** Nicolaus Peter, Pastor in Glückstadt
   * 08.09.1684 in Glückstadt † 20.10.1728 in Glückstadt
   oo ... mit **LUNDIUS** Johanna.

3) **SIBBERN** Friedrich Christian (siehe 2.1)

4) **SIBBERN** Margaretha Wolber
   ~ 29.09.1687 in Glückstadt

5) **SIBBERN** Anna Rebekka
   * 04.03.1689 in Glückstadt

6) **SIBBERN** Sophia Christiana
   * 03.12.1690 in Glückstadt

7) **SIBBERN** Johann Elias
   * 02.04.1692 in Glückstadt

## Fünfter Teil

      8) **SIBBERN** Maria Christiana
         * 12.06.1695 in Glückstadt † 1750 in Hamburg
         oo 1/1 ... in Glückstadt mit **DIEDERICH** Dr. Johann.
         oo 2/1 ... in Hamburg mit **NN.** Burmester.


2.1      **SIBBERN** Friedrich Christian (Sohn von 1),
       * 23.04.1686 in Glückstadt.

       *Kind:*

       **SIBBERS** Friedrich, Chirurgenamt in Segeberg (siehe 3.1)


3.1      **SIBBERS** Friedrich, Chirurgenamt in Segeberg (Sohn von 2.1),
       * (s) 1715 in Glückstadt.

       oo ... mit **SULZ** Augusta Dorothea.

       *Kinder:*

       1) **SIBBERN** Marie Elisabeth
          * 06.09.1741 in Segeberg † 09.06.1747 in Segeberg

       2) **SIBBERN** Friedrich Gabriel Gottlieb, Chirurg (siehe 4.1)

       3) **SIBBERN** Simon Carl, Barbier
          * 27.03.1746 in Segeberg

       4) **SIBBERN** Daniel Johann
          * 23.09.1748 in Segeberg † 28.07.1750 in Segeberg

       5) **SIBBERN** Hans Nicolaus, Landmann
          * 04.05.1751 in Segeberg † 1813

       6) **SIBBERN** Johanna Hedwig Dorothea, Chirurgen-Tochter (siehe 4.2)


4.1      **SIBBERN** Friedrich Gabriel Gottlieb, Chirurg (Sohn von 3.1),
       * 07.12.1742 in Segeberg. † 04.11.1794 in Kopenhagen.

       oo ... mit **WILCKEN** Charlotte Amalie Friderica Louise,
       * 23.10.1753 in Plön, † 26.07.1807 in Kopenhagen.

*Anhang*

*Kind:*

**SIBBERN** Friedrich Christian, Professor der Philosophie (siehe 5.1)

*Verbundene Personen:*

*Pate von:* 5.2 NAGEL Nicolaus Christian Friedrich,
  * 08.09.1792 in Segeberg

4.2  **SIBBERN** Johanna Hedwig Dorothea, Chirurgen-Tochter (Tochter von 3.1), * 28.09.1754, ~ 03.10.1754. † 08.1798.

oo K 22.05.1790 in Segeberg mit **NAGEL** Nicolaus,
* 13.03.1765 in Dammfleth/Wilster, † 13.02.1827 in Kiel.

*Kind:*

**NAGEL** Nicolaus Christian Friedrich, Chirurg / Armee (siehe 5.2)

5.1  **SIBBERN** Friedrich Christian, Professor der Philosophie (Sohn von 4.1), * 18.07.1785 in Kopenhagen. † 17.12.1872 in Frederiksberg.

oo 29.05.1819 in Kopenhagen mit **IPSEN** Christiana Margaretha Dorothea Clara Louise, * 02.07.1799, † 02.09.1870.

*Kind:*

**SIBBERN** Ludwig Frederik Gabriel, Philosoph
  * 28.05.1824 in Kopenhagen † 02.05.1903 in Kopenhagen

5.2  **NAGEL** Nicolaus Christian Friedrich, Chirurg / Armee (Sohn von 4.2), * 08.09.1792 in Segeberg, ~ 13.09.1792.
† 23.08.1860 in Christiania = Oslo.

oo 18.01.1815 in Kongsvinger mit **BECH** Marie Louise,
* 18.01.1796 in Christiania = Oslo,
† 25.12.1853 in Christiania = Oslo.

*Kinder:*

1) **NAGEL** Nicoline Johanna Marie (siehe 6.1)

## Fünfter Teil

2) **NAGEL** Ludwig Christian
   * 30.03.1818 in Christiania = Oslo † 01.04.1884 in Christiania = Oslo

3) **NAGEL** Fredrik Andreas
   * 30.04.1820 in Christiania = Oslo † 08.1821 in Christiania = Oslo

4) **NAGEL** Charlotte Fredrike
   * 22.06.1822 in Christiania = Oslo † 27.01.1889 in Christiania = Oslo

5) **NAGEL** Fredrik Andreas (siehe 6.2)

6) **NAGEL** Johann Gottlieb
   * 11.11.1826 in Christiania = Oslo † 05.02.1895 in Christiania = Oslo

7) **NAGEL** Louise Caroline
   * 20.04.1828 in Christiania = Oslo

8) **NAGEL** Mathilde Dorothea
   * 06.06.1829 in Christiania = Oslo

9) **NAGEL** Magnus Fredrik
   * 10.06.1831 in Christiania = Oslo

10) **NAGEL** Marie Oline
    * 21.05.1832 in Christiania = Oslo

11) **NAGEL** Julie
    * 24.12.1833 in Christiania = Oslo

12) **NAGEL** Carl Johann
    * 14.03.1836 in Christiania = Oslo

13) **NAGEL** Peter August
    * 22.08.1839 in Christiania = Oslo

*Verbundene Personen:*

*Pate:* 4.1 SIBBERN Friedrich Gabriel Gottlieb,
   * 07.12.1742 in Segeberg <3.1>

## Anhang

6.1 **NAGEL** Nicoline Johanna Marie (Tochter von 5.2),
* 24.12.1816 in Kongsvinger. † 10.01.1900 in Larvik.

oo 13.05.1839 in Christiania = Oslo mit **COLLET** Peter Nicolai Arbo, * 04.11.1812 in Eker/Akershus, † 24.02.1880 in Paris.

*Kind:*

**COLLET** Villiam
* 29.03.1840 in Christiania = Oslo † 25.05.1915 in Larvik/Vesthold

6.2 **NAGEL** Fredrik Andreas (Sohn von 5.2),
* 13.05.1824 in Christiania = Oslo.
† 10.07.1883 in Christiania = Oslo.

oo 16.10.1846 in Akerhus, Christiania mit **EGEBERG** Fredrikke Caroline Christine, * 02.12.1825 in Christiania = Oslo.

*Kind:*

**NAGEL** Alfred Hagbarth (siehe 7.1)

7.1 **NAGEL** Alfred Hagbarth (Sohn von 6.2),
* 06.09.1849 in Christiania = Oslo.
† 02.03.1894 in Christiania = Oslo.

oo 26.12.1874 in Christiania = Oslo mit **FREDRIKSEN** Fredrikke Marie Sophie, * 08.03.1851 in Kristiansand,
† 01.01.1924 in Christiania = Oslo.

*Kind:*

**NAGEL** Einar (siehe 8.1)

8.1 **NAGEL** Einar (Sohn von 7.1), * 24.09.1881 in Christiania = Oslo.
† 05.11.1929 in Oslo.

oo ... mit **LARSEN** Olga Sekunda,
* 04.02.1882 in Christiania = Oslo, † 22.11.1941 in Oslo.

*Fünfter Teil*

*Kind:*

**NAGEL** Lucie Marie Nathalie (siehe 9.1)

9.1  **NAGEL** Lucie Marie Nathalie (Tochter von 8.1),
* 11.04.1913 in Christiania = Oslo.
† 02.06.1985 in Tønsberg, Vestfold.

oo ... mit **OLSEN** Reidar Oliver, * 29.04.1906 in Moss, Østhold,
† 21.02.1942 in Aruba, Vestindia.

*Kind:*

**NAGEL** Christl

*Anhang*

## *Nachfahrenliste* <u>TEUTHORN</u> *Wilhelm Günther*

### 1. Generation

1 **TEUTHORN** Wilhelm Günther, Amtschirurg in Kiel,
* 25.12.1807 in Frankenhausen. † 30.12.1881 in Kiel.

oo K 01.05.1836 in Kiel mit **NAGEL** Louise Charlotte Dorothea,
* 25.09.1809 in Kiel, † nach 1842.

*Kinder:*

1) **TEUTHORN** Wilhelm Friedrich Otto, Barbier in Kiel (siehe 2.1)

2) **TEUTHORN** Louise Maria Charlotte
   * 10.10.1838 in Kiel † 27.03.1840 in Kiel

*Verbundene Personen:*

*Pate von:* TEUTHORN Wilhelm Eduard Nicolaus,
   * 08.04.1871 in Kiel <2.1>

### 2. Generation

2.1 **TEUTHORN** Wilhelm Friedrich Otto, Barbier in Kiel (Sohn von 1),
* 13.08.1836 in Kiel, ~ 25.09.1836 in Kiel. † 06.03.1903 in Kiel.

oo K 20.06.1865 in Leck mit **NAGEL** Henriette Wilhelmine <u>Fanny</u>,
* 19.06.1840 in Leck, † 01.09.1909 in Kiel.

*Kinder:*

1) **TEUTHORN** Louise Caroline Marie Henriette, Cleaning woman in Hoboken, NJ (siehe 3.1)

*Fünfter Teil*

2) **TEUTHORN** Otto Wilhelm, Postal Clerk in Chicago, IL (siehe 3.2)

3) **TEUTHORN** Wilhelm Eduard Nicolaus, Salesman in Chicago, IL, Grocery store
\* 08.04.1871 in Kiel † 08.08.1946 in Chicago, IL
oo 1/1 01.05.1901 in Chicago, IL mit **BRUNS** Minnie, Einwanderung.
oo 2/2 24.04.1919 in Chicago, IL mit **LISKA** Betty Marie, Chicago, IL.

4) **TEUTHORN** Wilhelmine Emilie Dorothea (Minna)
\* 02.05.1873 in Kiel † 1921 in Kiel

5) **TEUTHORN** Petra Sophie Friederike (siehe 3.3)

6) **TEUTHORN** Emil Johannes August, Kaufmann & Geschäftsmann in Greifswald, "Obsthaus am Markt" (siehe 3.4)

*Verbundene Personen:*

*Paten:*

1) HECKMANN Johann Friedrich, \* vor 1858

2) NAGEL Jens Otto Christian Friedrich, Armenarzt in Leck,
\* 16.12.1803 in Kiel † 15.06.1879 in Leck <NAGEL Nicolaus, Chirurg in Kiel und FLØCKE Charlotta Maria>

*Trauzeugen* bei oo K 20.06.1865 in Leck:

1) NAGEL Jens Otto Christian Friedrich, Armenarzt in Leck,
\* 16.12.1803 in Kiel † 15.06.1879 in Leck <NAGEL Nicolaus, Chirurg in Kiel und FLØCKE Charlotta Maria>

2) NISSEN, Pastor in Risum

*Pate von:* 3.2 TEUTHORN Otto Wilhelm, \* 10.06.1868 in Kiel <2.1>

*Anhang*

## 3. Generation

3.1  **TEUTHORN** Louise Caroline Marie Henriette, Cleaning woman in Hoboken, NJ (Tochter von 2.1), * 14.07.1866 in Kiel, ~ 03.08.1866 in Kiel. † 1942 in Hoboken.

oo 15.05.1894 in Hoboken, NJ mit **PRELLBERG** Hinrich <u>Wilhelm</u>, * 06.07.1869 in Bremen, † 1942 in Hoboken.

*Kinder:*

1) **PRELLBERG** John Emil, Hoboken, NJ
   * 13.04.1899 in Hoboken, NJ † 1943
   oo ... mit Anna.

2) **PRELLBERG** William
   * 21.06.1901 in Hoboken, NJ † 09.1948
   oo 1/2 ca. 1947 in Hoboken, NJ mit **ALGARIN** Mary, Puerto Rico.

3) **PRELLBERG** Emil Otto Henrich, Platform worker, milk delivery company
   * 12.03.1909 in Hoboken, NJ † 11.1974 in Hoboken, NJ
   oo 04.09.1931 in Jersey City, NJ mit **FRIESS** Margaretha (Grete) Agatha, House wife.

3.2  **TEUTHORN** Otto Wilhelm, Postal Clerk in Chicago, IL (Sohn von 2.1), * 10.06.1868 in Kiel, ~ 26.07.1868 in Kiel. † 07.11.1935 in Chicago, IL.

oo (err) 1899 in Deutschland mit **JANSSEN** Auguste, * 10.02.1871 in Leer, † 18.11.1937 in Chicago, IL.

*Kinder:*

1) **TEUTHORN** Kurt William, Lawyer in Chicago, IL
   * 11.09.1900 in Chicago, IL † 17.08.1974 in Chicago, IL
   oo ... in Chicago mit **MANSON** Helen Catherine.

2) **TEUTHORN** Otto
   * 05.01.1908 in Chicago, IL † vor 1920 in Chicago, IL

## Fünfter Teil

*Verbundene Personen:*

*Paten:*

1) NAGEL Otto Julius Nicolaus, Buchbinder in Leck,
   * 03.06.1844 in Leck <NAGEL Jens Otto Christian Friedrich, Armenarzt in Leck und HATTING Marie Wilhelmine>

2) NAGEL Sophie Friederike, * 06.09.1845 in Leck <NAGEL Jens Otto Christian Friedrich, Armenarzt in Leck und HATTING Marie Wilhelmine>

3) 2.1 TEUTHORN Wilhelm Friedrich Otto, * 13.08.1836 in Kiel <1>

*Trauzeuge von:* oo 1/1 01.05.1901 in Chicago, IL (**TEUTHORN** Wilhelm Eduard Nicolaus mit **BRUNS** Minnie)

3.3     **TEUTHORN** Petra Sophie Friederike (Tochter von 2.1),
        * 20.03.1875 in Kiel, ~ 19.04.1875 in Kiel. † 1943 in Hoboken, NJ.

oo 21.10.1898 in Hoboken, NJ mit **HESSEL** Johann F. (John),
* 1871 in Germany, † vor 1910.

*Kinder:*

1) **HESSEL** Anna
   * 06.08.1899  † 11.02.1993 in Warren, New Jersey

2) **HESSEL** Fannie
   * 17.08.1901  † nach 1981
   oo 1/1 ... mit **HENNE** Ernest.
   oo 2/1 ... mit **NUGENT** Nn.

*Verbundene Personen:*

*Paten:*

1) BEHRENS Petra Elisabeth

2) NAGEL Sophie Friederike, * 06.09.1845 in Leck <NAGEL Jens Otto Christian Friedrich, Armenarzt in Leck und HATTING Marie Wilhelmine>

# Anhang

3.4 **TEUTHORN** Emil Johannes August, Kaufmann & Geschäftsmann in Greifswald, "Obsthaus am Markt" (Sohn von 2.1),
\* 25.05.1880 in Kiel. † 19.11.1959 in Greifswald.

oo 1/1 K 12.08.1909 in Swakopmund mit **BACHMANN** Erika Martha Therese, \* 24.05.1886 in Stettin, † 31.12.1970 in Müritz.

*Kinder:*

1) **TEUTHORN** Joachim Christian "Jo", Großhandelskaufmann in Greifswald, Juniorchef
\* 04.12.1910 in Windhuk † 18.05.1976 in Hamburg
oo 04.02.1938 in Greifswald mit **MALINOWSKY** Helene Anna-Marie Gertrud Hanna, Geschäftsfrau.

2) **TEUTHORN** Heinz Walter Hugo
\* 19.01.1913 in Windhuk † 02.1988 in Neheim-Hüsten
oo 1934 in Rostock mit **WAGNER** Edith.

3) **TEUTHORN** Konrad Walter Wilhelm, Offizier
\* 13.11.1916 in Windhuk   Gefallen 31.10.1941 in Lobanowo/Russland
oo V ... mit **MOTZ** Lieselotte (Lotti).

oo 2/1 1929 in Greifswald mit **SCHOLZ** Anna, \* 08.02.1895, † 1984 in Greifswald.

*Kind:*

**TEUTHORN** Klaus, Elektriker
\* 18.03.1930 in Greifswald
oo 1954 mit **VOGEL** Hildegard (Hilde) Gertrud, Postbotin.

o-o 3/2 1944 mit **WEISS** Elfriede, \* 1908, † ca. 1993.

*Kind:*

**WEISS** Petra
\* 29.08.1945 in Greifswald
oo 1968 ? mit **Urbszat** Jürgen, Cottbus.

*Alle Partnerschaften:*
Kirchliche Trauung: 12.08.1909 in Swakopmund mit **BACHMANN** Erika Martha Therese.
Scheidung: 1925 ? in Greifswald.

## Fünfter Teil

oo 2/1 1929 in Greifswald mit **SCHOLZ** Anna.
Scheidung: 1937.
Uneheliche Verbindung: 1944 mit **WEISS** Elfriede.

*Verbundene Personen:*

*Paten:*
 1) BELITZ August

 2) NAGEL Emil Nicolaus, Salesman (traveling),
     * 03.12.1847 in Leck † 10.02.1932 in La Grange Village, Illinois
     <NAGEL Jens Otto Christian Friedrich, Armenarzt in Leck und
     HATTING Marie Wilhelmine>

*Pate von:* TEUTHORN Peter Karl Emil, * 06.03.1939 in Greifswald

*Anhang*

## Ahnenliste TEUTHORN Emil & Geschwister

(Die Kekule-Zählung beginnt mit Ururenkel/Ururneffe Jonas Teuthorn, geb. 2013)

### 5. Generation

**16**      **TEUTHORN** Louise Caroline Marie Henriette (Louisa), Cleaning woman in Hoboken, NJ, * 14.07.1866 in Kiel, ~ 03.08.1866 in Kiel, *Paten:* noch nicht entziffert. † 1942 in Hoboken.
oo 15.05.1894 in Hoboken, NJ mit **PRELLBERG** Hinrich <u>Wilhelm</u> (<u>Willy</u> William) <**PRELLBERG** Johann Hinrich Christian, Maschinist in Bremen und **SCHRÖDER** Margarethe Rebecka Dorothee>, * 06.07.1869 in Bremen, † 1942 in Hoboken.
*Quellen:* SL(^5) ^C2016 *KB1078

**16**      **TEUTHORN** Otto Wilhelm, Postal Clerk in Chicago, IL, * 10.06.1868 in Kiel, ~ 26.07.1868 in Kiel.
† 07.11.1935 in Chicago, IL.
oo (err) 1899 in Deutschland mit **JANSSEN** Auguste <**JANSSEN** Johann (John), Polizeikommissar in Leer, police inspector und **THÖLE** Petronelle Sophia>, * 10.02.1871 in Leer,
† 18.11.1937 in Chicago, IL.
*Paten:* 1) NAGEL Otto Julius Nicolaus, * 03.06.1844 in Leck <**66**> 2) NAGEL Sophie Friederike, * 06.09.1845 in Leck <**66**> 3) **32** TEUTHORN Wilhelm Friedrich Otto, * 13.08.1836 in Kiel
*Quellen:* EM(2010,2011) *SD1068 **KB1078 ^EM2007/Nr.5
*Trauzeuge von:* oo 1/1 01.05.1901 in Chicago, IL (**TEUTHORN** Wilhelm Eduard Nicolaus mit **BRUNS** Minnie)

**16**      **TEUTHORN** Wilhelm Eduard Nicolaus, Salesman in Chicago, IL, Grocery store, * 08.04.1871 in Kiel, ~ 15.05.1871 in Kiel.
† 08.08.1946 in Chicago, IL.
oo 1/1 01.05.1901 in Chicago, IL mit **BRUNS** Minnie, * 24.03.1870,

*Fünfter Teil*

† 22.02.1917 in Chicago, IL.
*Trauzeugen:* 1) JANSSEN Auguste, * 10.02.1871 in Leer
† 18.11.1937 in Chicago, IL 2) TEUTHORN Otto Wilhelm,
* 10.06.1868 in Kiel <**32**>
oo 2/2 24.04.1919 in Chicago, IL mit **LISKA** Betty Marie <**LISKA** Michael und **LUPTAK** Zuzanna>,
* 20.05.1871 in Blatnice, Tschechoslowakei,
† 15.05.1947 in Chicago, IL.
*Paten:* 1) ESROM Elise Katharina Magdalena 2) NAGEL Friedrich Nicolaus, * 11.12.1849 in Leck <**66**> 3) **64** TEUTHORN Wilhelm Günther, * 25.12.1807 in Frankenhausen
*Quellen:* SL(4) +EM2010 *KB1078 ooUH2025 ^SL2001 ^C2015
*Adoptivvater von:* MUSARD Frank, * 1903 in England

16      **TEUTHORN** Wilhelmine Emilie Dorothea (Minna),
* 02.05.1873 in Kiel, ~ 25.06.1873 in Kiel, *Paten:* siehe VP
und ?Anna Dorothea Höcke?. † 1921 in Kiel.
*Paten:* 1) **67** HATTING Marie Wilhelmine,
* 06.06.1808 in Kopenhagen 2) NAGEL Emil Nicolaus,
* 03.12.1847 in Leck <**66**>
*Quellen:* *KB1078

16      **TEUTHORN** Petra Sophie Friederike, * 20.03.1875 in Kiel,
~ 19.04.1875 in Kiel. † 1943 in Hoboken, NJ.
oo 21.10.1898 in Hoboken, NJ mit **HESSEL** Johann F. (John),
* 1871 in Germany, † vor 1910.
*Paten:* 1) BEHRENS Petra Elisabeth 2) NAGEL Sophie Friederike,
* 06.09.1845 in Leck <**66**>
*Quellen:* SL(3) *SD1068 *KB1078

16      **TEUTHORN** Emil Johannes August, Kaufmann &
Geschäftsmann in Greifswald, "Obsthaus am Markt",
* 25.05.1880 in Kiel. † 19.11.1959 in Greifswald.
oo 1/1 K 12.08.1909 in Swakopmund mit **BACHMANN** Erika Martha Therese, * 24.05.1886 in Stettin, † 31.12.1970 in Müritz.
oo 2/1 1929 in Greifswald mit **SCHOLZ** Anna <**SCHOLZ** und **UNGERATH** Anna-Auguste>, * 08.02.1895, † 1984 in Greifswald.
o-o 3/2 1944 mit **WEISS** Elfriede, * 1908, † ca. 1993.
*Paten:* 1) BELITZ August 2) NAGEL Emil Nicolaus,

## *Anhang*

\* 03.12.1847 in Leck <**66**>
*Patenkind:* TEUTHORN Peter Karl Emil, Personalleiter in Mexico bis München, \* 06.03.1939 in Greifswald
*Quellen:* UG(\*1001) ^SL2001 SL(^1,^2) \*KB1078

## 6. Generation

**32**
    **TEUTHORN** Wilhelm Friedrich Otto, Barbier in Kiel,
\* 13.08.1836 in Kiel, ~ 25.09.1836 in Kiel, *Paten:* siehe verbundene Personen. † 06.03.1903 in Kiel.
oo K 20.06.1865 in Leck mit **NAGEL** Henriette Wilhelmine <u>Fanny</u>,
\* 19.06.1840 in Leck, † 01.09.1909 in Kiel.
*Trauzeugen:* 1) **66** NAGEL Jens <u>Otto</u> Christian Friedrich,
\* 16.12.1803 in Kiel  2) NISSEN, Pastor in Risum
*Paten:* 1) HECKMANN Johann Friedrich, \* vor 1858  2) **66** NAGEL Jens <u>Otto</u> Christian Friedrich, \* 16.12.1803 in Kiel
*Patenkind:* TEUTHORN Otto Wilhelm, \* 10.06.1868 in Kiel <**32**>
*Quellen:* \*KB1006  ooKH1009  KB(\*6)  +SA1064

**33**
    **NAGEL** Henriette Wilhelmine <u>Fanny</u>, \* 19.06.1840 in Leck,
~ 28.08.1840 in Leck, *Paten:* 2. Pastor Nissen in Lügum , siehe auch verb. Personen. † 01.09.1909 in Kiel.
oo K 20.06.1865 in Leck mit **TEUTHORN** Wilhelm Friedrich Otto,
\* 13.08.1836 in Kiel, † 06.03.1903 in Kiel.
*Trauzeugen:* siehe **32**
*Paten:* 1) **65** NAGEL Louise Charlotte Dorothea, \* 25.09.1809 in Kiel  2) NISSEN, Pastor in Risum  3) verh_MÖLLER Henriette, VermuteteMutter_desPaulMöller
*Quellen:* \*KT1009  \*B1005  ooKH1009  KB(\*7)  +SA1064

## 7. Generation

**64**
    **TEUTHORN** Wilhelm Günther, Amtschirurg in Kiel,
\* 25.12.1807 in Frankenhausen. † 30.12.1881 in Kiel.
oo K 01.05.1836 in Kiel mit **NAGEL** Louise Charlotte Dorothea,
\* 25.09.1809 in Kiel, † 27.12.1863 in Kiel.
*Patenkind:* TEUTHORN Wilhelm Eduard Nicolaus,
\* 08.04.1871 in Kiel <**32**>

*Fünfter Teil*

*Quellen:* \*ST1042 KB(oo3) ^BB1020/Nr.6061

65     **NAGEL** Louise Charlotte Dorothea, Chirurgen-Tochter,
\* 25.09.1809 in Kiel, ~ 05.11.1809 in Kiel, *Paten:* 2. der Vater des
Kindes 3. die Mutter des Kindes. † 27.12.1863 in Kiel,
b 01.01.1864 in Kiel.
oo K 01.05.1836 in Kiel mit **TEUTHORN** Wilhelm Günther,
\* 25.12.1807 in Frankenhausen, † 30.12.1881 in Kiel.
*Patin:* WITT Louise Friedrika, \* (err) 1768 † vor 1855 in Kiel
*Patenkinder:* 1) **33** NAGEL Henriette Wilhelmine <u>Fanny</u>,
\* 19.06.1840 in Leck  2) NAGEL Louise Friederike,
\* 26.04.1842 in Leck <**66**>
*Quellen:* \*ATLN1013  ATLN(1)  KB(\*2,oo3)

66     **NAGEL** Jens <u>Otto</u> Christian Friedrich, Armenarzt in Leck,
\* 16.12.1803 in Kiel, ~ 27.01.1804 in Kiel. † 15.06.1879 in Leck,
b 20.06.1879 in Leck.
oo 24.05.1836 in Leck mit **HATTING** Marie Wilhelmine (Maria
Wilhelmina), \* 06.06.1808 in Kopenhagen, † 28.05.1879 in Leck.
*Paten:* 1) von NEERGARD (von NERGAARD, de NEERGAARD,
von NERGAARD) Jens Peter Bruun, Kammerherr, \* 07.12.1764
† 07.01.1848 2) von RUMOHR Detlev Christian 3) WULFF
(WULF) Otto Johann Daniel, Erbherr auf Marutendorf in Achterwehr,
\* (err) 1761
*Patenkind:* **32** TEUTHORN Wilhelm Friedrich Otto,
\* 13.08.1836 in Kiel
*Quellen:* \*ATLN1013  ATLN(^1)  KB(\*5) \* KB1006_JN +KB1009
ooKB1009 ^ATLN1013 ^KT1009
*Trauzeuge von:* oo 1/1 K 20.06.1865 in Leck (**32 TEUTHORN**
    Wilhelm Friedrich Otto mit **33 NAGEL** Henriette Wilhelmine
    <u>Fanny</u>)

67     **HATTING** Marie Wilhelmine (Maria Wilhelmina),
\* 06.06.1808 in Kopenhagen, ~ 15.06.1808 in Kopenhagen.
† 28.05.1879 in Leck, b 02.06.1879 in Leck.
oo 24.05.1836 in Leck mit **NAGEL** Jens <u>Otto</u> Christian Friedrich,
\* 16.12.1803 in Kiel, † 15.06.1879 in Leck.
*Patenkind:* TEUTHORN <u>Wilhelmine</u> Emilie Dorothea (Minna),
\* 02.05.1873 in Kiel <**32**>

# Anhang

*Quellen:* *+KB1009 ooKB1009

## 8. Generation

**128**      **TEUTHORN** Christoph Wilhelm, Brau- und Pfannherr in Frankenhausen, Seifensieder, * 03.05.1772 in Frankenhausen.
† 07.09.1839 in Frankenhausen.
oo 07.05.1794 in Frankenhausen mit **HAUTHAL** Eva Marie Catharine, * 1777 in Kelbra, † 16.03.1859 in Frankenhausen.
*Quellen:* *+A1105 ooA1105

**129**      **HAUTHAL** Eva Marie Catharine, * 1777 in Kelbra.
† 16.03.1859 in Frankenhausen.
oo 07.05.1794 in Frankenhausen mit **TEUTHORN** Christoph Wilhelm, * 03.05.1772 in Frankenhausen,
† 07.09.1839 in Frankenhausen.
*Quellen:* ST1042 A1105 ooA1105

**130**      **NAGEL** Nicolaus (Clas), Chirurg in Kiel,
* 13.03.1765 in Dammfleth/Wilster, ~ 15.03.1765 in Wilster, *Paten:* siehe verb. Pers. † 13.02.1827 in Kiel.
oo 1/1 K 22.05.1790 in Segeberg mit **SIBBERN** Johanna Hedwig Dorothea <**SIBBERS** Friedrich, Chirurgenamt in Segeberg und **SULZ** Augusta Dorothea>, * 28.09.1754, † 08.1798.
oo 2/1 K 15.11.1798 in Kiel mit **FLØCKE (FLUG)** Charlotta Maria (Charlotte Maria), * 03.10.1775 in Skalbjerg auf Fünen,
† 14.06.1846 in Kiel.
*Paten:* 1) HELLMANN Hinrich, Dammfleth b. Wilster, * (s) 1700
2) HOLST Hinrich, * (s) 1710 <**1046**> 3) **522** POPP Claus,
* 25.08.1715 in Rotenmeer, Dammfleth 4) TECKLENBORG Hartig, Hochfeld, Dammfleth, * (s) 1700
*Quellen:* *ATLN1013 ATLN(*1) KB(oo1) EM1045 BU(^1046) C(^1049) KB1050

**131**      **FLØCKE (FLUG)** Charlotta Maria (Charlotte Maria),
* 03.10.1775 in Skalbjerg auf Fünen. † 14.06.1846 in Kiel,
b 17.06.1846 in Kiel.
oo 1/2 K 15.11.1798 in Kiel mit **NAGEL** Nicolaus (Clas),
* 13.03.1765 in Dammfleth/Wilster, † 13.02.1827 in Kiel.

*Fünfter Teil*

*Patenkinder:* 1) NAGEL Charlotte Ottilie, * 09.04.1837 in Leck <**66**>
2) TEUTHORN Louise Maria Charlotte, * 10.10.1838 in Kiel <**64**>
*Quellen:* KB(1) ATLN(*1) EM1076/SterberegisterKiel ^EM1076

132 = **130 NAGEL** Nicolaus (Clas), Chirurg in Kiel,
* 13.03.1765 in Dammfleth/Wilster, ~ 15.03.1765 in Wilster

133 = **131 FLØCKE (FLUG)** Charlotta Maria (Charlotte Maria),
* 03.10.1775 in Skalbjerg auf Fünen

134 **HATTING** Hinrich Friedrich, Schiffskapitän.
oo ... mit **POGLER** Johanna Conradine.
*Quellen:* *KT1009

135 **POGLER** Johanna Conradine.
oo ... mit **HATTING** Hinrich Friedrich.
*Quellen:* ^KB1009

## 9. Generation

256 **TEUTHORN** Philipp Andreas, Brau- und Pfannherr in Frankenhausen, Seifensieder, * 04.11.1734 in Frankenhausen.
† 06.08.1792 in Frankenhausen.
oo 1/1 02.1771 in Frankenhausen mit **KRAUSE** Marie Magdal.,
* 1747, † 1774 in Frankenhausen.
oo 2/1 01.05.1776 in Frankenhausen mit **GÖDICKE** Anna Marie
<**GÖDICKE**, Schultheiß in Esperstedt b. Artern>,
† 1829 in Frankenhausen.
*Quellen:* *ooKS1040

257 **KRAUSE** Marie Magdal., * 1747. † 1774 in Frankenhausen.
oo 02.1771 in Frankenhausen mit **TEUTHORN** Philipp Andreas,
* 04.11.1734 in Frankenhausen, † 06.08.1792 in Frankenhausen.
*Herkunft:* Thalleben

258 **HAUTHAL** Johann Caspar, Rathscämmerer in Frankenhausen, Seifensieder, * 1727 in Frankenhausen. † 1814 in Frankenhausen.
oo 1/1 1748 in Frankenhausen mit **TEUTHORN** Marie Dorothee

*Anhang*

&lt;**TEUTHORN** Johann Jacob, Schuhmacher und **SCHEFFLER** Elisabeth Dorothee&gt;, * 07.12.1722 in Frankenhausen,
† 04.02.1770 in Frankenhausen.
oo 2/1 1777 in Frankenhausen mit **JOHN** Cath. Margar., * (err) 1747,
† 1810 in Frankenhausen.
*Quellen:* *+ST1042 ooST1042_hau

259    **JOHN** Cath. Margar., * (err) 1747. † 1810 in Frankenhausen.
oo 1/2 1777 in Frankenhausen mit **HAUTHAL** Johann Caspar,
* 1727 in Frankenhausen, † 1814 in Frankenhausen.
*Herkunft:* Kelbra
*Quellen:* *+ST1042_hau ooST1042_hau

260    **NAGEL** Frenz (Frantz), Hausmann in Dammfleth b. Wilster,
* 24.03.1731 in Wilster, *Paten:* Siehe verbundene Personen.
† 21.12.1801 in Wilster, b 26.12.1801 in Wilster.
oo 1/1 25.09.1760 in Dammfleth b. Wilster mit **POPP** Marlena (Magdalena), * 26.04.1737 in Rumfleth, † 20.03.1770 in Wilster.
oo 2/1 nach 1770 mit **NUSFELS** Anna, * (s) 1750.
*Paten:* 1) SIEVERS Wilm 2) **1042** STELLING Johann, * (s) 1670
3) TECKLENBORG Hartig, * (s) 1670
*Quellen:* KB1050 KB(*16,oo14,+10)

261    **POPP** Marlena (Magdalena), * 26.04.1737 in Rumfleth,
~ 26.04.1737. † 20.03.1770 in Wilster, b 28.03.1770.
oo 25.09.1760 in Dammfleth b. Wilster mit **NAGEL** Frenz (Frantz),
* 24.03.1731 in Wilster, † 21.12.1801 in Wilster.
*Quellen:* KB1050 KB(oo14,+11,*38)

262    **POVELSEN (POVELSEN FLØCKE)** Jørgen (Johann Peter), Schulmeister in Skalbjerg auf Fünen, * (err) 1746.
b 21.01.1807 in Vissenbjerg.
oo 31.08.1775 in Agedrup b. Odense mit **JENSDATTER** Ane Dorothea, * (err) 1752, † 11.07.1818.
*Herkunft:* Agedrup b. Odense
*Quellen:* KB(1) +EM1076

263    **JENSDATTER** Ane Dorothea, * (err) 1752. † 11.07.1818,
b 15.07.1818 in Vissenbjerg.

*Fünfter Teil*

oo 31.08.1775 in Agedrup b. Odense mit **POVELSEN (POVELSEN FLØCKE)** Jørgen (Johann Peter), * (err) 1746,
b 21.01.1807 in Vissenbjerg.
*Quellen:* ^EM1076

264 ... 267 = Implex

## 10. Generation

**512** **TEUTHORN** Johann Jacob, Schuhmacher,
* 29.10.1690 in Ringleben. † 1738 in Frankenhausen.
oo 13.01.1715 in Frankenhausen mit **SCHEFFLER** Elisabeth Dorothee, * (s) 1695, † 01.1770 in Frankenhausen.
*Quellen:* +KS1040 ooEM1058/16.1.2005

**513** **SCHEFFLER** Elisabeth Dorothee, * (s) 1695.
† 01.1770 in Frankenhausen.
oo 13.01.1715 in Frankenhausen mit **TEUTHORN** Johann Jacob,
* 29.10.1690 in Ringleben, † 1738 in Frankenhausen.
*Quellen:* +BU1106/7.2.1770 ooEM1058/16.1.2005

**514** **KRAUS** Christian, Freisass in Thaleben.
oo .... unbekannt.
*Quellen:* ^A1105

**516** **HAUTHAL** Johann Balthasar, Seifensieder in Frankenhausen,
* (err) 1681 in Hemleben (?). † 1753 in Frankenhausen.
oo 1/1 22.07.1709 in Bretleben mit **EBENRODT** Maria Elisabeth
<**EBENRODT** Johann Georg, Erbmüller in Bretleben und >,
* ... in Bretleben.
oo 2/1 K 1718 in Frankenhausen mit **TEUTHORN** Regine Marie,
* 1699 in Bilzingsleben, † 1748 in Frankenhausen.
*Herkunft:* Hemleben
*Quellen:* ^ST1042_hau ooEM1058b KB_B( 1) ooST1042_hau

**517** **TEUTHORN** Regine Marie, * 1699 in Bilzingsleben.
† 1748 in Frankenhausen.
oo 1/2 K 1718 in Frankenhausen mit **HAUTHAL** Johann Balthasar,
* (err) 1681 in Hemleben (?), † 1753 in Frankenhausen.
*Patenkind:* **DITTMAR** Maria Magdalena, * 29.08.1728 in Seehausen

*Anhang*

*Quellen:* ooST1042_hau

518      **JOHN** Johann Otto, Weber in Kelbra, * (s) 1715.
oo .... unbekannt.
*Quellen:* ST1042_hau

520      **NAGEL** Frentz, * 27.12.1691 in Wilster, *Paten:* Johann Nagel, Engel Brand, Grete Kn..s?. † (err) 1732.
oo K 29.04.1725 in Wilster mit **STELLING** Trienke,
* (s) 1700 in Wewelsfleth.
*Quellen:* KB1050 KB(*12)

521      **STELLING** Trienke, * (s) 1700 in Wewelsfleth.
oo K 29.04.1725 in Wilster mit **NAGEL** Frentz,
* 27.12.1691 in Wilster, † (err) 1732.
*Quellen:* KB1050 KB(oo13)

522      **POPP** Claus (Clas), Rumfleth,
* 25.08.1715 in Rotenmeer, Dammfleth, *Paten:* Hanns Huß von Wevelsfleth, Max [?] Götsche, Abel Meiers.
† 23.12.1757 in Rothenmeer.
oo 20.05.1733 in Wilster mit **HOLST** Lisebet, * (s) 1718.
*Patenkind:* **130** NAGEL Nicolaus, * 13.03.1765 in Dammfleth/Wilster
*Quellen:* KB1050 KB(*18)

523      **HOLST** Lisebet, * (s) 1718.
oo 20.05.1733 in Wilster mit **POPP** Claus (Clas),
* 25.08.1715 in Rotenmeer, Dammfleth, † 23.12.1757 in Rothenmeer.
*Quellen:* KB1050 KB(oo19)

528      ... 531 = Implex

## 11. Generation

1024      **TEUTHORN** Peter Andreas, Lohgerber u. Freisaß zu Ringleben,
* 1656 in Frankenhausen. † ... in Frankenhausen,
b 06.05.1734 in Frankenhausen.
oo 02.05.1687 in Frankenhausen mit **BAMBERG** Catharina Gerthruda, * 19.02.1668 in Frankenhausen,
† 02.07.1732 in Frankenhausen.

## Fünfter Teil

*Patenkind:* TEUTHORN Johann Christoph Andreas,
* 15.09.1729 in Artern
*Quellen:* +KS1040 +A1105 ooKS1040 ^BB3061

**1025**  BAMBERG Catharina Gerthruda,
* 19.02.1668 in Frankenhausen. † 02.07.1732 in Frankenhausen.
oo 02.05.1687 in Frankenhausen mit **TEUTHORN** Peter Andreas,
* 1656 in Frankenhausen, b 06.05.1734 in Frankenhausen.
*Quellen:* +KS1040 ooKS1040

**1026**  SCHEFFLER Gottfried, Schuhmacher in Frankenhausen.
oo .... unbekannt.
*Herkunft:* ?Sittendorf ?Tilleda?
*Quellen:* A1105

**1032**  HAUTHAL Martin (GemeinsamAhn), * (s) 1655.
† vor 1709 in Hemleben.
oo ... mit **NN**.
*Herkunft:* Hemmleben
*Quellen:* ^EM1058b ^BU1070

**1033**  NN.
oo ... mit **HAUTHAL** Martin (GemeinsamAhn), * (s) 1655,
† vor 1709 in Hemleben.
*Quellen:* ^ST1042_hau

**1034**  TEUTHORN (DEUTHORN) Johann Daniel, Cantor u. Schullehrer in Bilzingsleben, * ... in Frankenhausen,
~ 24.08.1664 in Frankenhausen, *Paten:* Barbara Gertruda ux. Johann Oberländers, Johann Heinrich Hüller oder evtl. Hüfler?.
† 06.05.1718 in Bilzingsleben.
oo 18.11.1688 in Seehausen mit **WINTER** Elisabeth Margarete,
* (s) 1668 in Seehausen, † 1731.
*Pate:* LINDEMANN Daniel Christoph, * um 1610 in Frankenhausen
*Quellen:* +BU3051/Heft4-1977-S331, *A1105 +HP8016 ooA1105 ^BU3074

**1035**  WINTER Elisabeth Margarete, * (s) 1668 in Seehausen. † 1731.
oo 18.11.1688 in Seehausen mit **TEUTHORN (DEUTHORN)**

*Anhang*

          Johann Daniel, ~ 24.08.1664 in Frankenhausen,
          † 06.05.1718 in Bilzingsleben.
          *Quellen:* +A1105 ooA1105

**1040**         **NAGEL** Frentz, * um 1660.
          oo ... mit **Verh_NAGEL** Engel.
          *Herkunft:* Im Hohenfelde

**1041**         **Verh_NAGEL** Engel.
          oo ... mit **NAGEL** Frentz, * um 1660.

**1042**         **STELLING** Johann, * (s) 1670.
          oo .... unbekannt.
          *Herkunft:* Wevelsfleth
          *Patenkind:* **260** NAGEL Frenz, * 24.03.1731 in Wilster
          *Quellen:* KB1050 KB(^13)

**1044**         **POPP** Marten, * (s) 1680. † vor 1733.
          oo .... unbekannt.
          *Quellen:* KB1050 KB(^18)

**1046**         **HOLST** Hinrich, * (s) 1680. † vor 1733.
          oo ... mit **verh_HOLSTEN**, * (s) 1685.
          *Quellen:* KB1050 KB(^19)

**1047**         **verh_HOLSTEN**, * (s) 1685.
          oo ... mit **HOLST** Hinrich, * (s) 1680, † vor 1733.

**1056**         ... 1063 = Implex

## 12. Generation

**2048**         **TEUTHORN** Jacob, Bürgermeister in Frankenhausen, Kaufmann
          u. Tuchmacher, * 13.08.1632 in Frankenhausen.
          † 23.02.1713 in Frankenhausen.
          oo 15.05.1653 in Frankenhausen mit **ERFURT** Anna,
          * 22.02.1634 in Frankenhausen, † 1718 in Frankenhausen.

*Fünfter Teil*

*Patenkind:* TEUTHORN Johann Jakob, Krahmer und Gewandschneider in Artern, ~ 19.02.1704 in Artern b 26.01.1745 in Artern
*Quellen:* *ST1042 ooATLN1007 *A1108

**2049**     ERFURT Anna, * 22.02.1634 in Frankenhausen.
† 1718 in Frankenhausen.
oo 15.05.1653 in Frankenhausen mit **TEUTHORN** Jacob,
* 13.08.1632 in Frankenhausen, † 23.02.1713 in Frankenhausen.
*Quellen:* * ATLN1007

**2068**     **TEUTHORN** Moritz, * 21.03.1630 in Frankenhausen, *Paten:* Mauritius Ritter [Vater oder Sohn?], Wilhelm Fischer, (Anna ux. Stephan Bonners = Anna Siebold). † 15.04.1685 in Frankenhausen.
oo 15.07.1663 in Frankenhausen mit **CLAUSIUS** Maria Magdalena,
~ 18.06.1632 in Frankenhausen.
*Patin:* SIEBOLD Anna, ~ 28.05.1591 in Frankenhausen † 15.09.1660
*Quellen:* *KB_FhOrig_1558 +A1105

**2069**     **CLAUSIUS** Maria Magdalena, * ... in Frankenhausen,
~ 18.06.1632 in Frankenhausen.
oo 15.07.1663 in Frankenhausen mit **TEUTHORN** Moritz,
* 21.03.1630 in Frankenhausen, † 15.04.1685 in Frankenhausen.
*Quellen:* *A1105

**2070**     **WINTER** Heinrich, Schultheiß in Seehausen.
oo .... unbekannt.
*Quellen:* A1105

## 13. Generation

**4096**     **TEUTHORN** Jacob, Rathskämmerer in Frankenhausen, Pfannherr, * 28.05.1587 in Frankenhausen.
† 16.08.1637 in Frankenhausen.
oo 31.07.1631 in Frankenhausen mit **SIEBOLD** Anna,
~ 17.12.1602 in Frankenhausen, b 02.10.1650 in Frankenhausen.
*Quellen:* *BU1017/S116 +AMF/Karte2033/25.11.2002

## Anhang

**4097**  SIEBOLD Anna, * ... in Frankenhausen,
~ 17.12.1602 in Frankenhausen. † ... in Frankenhausen,
b 02.10.1650 in Frankenhausen.
oo 1/1 31.07.1631 in Frankenhausen mit **TEUTHORN** Jacob,
* 28.05.1587 in Frankenhausen, † 16.08.1637 in Frankenhausen.
oo 2/1 09.10.1642 in Frankenhausen mit **MÜLDENER** Johann,
† 30.05.1656.
*Quellen:* *ATLN1007/no129 *BU1054/S.116 *A1105

**4098**  ERFURTH Justus, Rathskämmerer und Pfannherr in
Frankenhausen, * 20.05.1609 in Frankenhausen.
oo 1/2 26.05.1633 in Frankenhausen mit **BURKHARDT** Anna.
*Quellen:* *ATLN1007/No130

**4099**  BURKHARDT Anna.
oo 1/1 1628 in Frankenhausen mit **SPANGENBERG** Caspar
<**SPANGENBERG** Hans, Rathscämmerer in Frankenhausen und
Eva>, * 1603 in Frankenhausen, † 1632 in Frankenhausen.
oo 2/1 26.05.1633 in Frankenhausen mit **ERFURTH** Justus,
* 20.05.1609 in Frankenhausen.

**4136**  TEUTHORN Christian, Bürgermeister in Frankenhausen,
* (s) 1600 in Eisleben (?). † ... in Frankenhausen,
b 27.01.1667 in Frankenhausen.
oo 1/1 14.08.1625 mit **RITTER** Catharina,
* 18.11.1601 in Frankenhausen, † 23.09.1636 in Frankenhausen.
oo 2/1 24.09.1637 mit **LÖHNER** Elisabeth Anna <**LÖHNER** Johann,
Magister und Bürgermeister in Frankenhausen und **TEUTHORN**
Catharina>, * (err) 1609 in Frankenhausen,
b 02.12.1688 in Frankenhausen.
*Herkunft:* Eisleben/Lutherstadt
*Quellen:* +HP2009/A-Kzf4836 ooEM3011 ooKB_Fh_1625
ooKB_Fh_1637 ^BU91036/S.549

**4137**  RITTER Catharina, BürgermeisterTochter,
* 18.11.1601 in Frankenhausen. † 23.09.1636 in Frankenhausen.
oo 14.08.1625 mit **TEUTHORN** Christian, * (s) 1600 in Eisleben (?),
b 27.01.1667 in Frankenhausen.
*Quellen:* ^BU3052/R7231 *+A1105 ooEM3011 ooKB_Fh_1625

*Fünfter Teil*

**4138**     **CLAUSIUS** Hans.
oo .... unbekannt.

## 14. Generation

**8192**     **TEUTHORN (DEUTHORN)** Peter, Rathskämmerer,
\* ... in Frankenhausen, ~ 09.09.1562 in Frankenhausen, *Paten:* Petrus Koboldt. † ... in Frankenhausen, b 19.04.1634 in Frankenhausen.
oo 1/1 24.04.1586 mit **SALZMANN** Anna, † vor 1600.
oo 2/1 15.06.1600 in Frankenhausen mit **FISCHER** Susanne
<**FISCHER** Melchior>, \* (s) 1580, b 23.07.1626 in Frankenhausen.
*Pate:* KOBOLDT Petrus
*Quellen:* \*+ST1042 ^EM2042 +A1105 \* KB_FhOrig_1558
ooA1109 ooA1105

**8193**     **SALZMANN** Anna. † vor 1600.
oo 24.04.1586 mit **TEUTHORN (DEUTHORN)** Peter,
~ 09.09.1562 in Frankenhausen, b 19.04.1634 in Frankenhausen.
*Quellen:* ooA1109

**8194**     **SIEBOLD** Caspar, Bürger und Pfannherr in Frankenhausen,
\* 24.10.1562 in Frankenhausen (?). † 19.12.1631 in Frankenhausen,
b 19.12.1631 in Frankenhausen.
oo 08.02.1596 in Frankenhausen mit **STOLBERG** Anna,
~ 16.10.1578 in Frankenhausen, b 23.12.1646 in Frankenhausen.
*Quellen:* ^BU1054/S.115-117 ^ATLN1007

**8195**     **STOLBERG** Anna, Bürgermeistertochter,
~ 16.10.1578 in Frankenhausen. b 23.12.1646 in Frankenhausen.
oo 08.02.1596 in Frankenhausen mit **SIEBOLD** Caspar,
\* 24.10.1562 in Frankenhausen (?), † 19.12.1631 in Frankenhausen.
*Quellen:* BU1054/S.115 B8031

**8196**     **ERFURTH** Peter.
*Quellen:* \*ATLN1007/No260

*Anhang*

**8274** **RITTER** Martin, Bürgermeister in Frankenhausen, 5mal im 3-Jahresrythmus, * 11.11.1551 in Liebenwerda.
† 20.09.1623 in Frankenhausen, b 22.09.1623 in Frankenhausen.
oo 1/1 1582 in Heldrungen b. Artern mit **HAUPT** Ursula,
† ca. 1606 in Frankenhausen.
oo 2/2 1608 in Frankenhausen mit **SEEMANN** Catharina
<**SEEMANN** Daniel>.
*Quellen:* ^BU3052 *+BU8027

**8275** **HAUPT** Ursula. † ca. 1606 in Frankenhausen.
oo 1582 in Heldrungen b. Artern mit **RITTER** Martin,
* 11.11.1551 in Liebenwerda, † 20.09.1623 in Frankenhausen.
*Herkunft:* Nordhausen
*Quellen:* ^BU3052/R7231

## Fünfter Teil

## Quellenliste zu Emil & Geschwister

| | |
|---|---|
| A1105 | Thüringisches Staatsarchiv Rudolstadt: Sign Z118 V65, Ketelhodt, Bearbeitung der Kirchenbücher Frankenhausens |
| A1108 | Thüringisches Staatsarchiv Rudolstadt: Sig. Z125, Frh. v. Ketelhodt, Frankenhäuser Familien |
| A1109 | AMF-Archiv Leipzig Kärtchen Nr. 2033 |
| AMF | AMF-Archiv Leipzig |
| ATLN | Ahnentafel, -liste, -nachweis |
| ATLN1007 | Teuthorn, Marie: Ahnennachweis der .... - Ein ganz unschätzbares Dokument, das bis zu Jacob T. dem älteren zurückreicht. Erwähnung des Stadtschreibers Lemmermann i. Zeitz |
| ATLN1013 | Die Familienbibel Nagel |
| B1005 | Teuthorn, Emil: Brief 4.III.1935 - Abstammung und Nagel-Familie |
| BB1020 | Grönhoff, Johann: Kieler Bürgerbuch, Verzeichnis der Neubürger von Anfang des 17. Jahrhunderts bis 1869. Kiel 1958 (Mitteilungen der Gesellschaft für Kieler Stadtgeschichte, Bd. 49), Stadtarchiv Kiel, Sig. 6001/49a |
| BB3061 | Buergerbrief I / II A-379-64 Stadtarchiv Fkhsn |
| BU | Literatur/Quelle |
| BU1017 | Das ausgestorbene Pfännergeschlecht der Siebold zu Frankenhausen, in Deutsches Familienarchiv Bd. 22, S. 99-143 |
| BU1054 | Lindeiner v., Christoph (Im Auftrage von Friedrich-Karl von Siebold): Siebold, Beiträge zur Familiengeschichte, in Band 22 der Reihe Deutsches Familienarchiv, Neustadt an der Aisch 1962, hier III. Kapitel, Das ausgestorbene Pfännergeschlecht Siebold zu Frankenhausen am Kyffhäuser, S. 81-164 |
| BU1070 | Zeitschrift Heimatglocken Heldrungen, Nr 130, Juli1939, Stamm HAUTHAL (Zur Verfügung gestellt durch Andreas Schmölling, Verein für Heimatkunde, -Geschichte und -Schutz von Artern ARATORA e.V.) |
| BU1106 | Frankenhäusisches Intelligenz=Blat |
| BU3051 | AMF Vereinszeitschrift (MFK bis 1992, FFM bis 2006, ZMFG |

# Anhang

|  |  |
|---|---|
|  | seit2007) |
| BU3052 | Roth, Fritz: Restlose Auswertiung von Leichenpredigten und Personalschriften für genealogische und kulturhistorische Zwecke (Selbstverlag), |
| BU3074 | Heimatglocken - Ev. Gemeindeblatt für die Gemeinden um die Sachsenburgen, |
| BU8027 | Katalog der Leichenpredigten und sonstiger Trauerschriften im Thüringischen Staatsarchiv Rudolstadt, Band 45 der Reihe Marburger Personalschriftenforschungen, Suttgart 2008 |
| BU91036 | Sommerfeldt, Gustav: Die Beziehungen des Generals Ernst Albrecht von Eberstein zur Stadt Frankenhausen in den Jahren 1635-1650, in Zeitschrift des Vereins für Thüringische Geschichte und Altertumskunde, Neue Folge 12. Band, der ganzen Folge 20. Band, Heft 2, Jena 1901, S.547-576, hier S. 549-550 |
| C | Census / Volkszählung |
| C2015 | Census United States, data for U.S. Teuthorns. Letter with census images, paper copies and CD. Content: Chicago/Illinois & Boston Mass. Also two other locations. Newspaper articles for Kurt Teuthorn's family. Death indices. Research by Jim Haas, April 2005. |
| C2016 | Census data for U.S. Teuthorns of Hoboken. Email Jim Haas 3.2.2004 |
| EM | Email-Korrespondenz |
| EM1045 | Kirchhoff, Jens, Korrespondenz zu Sibbern Stammfolge. |
| EM1058 | Brambach, Ingo: Email-Korrespondenz |
| EM1058b | KB Bretleben 1709 / Recherche Ingo Brambach 11/2006 |
| EM1076 | Email-Korresp. Erik Ousager, Februar 2013 |
| EM2007 | Teuthorn, Dawn: Email-Korrespondenz |
| EM2010 | Mailings Cook-County-Illinois |
| EM2042 | Görmar, Gerhard: Email-Korrespondenz |
| EM3011 | Schuchardt, Reiner: email 3.2.2003 mit gedcom |
| HP2009 | Lemmermann, Holger: Website zuletzt besucht 9. Dez. 2002 (jetzt HP3002) |

## Fünfter Teil

| | |
|---|---|
| HP8016 | Homepage Prof. Oberborbeck - http://www.oberborbeck-net.de/gen_zeigen.php?id=36 |
| KB | Kirchenbucheinträge / Abschriften (ohne Fkhsn) |
| KB_B | KB-Bretleben DocDatei |
| KB_Fh_1625 | KB Frankenhausen Trauungen 1625 (Film Rudolst.) |
| KB_Fh_1637 | KB Frankenhausen Trauungen 1637 (Film Rudolst.) |
| KB_FhOrig_1558 | KB Frankenhausen (O r i g i n a l) T a u f e n 1558-1632 und 1632-1683 |
| KB1006 | KB Kiel: Ev.-Luth. Kirchenkreis Kiel, Verwaltungsamt 02/2003 / Ev.-Luth. Kirchenkreis Kiel, Verwaltungsamt 20.5.2003 |
| KB1006_JN | KB Kiel, Taufeintrag JensNagel |
| KB1009 | ProbsteiArchiv Nordfriesland (Auskunft Mai 2013) - Auszüge Tauf-, Sterbe- und Trauregister |
| KB1050 | KB Wilster zu NAGEL / POPPEN / STELLING Br. 21.5.2003 |
| KB1078 | Kirchenkreis Altholstein |
| KH1009 | Kirchenkreis Südtondern, Propsteiarchiv, Trauregister Leck 11/1865 Brief 25.2.2002 |
| KS1040 | KB Ringleben (recherchiert von Lutz Fensterer), Seelenverzeichnis Ringleben, |
| KT1009 | Kirchenkreis Südtondern, Propsteiarchiv, Taufregister Leck 56/1840 Brief 25.2.2002 |
| SA1064 | Standesamt Kiel |
| SD1068 | Merkbuch Emil |
| SL | SCHIFFs-/Passagierlisten |
| SL2001 | LinkToYourRoots Hamburg |
| ST1042 | Wippermann, Ernst August : Stammtafeln der in der Stadt Frankenhausen größtentheils schon seit längerer Zeit heimisch gewesenen Familien Börner, Frantz, Hankel, Hornung, Hünicken, Klipsch, Kühne, Landgraf I., Landgraf II., Leuckart, Manniske, Schall, Scheidt, Schmelzer, Seidenbusch, Seuberlich, Spangenberg, Teuthorn, Tuch, Weinberg, Werner., Sondershausen 1843. / Original aus Familienbesitz Wilhelm F O Teuthorn |

## Anhang

| | |
|---|---|
| ST1042_hau | Wippermann, Ernst August : Stammtafeln der in der Stadt Frankenhausen, hier Hauthal |
| UG | Geburtsurkunden-Texte |
| UH2025 | Marriage Licences William Teuthorn  Eheschließung William Teuthorn mit Minnie Bruns am 4.5.1901 in North Chicago, Cook, Illinois, USA.   Eheschließung mit Betty Sammious 24.4.1919 Ahnenliste der Geschwister NAGEL |

*Fünfter Teil*

## Anhang

## Zum Spitzenahn der Familie Nagel

(Ausgang der Kekule-Zählung = Jonas TEUTHORN. Die Liste führt zum Spitzenahn des Familienzweiges NAGEL in die Wilstermarsch.)

### 7. Generation

65      **NAGEL** Jens <u>Otto</u> Christian Friedrich, Armenarzt in Leck,
\* 16.12.1803 in Kiel, ~ 27.01.1804 in Kiel. † 15.06.1879 in Leck,
b 20.06.1879 in Leck.
oo 24.05.1836 in Leck mit **HATTING** Marie Wilhelmine (Maria Wilhelmina), \* 06.06.1808 in Kopenhagen, † 28.05.1879 in Leck.
*Paten:* 1) von NEERGARD (von NERGAARD, de NEERGAARD, von NERGAARD) Jens Peter Bruun, Kammerherr, \* 07.12.1764
† 07.01.1848 2) von RUMOHR Detlev Christian 3) WULFF (WULF) Otto Johann Daniel, Erbherr auf Marutendorf in Achterwehr,
\* (err) 1761
*Patenkind:* TEUTHORN Wilhelm Friedrich Otto, Barbier in Kiel,
\* 13.08.1836 in Kiel † 06.03.1903 in Kiel
*Quellen:* \*ATLN1013 ATLN(^1) KB(\*5) \* KB1006_JN +KB1009
ooKB1009 ^ATLN1013 ^KT1009
*Trauzeuge von:* oo 1/1 K 20.06.1865 in Leck (**TEUTHORN** Wilhelm Friedrich Otto mit **NAGEL** Henriette Wilhelmine <u>Fanny</u>)

65      **NAGEL** Andreas Jörgen Nicolaus, \* 28.09.1805. † 04.1818.

65      **NAGEL** Frid. Martin, \* 26.10.1807, ~ 27.11.1807. † 06.09.1818.
*Pate:* WITT Berndt Friedrich, Schiffscapitain

65      **NAGEL** Louise Charlotte Dorothea, Chirurgen-Tochter,
\* 25.09.1809 in Kiel, ~ 05.11.1809 in Kiel, *Paten:* 2. der Vater des Kindes 3. die Mutter des Kindes. † 27.12.1863 in Kiel,
b 01.01.1864 in Kiel.
oo K 01.05.1836 in Kiel mit **TEUTHORN** Wilhelm Günther,
\* 25.12.1807 in Frankenhausen, † 30.12.1881 in Kiel.
*Patin:* WITT Louise Friedrika, \* (err) 1768 † vor 1855 in Kiel
*Patenkinder:* 1) NAGEL Henriette Wilhelmine <u>Fanny</u>,
\* 19.06.1840 in Leck † 01.09.1909 in Kiel 2) NAGEL Louise

*Fünfter Teil*

Friederike, * 26.04.1842 in Leck † 28.08.1846 in Leck
*Quellen:* *ATLN1013 ATLN(1) KB(*2,oo3)

## 8. Generation

130    **NAGEL** Nicolaus (Clas), Chirurg in Kiel,
* 13.03.1765 in Dammfleth/Wilster, ~ 15.03.1765 in Wilster, *Paten:*
siehe verb. Pers. † 13.02.1827 in Kiel.
oo 1/1 K 22.05.1790 in Segeberg mit **SIBBERN** Johanna Hedwig
Dorothea <**SIBBERS** Friedrich, Chirurgenamt in Segeberg und **SULZ**
Augusta Dorothea>, * 28.09.1754, † 08.1798.
oo 2/1 K 15.11.1798 in Kiel mit **FLØCKE (FLUG)** Charlotta Maria
(Charlotte Maria), * 03.10.1775 in Skalbjerg auf Fünen,
† 14.06.1846 in Kiel.
*Paten:* 1) HELLMANN Hinrich, Dammfleth b. Wilster, * (s) 1700
2) HOLST Hinrich, * (s) 1710 <**1046**> 3) **522** POPP Claus,
* 25.08.1715 in Rotenmeer, Dammfleth 4) TECKLENBORG Hartig,
Hochfeld, Dammfleth, * (s) 1700
*Quellen:* *ATLN1013 ATLN(*1) KB(oo1) EM1045 BU(^1046)
C(^1049) KB1050

131    **FLØCKE (FLUG)** Charlotta Maria (Charlotte Maria),
* 03.10.1775 in Skalbjerg auf Fünen. † 14.06.1846 in Kiel,
b 17.06.1846 in Kiel.
oo 1/2 K 15.11.1798 in Kiel mit **NAGEL** Nicolaus (Clas),
* 13.03.1765 in Dammfleth/Wilster, † 13.02.1827 in Kiel.
*Patenkinder:* 1) NAGEL Charlotte Ottilie, * 09.04.1837 in Leck
† 29.09.1847 in Leck 2) TEUTHORN Louise Maria Charlotte,
* 10.10.1838 in Kiel † 27.03.1840 in Kiel
*Quellen:* KB(1) ATLN(*1) EM1076/SterberegisterKiel ^EM1076

## 9. Generation

260    **NAGEL** Frenz (Frantz), Hausmann in Dammfleth b. Wilster,
* 24.03.1731 in Wilster, *Paten:* Siehe verbundene Personen.
† 21.12.1801 in Wilster, b 26.12.1801 in Wilster.
oo 1/1 25.09.1760 in Dammfleth b. Wilster mit **POPP** Marlena

## Anhang

(Magdalena), * 26.04.1737 in Rumfleth, † 20.03.1770 in Wilster.
oo 2/1 nach 1770 mit **NUSFELS** Anna, * (s) 1750.
*Paten:* 1) SIEVERS Wilm  2) **1042** STELLING Johann, * (s) 1670
3) TECKLENBORG Hartig, * (s) 1670
*Quellen:* KB1050 KB(*16,oo14,+10)

261      **POPP** Marlena (Magdalena), * 26.04.1737 in Rumfleth,
~ 26.04.1737. † 20.03.1770 in Wilster, b 28.03.1770.
oo 25.09.1760 in Dammfleth b. Wilster mit **NAGEL** Frenz (Frantz),
* 24.03.1731 in Wilster, † 21.12.1801 in Wilster.
*Quellen:* KB1050 KB(oo14,+11,*38)

262      **POVELSEN (POVELSEN FLØCKE)** Jørgen (Johann Peter),
Schulmeister in Skalbjerg auf Fünen, * (err) 1746.
b 21.01.1807 in Vissenbjerg.
oo 31.08.1775 in Agedrup b. Odense mit **JENSDATTER** Ane
Dorothea, * (err) 1752, † 11.07.1818.
*Herkunft:* Agedrup b. Odense
*Quellen:* KB(1) +EM1076

263      **JENSDATTER** Ane Dorothea, * (err) 1752. † 11.07.1818,
b 15.07.1818 in Vissenbjerg.
oo 31.08.1775 in Agedrup b. Odense mit **POVELSEN (POVELSEN FLØCKE)** Jørgen (Johann Peter), * (err) 1746,
b 21.01.1807 in Vissenbjerg.
*Quellen:* ^EM1076

## 10. Generation

520      **NAGEL** Frentz, * 27.12.1691 in Wilster, *Paten:* Johann Nagel,
Engel Brand, Grete Kn..s?. † (err) 1732.
oo K 29.04.1725 in Wilster mit **STELLING** Trienke,
* (s) 1700 in Wewelsfleth.
*Quellen:* KB1050 KB(*12)

521      **STELLING** Trienke, * (s) 1700 in Wewelsfleth.

*Fünfter Teil*

oo K 29.04.1725 in Wilster mit **NAGEL** Frentz,
* 27.12.1691 in Wilster, † (err) 1732.
*Quellen:* KB1050 KB(oo13)

522     **POPP** Claus (Clas), Rumfleth,
* 25.08.1715 in Rotenmeer, Dammfleth, *Paten:* Hanns Huß von Wevelsfleth, Max [?] Götsche, Abel Meiers.
† 23.12.1757 in Rothenmeer.
oo 20.05.1733 in Wilster mit **HOLST** Lisebet, * (s) 1718.
*Patenkind:* **130** NAGEL Nicolaus, * 13.03.1765 in Dammfleth/Wilster
*Quellen:* KB1050 KB(*18)

523     **HOLST** Lisebet, * (s) 1718.
oo 20.05.1733 in Wilster mit **POPP** Claus (Clas),
* 25.08.1715 in Rotenmeer, Dammfleth, † 23.12.1757 in Rothenmeer.
*Quellen:* KB1050 KB(oo19)

## 11. Generation

1040     **NAGEL** Frentz, * um 1660.
oo ... mit **Verh_NAGEL** Engel.
*Herkunft:* Im Hohenfelde

1041     **Verh_NAGEL** Engel.
oo ... mit **NAGEL** Frentz, * um 1660.

1042     **STELLING** Johann, * (s) 1670.
oo .... unbekannt.
*Herkunft:* Wevelsfleth
*Patenkind:* **260** NAGEL Frenz, * 24.03.1731 in Wilster
*Quellen:* KB1050 KB(^13)

1044     **POPP** Marten, * (s) 1680. † vor 1733.
oo .... unbekannt.
*Quellen:* KB1050 KB(^18)

1046     **HOLST** Hinrich, * (s) 1680. † vor 1733.

## *Anhang*

oo ... mit **verh_HOLSTEN**, * (s) 1685.
*Quellen:* KB1050 KB(^19)

**1047**    **verh_HOLSTEN**, * (s) 1685.
oo ... mit **HOLST** Hinrich, * (s) 1680, † vor 1733.

## Quellenliste

| | |
|---|---|
| ATLN | Ahnentafel, -liste, -nachweis |
| ATLN1013 | Die Familienbibel Nagel |
| BU | Literatur/Quelle |
| C | Census / Volkszählung |
| EM1045 | Kirchhoff, Jens, Korrespondenz zu Sibbern Stammfolge. |
| EM1076 | Email-Korresp. Erik Ousager, Februar 2013 |
| KB | Kirchenbucheinträge / Abschriften (ohne Fkhsn) |
| KB1006_JN | KB Kiel, Taufeintrag JensNagel |
| KB1009 | ProbsteiArchiv Nordfriesland (Auskunft Mai 2013) - Auszüge Tauf-, Sterbe- und Trauregister |
| KB1050 | KB Wilster zu NAGEL / POPPEN / STELLING Br. 21.5.2003 |
| KT1009 | Kirchenkreis Südtondern, Propsteiarchiv, Taufregister Leck |
| 56/1840 | Brief 25.2.2002 |

## Fünfter Teil

### Das Poesiealbum der Fanny Nagel

Auf dieser Blätter weißem Grunde
Wird künftig in so mancher Stunde
Dein freundlich Auge finden einst
Und unter längst bekannten Zeilen
Die stehen Namen theuer geschrieben,
Die ewig theuer Dir geblieben,
Und die, Dir so viel Liebes zeigen
Aus schönen hingeschwundenen Tagen
Die Dich mit stiller Innigkeit
Erinnern an vergangene Zeit.
Willst Du denn meiner auch gedenken?
Mir einen Blick der Liebe schenken?
Brauchen unter Glück und Schmerzen
Mir einen Platz in Deinem Herzen?
Hier zeichne ich mich zwar hinein,
Lass dort mich nicht die Letzte sein,
Und lass mir in des Lebens Treiben
Dort eine stille Heimath bleiben.

## Anhang

*Auf dieser Blätter weißem Grunde*
*wird künftig in so mancher Stunde*
*Dein freundlich Auge sinnend weilen*
*Und unter längst bekannten Zeilen*
*da stehen Namen dann geschrieben,*
*die ewig theuer dir geblieben,*
*Und die Dir so viel Liebes sagen*
*Aus schönen hingeschwundnen Tagen [...]*

Das Poesiealbum meiner Urgroßmutter Henriette Wilhelmine Fanny NAGEL erhielt ich bei einem Besuch in New Jersey 1970 von Fannys Enkelin Fannie Nugent. Sie war die Tochter von Fannys jüngster Tochter, meiner Großtante, Petra. Den Inhalt des Albums hat die Amerikanerin mit Kieler Wurzeln nicht mehr lesen und verstehen können.

Nahezu alle Eintragungen sind übernommene erbauliche Texte, meist religiösen Inhalts. Eine Ausnahme macht ihr Vater mit seinem Eintrag. Möglicherweise sind auch einige Eintragungen, insbesondere die der Freundinnen, eigene Reime, denn dies war eine Ausdrucksform, die damals geübt wurde.

Fannys Schwester Sophie hat sich mit dem Gedicht 'Geduld' eingetragen. Ihr Bruder Emil Nicolaus Nagel breitet unter dem Motto 'Getrost' religiöse Zuversicht und Vertrauen auf den Herrn aus. Fannys späterer Mann hat sich mehrmals, einmal mit W.T. und zuletzt mit Wilhelm unterschrieben.

Selbst wenn man einmal berücksichtigt, dass sich in solchen Jugendalben natürlich eine gewisse, durchaus auch religiöse, Schwärmerei artikulieren darf, verbreiten nach heutigem Empfinden alle Texte doch eine große Schwermut und Trostlosigkeit. Da ist von Idealismus und einer positiven Erwartung an das Leben nichts zu spüren. In Verbindung mit dem Wissen, dass fünf ihrer in den nächsten Jahren – zwischen 1866 und 1880 – geborenen sechs Kinder sobald es ging, zwischen 1890 und 1895, für ein besseres Leben nach Amerika

*Fünfter Teil*

auswanderten, rundet sich diese Bild der Hoffnungslosigkeit im Schleswig-Holstein der zweiten Hälfte des 19. Jahrhunderts.

Die wirtschaftliche Erwartungslosigkeit ist auch deshalb so bedrückend, weil es hier um die durchaus schulisch gebildeten Kinder und Enkel einer Arzt- und Chirurgenfamilie geht, die bereits in der Mitte des Jahrhunderts in ihrem Land keine Perspektive sehen. So entlässt der Lecker Landarzt seine Tochter mit dem Ratschlag in das Leben: „Diese Muesahl des Lebens muß man mit ruhigem Gleichmuth betrachten, dann erst wird das Leben mehr wie erträglich, ja angenehm." (Siehe Seite 64)

Für uns heutige Internet- und Facebook-Nutzer stellen, wie ich meine, die hier durch die Einträge vorliegenden Schriftproben der Vorfahren eine heute nicht mehr erreichbare Qualität von Schriftlichkeit dar. Es sind schöne, gut lesbare Schriften, die trotzdem jeweils eigene Charakteristiken zeigen.

## Anhang

*65 Wilhelm Günher Teuthorn 1864*

[…]

Und du mein Liebchen, die in süßen Stunden
den Freund beseelt mit manchem Blick und Wort,
dir schlägt das Herz wohl über Grab und Wunden;
doch ewig lebt die treue Liebe fort!

Dein W.T.

*Fünfter Teil*

*Anhang*

## *Veröffentlichungen zur Familiengeschichte Teuthorn*

- Teuthorn, Peter (2003): Chirurgen & Barbiere. Eine Darstellung am Beispiel der Städte Frankenhausen, Kiel und Segeberg zwischen 1750 und 1900 und der Familien Sibbern, Nagel und Teuthorn. *TeuNet*. Online verfügbar unter http://www.teu-net.de/geschichte/texte/chirurgen/chirurgen&barbiere.pdf.

- Teuthorn, Peter (2005): Der Petersdorfer Organist Gotthardt Teuthorn und seine Familie. In: *Familienkundliches Jahrbuch Schleswig-Holstein* Jahrgang 44, S. 104–113.

- Teuthorn, Peter (2006): Die Hessischen Teuthorns. Eine Amtmannfamilie in der Landgrafschaft Hessen-Darmstadt des 18. Jahrhunderts. In: *Hessische Familienkunde* Band 29 (Heft 4/2006), S. (Sp.) 251-280.

- Teuthorn, Peter (2006): Die Leipziger Teuthorns. Gilching: *Selfpublishing (printed by Lulu.com)*.

- Teuthorn, Peter (2007): Stephanus Teuthorn Frankenhusanus – ein Thüringer als Rektor der Stadtschule in Hannover und der Domschule in Riga. Zur Mobilität in der Frühen Neuzeit. In: *Zeitschrift für Mitteldeutsche Familiengeschichte (ZMFG)* 48. Jahrgang (Heft 4/2007), S. 220 – 228.

*Fünfter Teil*

- Teuthorn, Peter (2009): Die Familie Corvinus – Leben und Legende. In: *Der Herold* Neue Folge Band 17 – Jahrgang 52 (Heft 1-2/2009), S. 405-415.

- Teuthorn, Peter (2011): Bildung, Beruf, Öffentliches Amt – Überlegungen zur Oberschicht Frankenhausens in der Zeit Thöldes. Vortrag anlässlich der dem Salinisten Johann Thölde gewidmeten wissenschaftshistorischen Tagung in Bad Frankenhausen (Kyffhäuser). In: Hans-Henning Walter (Hg.): Johann Thölde um 1565 – um 1614, Alchemist, Salinist, Schriftsteller und Bergbeamter. Tagung vom 26. bis 28. Mai 2010 in Bad Frankenhausen am Kyffhäuser. Freiberg: *Drei Birken Verlag*, S. 75 -100.

- Teuthorn, Peter (2011): Der Forty-Eighter Friedrich Bernhard Teuthorn. Auswandern nach Amerika aus politischen Gründen. In: *Zeitschrift für Mitteldeutsche Familiengeschichte (ZMFG)* 52. Jahrgang (Heft 2/2011), S. 85 – 108.

- Teuthorn, Peter (2011): Ein Schulmeister in der zweiten Hälfte des 16. Jahrhunderts. Nachträge zu Stephanus Teuthorn. Eine stärker geschichtlich ausgerichtete ergänzende Darstellung mit Berücksichtigung neuer Quellen. Hg. v. Peter Teuthorn. Online verfügbar unter http://www.teu-net.de/geschichte/texte/Riga-schulmeister_aktV.pdf, zuletzt aktualisiert am Mai 2014, PDF mit PW: *TeuNet*.

- Teuthorn, Peter (2012): Erinnerungen an Großmutter Erica, 1885-1970. Ihre Zeit und ihre Familie. 175 Seiten. Gilching: *Selbstverlag*.

*Anhang*

- Teuthorn, Peter (2013): Das Album der Schüler zu Kloster Roßleben von 1742 bis 1854. Auswertungsmöglichkeiten an Bespielen von Schülern aus Artern und Frankenhausen. In: *Zeitschrift für Mitteldeutsche Familiengeschichte (ZMFG)* (54. Jahrgang Heft 3/2013), S. 164 – 169.

- Teuthorn, Peter (2015): Stephan Teuthorn Rektor der Domschule zu Riga in den Jahren 1580-83 und 1589-1615. 30. *Vortrag Baltischer Genealogentag*. Darmstadt, 07.03.2015.

- Teuthorn, Peter & Görmar, Gerhard (2013): Die Frankenhäuser Seifensieder und der knappe Rohstoff Asche. In: *Familie und Geschichte, Hefte für Familiengeschichtsforschung im sächsisch-thüringischen Raum* (Heft 1, Januar-März 2013), S. 1-20.

*Fünfter Teil*

*Anhang*

## *Index*

Ahnenschwund 87
Ältermann 40
Amtschirurg 19
Auswanderung 17, 96
   Binnenwanderung 98
   Überseeauswanderung 97
Bahnbau 161
Barbierstube 84
Barbierzunft 40
Beruf
   Amtschirurg 83
   Amtsmeister 40
   Arbeitsmann 32
   Arzt 16, 21
   Bankier 16
   Barbierchirurg 13, 37
   Buchbinder 81, 105
   Buchhändler 19
   Bürgermeister 14, 21
   Feldscher 45
   Hausmann 32
   Kaufmann 15
   Ökonom 16, 99
   Pastor
      in Sieseby 101
   Perückenmacher 33
   Schiffskapitän 77
   Schuhmacher 15
   Schullehrer 33
   Schulmeister 47
   Seifensieder 15
   Seifensiedermeister 95
   Tuchmacher 15
   Weißbäcker 15
Besitz 15
Bloodgangsepidemie 43
Brau- und Pfannherr 21
Bürger 95
Bürgereid 44, 90
Care-Pakete 71
Chirurgenhandwerk 16
Dampfschiff 105
   Moltke 167
   Woermann-Linie 163
Deutsche Kolonialgesellschaft 182
Domäne 16
Dynamitfischerei 160
Ganzes Haus 44
Gesamtstaat 24, 77
Gesellen-Wanderzeit 40
Gewerbefreiheit 16
Gradierwerk 16
Greifswalder Zeitung 182
Herero 157, 158, 168
   Aufstand 166
Hoboken 169
Hottentotten 168
Knopfproduktion 16
Kolonialministerium 165, 179
Konzentrationslager 166
Krankenhaus 16

283

*Fünfter Teil*

Kurhaus 16
Massenauswanderung 98
Medizin 16
Namen
  Algarin
    Mary 117
  Bachmann
    Christian 112
    Erica 59
    Erika 170
  Brumerstedt
    Anna 117
    Marty 117
  Bruns
    Minnie 110
  Corvinus
    Hugo-Matthias 174
  Crumrine
    Thelma Lois 103
  Fenner
    Edith May 141
  Foran
    Kate 140
  Friess
    Margret 117
  General von Trotha 166
  Hansen
    Anna 101
    Frederick 101
  Hatting
    Hinrich Friedrich 77
    Wilhelmine 77
  Hauthal
    Eva Maria 21
  Heckmann, Johann
    Friedrich 56
  Hessel
    Anna 145
    Fannie 71
    Fannie 145
    John F. 144
  Janssen
    Auguste 135
    Harm 136
    Johann/John 136
  Jensdatter *47*
  Ketelhodt, Freiherr von
    Friedrich Wilhelm 17
  Kräfting
    Gretje Harms 136
  Leutwein Theodor 158
  Liska
    Betty Marie 110
  Lüderitz, Adolf 158
  Manniske
    Friedrich Gustav 19
    Wilhelm Gottlieb 16
  Manson
    Clarence Aither 140
    Helen 140
  McCormick
    Francis 102
  Möller, Paul 55
  Nagel 9

*Anhang*

    Emil Nicolaus 100
    Fanny 71
    Frentz 33
    Friedrich Nicolaus 102
    Louise Charlotte
    Dorothea 27
    Otto Julius 102
Neergard
    Jens Peter Bruun 67
Nissen, Catharina 55
Nugent
    F annie 71
    Fannie 109
    John 146
Ousager, Erik *50*
Pogler, Johanna Conradine 77
Prellberg
    Alan 117
    Christian 116
    Emil Otto Heinrich 117
    Heinrich Wilhelm (Willy) 115
    John 117
    William 117
Ritter
    Martin 21
Ruhmor, Detlev Christian, von 68
Sadewasser 181
Schall
    Heinrich Wilhelm

    Ferdinand 16
Schroeter
    Günther Friedrich Carl 99
Shananaquet
    Cora 141
Sibbern
    Dorothea 55
Svendsen
    Henry 102
Swarm 141
Teuthorn
    Christoph 15
    Dawn 141
    Emil 19
    Emil Johannes August 149
    Friedrich Bernhard 98
    Günther Heinrich Philipp 14, 21
    Heinz Walter Hugo 174
    James Lee 141
    Joachim (ältester) 21
    Joachim Christian 174
    Johann Christian David 99
    Johann Christian David, Dr. 21
    Klaus 179
    Konrad Walter Wilhelm 174
    Kurt William 136

*Fünfter Teil*

    Louisa **115**
    Margaret 141
    Otto (Chile) 99
    Otto Wilhelm **131**
    Ottomar 21
    Pauline 99
    Petra Sophie Friederike **144**
    Robert Kurt (Bob) 141
    Wilhelm Eduard (William) **109**
    Wilhelm Günther 13
Thöle
    Petronelle Sophia 136
Wippermann
    Ernst August 19, 163
Witzleben, von
    Friedrich 17
Wulf, Otto Johann Daniel 68
Zierfuß
    August 16
Niederdeutsch 24
Ochsenkarren 161
Oorlam 157
Orte
    Agedrup *49*
    Ahlbeck 179
    Akerhus, Festung *44*
    Antwerpen 170
    Bred *49*
    Bryant, Iowa 102
    Chicago 154, 155, 163
    Chile 99
    Christiania 25, *45*
    Clinton County, Iowa 102
    Concepción 99
    Dammfleth 27
    Dänemark 24
    Deutsch-Südwest-Afrika 14
    Frankenhausen 14
    Fünen *50*
    Glückstadt 40
    Gobabis 157
    Greifswald 168, 180
    Grotfontein 176
    Hamburg 100, 102, 109, 114, 162, 163, 167, 187, 208, 214, 217
    Holstein 13
    Holstein, Herzogtum 24
    Hudson, Wisconsins 105
    Iowa 101
    Kapstadt 162
    Kiel 15
        Altstadt 90
        Nikolaikirche *44*
    Kissendrup *47*
    Klein-Windhuker Tal 157, 173
    Kopenhagen 24, 40, 77
    Kyffhäuser 14
    La Grange, Illinois 99
    Lager bei Aus 176

Leck 55, 72
Leck, St.-Willehad-Kirche 73
Neuenkkirchen 180
New York 71, 97, 100, 105, 109, 134, 149, 154, 155, 161, 217
Odense 46
Okahandja 157, 158, 163
Otativi 176
Ripen 24
Schleswig 24
Schweden 101
Segeberg 40
Shasta, Goldgräberstadt 21
Skalbjerg *46*
Stettin 170
Swakopmund 158, 160, 161, 168
USA 14
Vissenbjerg *49*
Wilster 27
    Bartholomäus-Kirche 29
Windhuk 158, 159, 160, 163, 164, 171
Ovambo 157, 158, 168
Pfännerschaft 21
Pfannherr 21
Poesiealbum 78
Rinderpest 161
Salzproduktion 15
Salzstadt 21

Schutzgebiet 158, 164
Söldenbesitz 21
Stammvater 21
Tagebuch 161
Termitenfraß 178
Verfassung 17
Vertrag von Ripen 24
Völkermord 166
Wollhandel 16
Zunftprivilegien 16
Zunftzwang 13

*Anhang*